高 校 思 想 政 治 工 作 研 究 文 库

教育部思想政治工作司 组编

新时代高校思想政治工作创新研究

康秀云 ◎著

人 民 出 版 社

目　录

导　论

伟大的时代产生伟大的理论，伟大的理论引领时代的发展。党的十八大以来，习近平总书记高度重视立德树人工作，二十余次到高校考察调研，出席多场师生代表座谈会，亲自主持召开全国高校思想政治工作会议、学校思想政治理论课教师座谈会，并发表一系列重要讲话，系统回答了高校思想政治工作的根本性、方向性、全局性和战略性问题，形成了关于高校思想政治工作的重要论述，为新时代高校思想政治工作创新发展提供了根本遵循和行动指南。习近平总书记关于高校思想政治工作的重要论述，是习近平新时代中国特色社会主义思想的重要组成部分，是中国共产党思想政治工作理论在教育领域的具体发展和最新成果，开辟了马克思主义思想政治工作理论和实践的新境界。立足于中国特色社会主义进入新时代，加强新时代高校思想政治工作创新研究，必须以习近平总书记关于高校思想政治工作的重要论述为指导和依循，从“大局”“大势”“大事”出发，顺应世情、国情、党情、教情的新变化，直面新时代高校思想政治工作的现实挑战，推进高校思想政治工作的创新发展，最终切实将理论转化为做好新时代高校思想政治工作的行动自觉。

一、高校思想政治工作的内涵要义

内涵是人类认识事物的逻辑基础和思维工具，反映客观事物的属性与特质。高校思想政治工作的内涵是理解、阐释和规范高校思想政治工作理论建设和实践活动的思维工具。开展新时代高校思想政治工作创新研究，有必要对常用概念的内涵加以澄明，厘清相关概念的关系。

（一）思想政治工作及相关概念的发展脉络

在高校思想政治工作理论和实践中，常常使用几个概念，例如：思想政治教育、思想政治工作、政治思想工作、宣传思想工作、思想工作、政治工作、宣传工作等。那么，这些概念之间是什么关系，是否可以通用？这些都是我们需要厘清的理论问题。高校思想政治工作是思想政治工作的一个具体领域和组成部分，其概念使用方面的多样性，与思想政治工作概念使用的历史性直接相关。思想政治工作作为一个专有概念，在无产阶级革命和社会主义建设的历史过程中经历了一个提出和演变过程。在这个历史过程中，不论是马克思主义经典作家，还是中国共产党的主要领导人，都曾经使用过不同的概念来指称这个实践活动。

马克思、恩格斯在创立科学社会主义理论与缔造无产阶级政党的过程中，极为重视对无产阶级进行阶级意识、政治意识和科学社会主义理论的宣传和教育，并常以“宣传工作”指代这类工作。在他们共同起草的《共产主义者同盟章程》中首次明确，参加党的每一个成员都要“具有革命毅力和宣传热情”①，共产主义者同盟还设立了负责宣传的报刊机构。作为马克思主义理论的伟大继承者和实践者，列宁在领导俄国社会主义革命过程中，对无产阶级群众进行了大量的马克思主义理论的宣传教育工作，提出并广泛运用了“政治教育工作”“政治宣传工作”“政治揭露工作”“政治鼓动工作”“政治工作”“思想教育工作”等概念。

在领导中国革命和建设的过程中，中国共产党也曾经运用过“宣传工

---

① 马克思、恩格斯：《共产党宣言》，中共中央马克思恩格斯列宁斯大林著作编译局译，人民出版社2014年版，第138页。

作”“政治工作”“思想教育”“思想政治工作”等多种概念来指称这些工作实践。毛泽东在《湖南农民运动考察报告》中，称赞了党在农村的“政治宣传”“政治学校”。在《论联合政府》中，毛泽东还强调“掌握思想教育，是团结全党进行伟大政治斗争的中心环节”①。陈云在延安抗日军政大学第五期学生毕业大会上的讲话中，使用了“思想政治工作”这一概念。他说：“维护党的统一，不靠刀枪，要靠纪律；同时，加强思想政治工作，端正路线和方针、政策。”② 这是我们党的重要领导人首次使用“思想政治工作”概念。

新中国成立后，毛泽东、刘少奇等再次使用了“思想政治工作”这一概念。1951 年，在第一次全国宣传工作会议上，刘少奇使用“思想政治工作”概念，提出思想政治工作的必要性越提高，越要加强党的思想领导。③ 1957 年，毛泽东在《关于正确处理人民内部矛盾的问题》中进一步指出了思想政治工作的重要性，并要求各个部门都要负起责任。当然，在 20 世纪 50 年代，“思想政治工作”概念，只是当时诸多提法的一种。从 60 年代初到改革开放前，在思想政治工作领域，居于主导地位的概念是“政治思想工作”。

党的十一届三中全会实现了思想上的拨乱反正，坚决批判“两个凡是”的错误方针，“思想政治工作”概念被恢复使用，并逐步成为新时期较为统一的概念。《中国共产党中央委员会关于建国以来党的若干历史问题的决议》充分肯定了思想政治工作的生命线地位，指出：“思想政治工作是经济工作和其他一切工作的生命线”。④ 在改革开放之初，针对思想领域出现资产阶级自由化倾向，邓小平要求，把思想政治工作放在非常重要的地位，不能放松，切实做好。⑤ 江泽民和胡锦涛都坚持党的思想政治工作优良传统和

① 《毛泽东选集》第三卷，人民出版社 1991 年版，第 1094 页。
② 《陈云文选》第一卷，人民出版社 1995 年版，第 196 页。
③ 参见《刘少奇选集》下，人民出版社 1985 年版，第 90 页。
④ 《三中全会以来重要文献选编》下，人民出版社 1982 年版，第 831 页。
⑤ 参见《邓小平文选》第二卷，人民出版社 1994 年版，第 342 页。

政治优势，高度重视党的思想政治工作和宣传工作的生命线地位。① 党的十八大以来，以习近平同志为核心的党中央先后强调指出："思想政治工作是学校各项工作的生命线，各级党委、各级教育主管部门、学校党组织都必须紧紧抓在手上"②；"思想政治工作是党的优良传统、鲜明特色和突出政治优势，是一切工作的生命线"③。

可见，宣传工作、政治教育、政治工作、思想工作、政治思想工作、思想政治工作、思想政治教育等概念在共产主义运动历史上、在中国共产党领导中国人民进行社会主义革命、建设和改革的历史上都曾经使用过，很多时候在日常工作实践中被当作同一概念。当然，如果我们进行严谨的概念澄清，会发现这些概念的内涵还是各有侧重的。

（二）思想政治工作及其相关概念解析

思想政治工作作为一个历史性概念，对其内涵的认识见仁见智。概括起来看，主要有两类观点。一种观点认为"思想政治工作，是思想工作和政治工作的总称"④，该观点赋予思想政治工作极丰富的内涵和庞大的外延，成了一个什么都可以装的"筐"，必然导致工作实践的繁杂甚至混乱无效。另一种观点以陈万柏、张耀灿为代表，认为思想政治工作不包括思想工作和政治工作的全部，只包括政治工作中有关意识形态的部分和思想工作中的政治性部分。⑤"既不把政治工作中的许多内容如保卫、纪检、组织、人事工

---

① 参见《江泽民文选》第三卷，人民出版社 2006 年版，第 74 页；《胡锦涛文选》第 1 卷，人民出版社 2016 年版，第 458 页。

② 习近平：《论坚持党对一切工作的领导》，中央文献出版社 2019 年版，第 279 页。

③ 《中共中央　国务院印发〈关于新时代加强和改进思想政治工作的意见〉》，《人民日报》2021 年 7 月 13 日。

④ 刘绍龙：《关于德育与思想政治教育、思想政治工作的思辨》，《江西师范大学学报》1990 年第 4 期。

⑤ 参见陈万柏、张耀灿主编：《思想政治教育学原理》，高等教育出版社 2015 年版，第 3 页。

作等划入思想政治工作领域，也不把非政治性思想工作划入思想政治工作领域。"① 陈万柏、张耀灿的观点有助于划定思想政治工作的基本边界，避免了概念的内涵和外延过于庞杂，给实践造成难以承载之重。基于对思想政治工作有限内涵的认识，中国思想政治工作研究会和中宣部思想政治工作研究所组织编写的《思想政治工作概论》认为："思想政治工作，是专指无产阶级及其政党在进行无产阶级革命和社会主义建设的过程中，为引导和促进人们认同、掌握马克思主义的思想理论、政治取向、政策主张而进行的宣传、动员、教育等方面的工作及其科学理论。"②

思想政治工作的内涵和外延不能无限扩张，其涵容是有限度的，是政治工作中的思想性部分和思想工作中的政治性部分的总和。正确理解这个概念的科学内涵，要注意以下问题。

第一，思想政治工作和思想工作、政治工作既有区别又有联系。不是所有的思想工作都是政治工作，也不是所有的政治工作都是思想工作。在实际工作中思想工作和政治工作往往密切联系，不能截然分开。思想政治工作是政治工作中的思想性部分和思想工作中的政治性部分的叠加和融合，主要聚焦对象的理想信念、立场态度、价值观等内容，强调有关意识形态的工作实践。

第二，思想政治工作是党的工作的重要组成部分，发挥了不可或缺的重要作用，保证了中国共产党的领导地位，保障了党的中心工作的最终完成。作为党的工作的重要组成部分，思想政治工作必须切实与党的工作大局紧密结合，坚定自觉地服从和服务于党的中心工作。思想政治工作的首要内容是进行马克思主义理论及其中国化的最新成果的宣传与教育，用科学的理论武装头脑，统一思想，凝聚力量。

第三，思想政治工作的对象广泛，不仅包括广大党员干部，也包括广大

---

① 陈万柏、张耀灿主编：《思想政治教育学原理》，高等教育出版社2015年版，第3页。

② 荆惠民主编：《思想政治工作概论（试用本）》，中国人民大学出版社2007年版，第42页。

人民群众。不同工作对象的身心特点、期待需求不同，决定了工作方式和规律的不同，形成了不同领域的思想政治工作，例如企业、农村、机关、学校、社区、军队思想政治工作等。随着新的职业出现以及新的活动和工作空间的产生，也必然产生新的工作领域，如网络思想政治工作等。

第四，思想政治工作的内涵比思想政治教育的内涵更为宽泛。这两个概念是今天思想政治工作研究和实践中最为常用的概念。关于二者的关系，学界已经达成共识，两个概念“含义基本相同，指导思想、目的和内容也基本一致，在一般情况下可以通用”①，区别在于：“思想政治工作的外延涵盖政治动员工作、理论宣传工作、思想教育工作等方面”②，不仅包含教育性活动，还包括管理性工作和效果评估与反馈等，有多种实践形式，并不全都是教育活动。

（三）高校思想政治工作的内涵阐释

加强和改进高校思想政治工作，需要科学厘定高校思想政治工作的内在含义，精准判断和切实把握实际工作的着力点。

1. 高校思想政治工作的场域特色

高校是一个具体工作场域。顾名思义，高校思想政治工作就是在高校开展的思想政治工作。“场域”作为一种社会空间，具有相对独立性，这决定了一个场域所以存在的可能，也是不同场域相互区别的标志。人们在生活中的每一个行为，都被其所发生的场域所影响。作为一个独特的场域，高校是由教育者、教育对象及其参与者等各要素组成的关系网络，担负着人才培养、科学研究、社会服务、文化传承创新、国际交流合作的职能。高校的整个活动是围绕着办学育人的主题展开的文化和知识的传承、传播、生产

---

① 《思想政治教育学原理》编写组编：《思想政治教育学原理》，高等教育出版社 2016 年版，第 3 页。

② 冯刚、曾永平：《“思想政治工作”与“思想政治教育”概念辨析》，《思想理论教育》2018 年第 1 期。

与消费。在这个独特场域展开的思想政治工作的理论和实践，必然有其中国特色社会主义高等教育立德树人的场域特色，进而呈现出独特的内涵和外延。

第一，彰显鲜明的高等教育特色。高校思想政治工作是高等教育工作系统的一部分，必然凸显高等教育的独特要求。一方面，具有鲜明的社会主义意识形态性。高校具有学术性、行政性和教育性相统一的特征。高校是创造新知、思想交锋的桥头堡。高校既生产思想又消费思想，既生产理论又消费理论，既生产文化又消费文化，是意识形态性的前沿阵地。虽然走出象牙塔的高校已经全面融入社会，但其教书育人和科学研究的特质仍要求在学术与政治之间保持一定的张力，这些特点都决定了高校在思想政治工作方面的独特性。马克思主义是我国大学最鲜亮的底色。新时代高校思想政治工作必然鲜明体现社会主义意识形态性，必然要坚定维护马克思主义在意识形态领域的指导地位和话语权。作为意识形态工作重要阵地的党委宣传部门的工作也自然是其重要工作路径和载体。另一方面，强调学生思想政治教育是工作重心。育人是高校思想政治工作的出发点和落脚点。大学生是国家的未来、民族的希望，是思想政治工作的重点对象。高校学生思想政治教育的主渠道是思想政治理论课教育教学，各种形式的学生管理和服务工作、校园文化建设等日常思想政治工作是主阵地，主渠道主阵地要实现协同育人合力。新时代高校学生思想政治教育视野要突破传统以本科生、专科生为主体，还要牢牢抓住日益壮大的研究生群体的思想政治教育。

第二，紧紧围绕党领导高等教育的中心工作展开。办学育人是高等教育的中心任务，思想政治工作是中国特色社会主义高校的生命线。加强思想政治工作，关系到高校办学育人的根本问题，也关系到党对高校的领导，是一项重大的政治任务和战略工程。作为中国共产党领导高等教育工作的一部分，高校思想政治工作要紧紧围绕“保证和服务办学育人”主题，从“为谁办学育人、办什么样的大学育什么样的人、怎样办学育人”三个层面开展工作。[①] 从办学的维度看，思想政治工作要为扎根中国大地办中国特色社会主义大学、实现高等教育“四为服务”[②] 保驾护航；从育人的维度看，高校思想政治工作旨在对师生进行思想观念、政治观点、道德规范的引领、教育与塑造，培养一代又一代社会主义建设者和接班人。

第三，具有多元化的工作队伍构成。学校党政干部、共青团干部、专兼职思政课教师、其他各门课程教师都肩负立德树人的责任与使命。打铁还需自身硬，队伍建设是做好高校思想政治工作的关键。我国高校思想政治工作队伍建设一直坚持专兼结合的原则，“形成一支专职为主、专兼结合、数量充足、素质优良的工作力量。”[③] 其一，高校思想政治工作队伍是专门力量。要统筹四支队伍，汇聚工作合力。长期以来，高校思想政治工作在实践中形成了四支专门力量。要建立健全协同育人机制，实现高校党政干部和共青团干部、思想政治理论课教师和哲学社会科学课程教师、辅导员班主任和心理咨询教师的协同育人。其二，其他课程专任教师队伍是高校思想政治工作的重要依靠力量。全体教师是全员育人的关键主体和重要依靠力量。要引导新时代教师做党和人民满意的“四有”好老师，以德立身、以德立学、以德施教，成为塑造学生品格、品行、品味的“大先生”。其三，学校机关各行政部门、后勤管理部门也是“三全育人”的重要队伍。他们是高校职员队伍的主体，其工作与广大师生的学习、工作和生活息息相关。高校要充分发挥这支队伍的思想政治教育职能，使其自觉做到管理育人、服务育人，形成全员全过程全方位的育人合力。

2. 高校思想政治工作的内涵厘定

前文所述思想政治工作概念之历史溯源和相关概念辨析，给我们界定高

---

① 参见康秀云：《习近平高校思想政治工作重要论述论纲》，《东北师大学报》（哲学社会科学版）2019 年第 2 期。

② “四为服务”，即“为人民服务、为中国共产党治国理政服务、为巩固和发展中国特色社会主义制度服务、为改革开放和社会主义现代化建设服务”。

③ 《中华人民共和国学校思想政治理论课重要文献选编》下册，人民出版社 2022 年版，第 1425 页。

校思想政治工作的科学内涵提供了必要的历史逻辑和理论逻辑，而一百多年来党领导高校思想政治工作实践的领域特色提供了必要的实践逻辑。基于此，我们把高校思想政治工作的概念界定为：在高校党委的领导下，坚持马克思主义的指导地位，以立德树人为根本任务，以保证和服务办学育人为主题，统筹教师和学生两大群体，进行思想观念、政治观点、道德规范的引领、教育与塑造的综合教育实践活动。

认识和理解这个概念内涵，我们要注意：

第一，“在高校党委的领导下”，旨在强调高校思想政治工作的领导主体与责任主体。高校党委要全面掌握学校的领导权，将思想政治工作置于生命线地位，牢牢掌握意识形态工作领导权、管理权和话语权。

第二，“坚持马克思主义的指导地位”，是对高校思想政治工作的指导思想的明示。回顾中国共产党办学治校的发展历程，一条重要的经验就是以高校思想政治工作为重要抓手，始终坚持马克思主义的指导地位，不打折扣地贯彻落实党的教育方针。新时代高校思想政治工作要坚持不懈传播马克思主义理论，坚守马克思主义这一最鲜亮底色，为党育人，为国育才。

第三，“以立德树人为根本任务”，明确了高校思想政治工作的根本任务。这是高校思想政治工作对人才培养时代之问的回应。“培养什么人、怎样培养人、为谁培养人”① 是新时代教育的根本问题。高校以立德树人为立身之本，思想政治工作贯穿教育教学全过程。立德树人，培育德智体美劳全面发展的社会主义事业建设者和接班人，培育党和人民满意的“四有”好老师，是高校思想政治工作的根本任务。

第四，“保证和服务办学育人”，旨在厘清高校思想政治工作的主题。办学育人是高等教育的基本出发点和落脚点。要充分发挥思想政治工作的引导和保证方向、统一和凝聚力量、围绕和服务中心的“生命线”作用。能

① 《习近平著作选读》第一卷，人民出版社 2023 年版，第 28 页。

不能抓好高校思想政治工作，是一项涉及“三个事关”① 的重大政治任务和战略工程。简言之，办学育人是高校的中心任务，紧紧围绕“保证和服务办学育人”开展工作，则形成了新时代高校思想政治工作的主题，构成了理论体系的纲脉和实践活动的统帅。高校思想政治工作必须推动高校育人使命的践行，坚持社会主义办学方向，培养堪当民族复兴大任的时代新人。

第五，“统筹教师和学生两大群体”，阐明了高校思想政治工作的两大主体。教师和学生是高校思想政治工作的两类主体。高校思想政治工作要做到眼中有“人”，要以学生为立德树人的主体，以教师为立德树人的关键。学生是高校思想政治工作的主要对象，包括本科生、专科生和研究生。高校学生的身心特点决定了他们既需要教育引导和帮助，也需要尊重其主体性和个性化发展要求和期待。因此，高校思想政治工作要聚焦、围绕、关照、服务学生，不断提高他们的思想政治觉悟和道德修养。高校教师是教育者和受教育者的统一。教育者要先受教育，高校思想政治工作兼顾教师这个工作关键，引导广大教师以德立身、以德施教，做新时代的好老师。

第六，“思想观念、政治观点、道德规范的引领、教育与塑造”，规定了高校思想政治工作的基本内容和方法。要在师生中进行符合社会发展要求的世界观、人生观、政治观、价值观、道德观教育，传播主流意识形态，提高他们的思想政治水平和道德文化素养。马克思主义为指导的价值引领，思政课程和课程思政结合的教育教学，教书服务管理相结合的涵濡浸润等是主要方法。

第七，“综合的教育实践活动”则是对高校思想政治工作“三全育人”特质的概括。高校思想政治工作是一项体系复杂、综合系统的社会实践，而非条块分明、界限清晰、单一孤立的工作。这就要求在“大思政”理念指

---

① “三个事关”，即“事关办什么样的大学、怎样办大学的根本问题，事关党对高校的领导，事关中国特色社会主义事业后继有人”。

导下，学科体系、教学体系、教材体系、管理体系等协同联动，同向同行，实现全员全过程全方位育人。

二、新时代高校思想政治工作创新研究的时代背景

加强和改进高校思想政治工作是一项重大的政治任务和战略工程，关乎民族复兴、教育发展和人才培养。党的十八大以来，以习近平同志为核心的党中央把高校思想政治工作摆在突出位置，作出一系列重大决策部署，为高校办学育人指明了方向、提供了遵循。加强新时代高校思想政治工作创新研究工作，要紧紧围绕习近平总书记系列重要讲话精神，深化关于高校思想政治工作时代语境的思想认识。如果我们不能从时代高度客观把握当代社会历史现实和意识形态发展的新变化，就无法理解新时代高校思想政治工作创新发展的时代性意义。

（一）广泛而深刻的社会变革需要正确价值引领

新中国成立 70 多年来，我国社会发生了翻天覆地的变化，迎来了从站起来到富起来再到强起来的时代。这个时代是一个物质财富极大丰富的时代，也是一个迫需加强精神文明建设的时代，尤其是面对中国近年来广泛而深刻的社会变革，更加需要强化价值引领，守护好人们积极向上、健康文明的精神家园。

1. 立足中国特色社会主义进入新时代的历史方位

改革开放以来，中国经历了天翻地覆的发展和进步。在中国共产党的领导下，全体中华儿女勠力同心、同向同行，实现了经贸、国防、科技、信息等领域的重大突破，人民生活不断得以改善，国家综合实力跃居世界前列，国际地位和影响力持续攀升，中国政治制度不断彰显出更加强大的生命力。党的十八大以来，中国特色社会主义进入新时代。新时代承前启后、继往开来，“意味着科学社会主义在 21 世纪的中国焕发出强大生机活力，在世界

上高高举起了中国特色社会主义伟大旗帜。”①“中国特色社会主义拓展了发展中国家走向现代化的途径，为解决人类问题贡献了中国智慧、提供了中国方案。”② 新时代的判断深刻彰显着我国决胜小康、全面建设现代化强国、实现全体人民共同富裕与中国梦的信念与决心。作为近代以来中华民族最伟大的梦想与夙愿，中国梦的实现归根结底要依靠社会主义建设者和接班人，依靠具有开拓创新精神的时代新人和引领国家社会发展进步的高端人才，依靠以立德树人为根本的高等教育。因此，教育引导人们坚持以人民为中心的价值取向，统一思想、凝聚力量，从国家整体、根本及长远利益出发推进中国特色社会主义事业稳步前进，以及怎样在多元中唱响主旋律，进一步坚定政治自觉与理论自信，明确中国举什么旗、走什么路、以什么样的精神状态、朝着什么样的目标继续前进，是关系到国家前途命运、党的事业兴衰成败的根本问题，也是党和国家思想政治工作的题中之义，迫切需要发挥思想政治工作在更好构筑中国精神、中国价值和中国力量方面的价值作用。

2. 立足我国社会主要矛盾发生的根本性变化

社会变革是由社会基本矛盾运动所引起，目的在于解决发展中各种利益之间的矛盾问题。党的十九大作出“我国社会的主要矛盾已经转化为人民日益增长的美好生活需要和不平衡不充分的发展之间的矛盾”③ 这一重大政治论断，这是对辩证唯物主义和历史唯物主义世界观和方法论的坚持，更是党的实事求是思想路线的鲜活体现。从社会主义事业的全局来看，全面深化改革取得的重大成就，一方面极大激发了全社会的发展创新活力，显著提升了人民群众的获得感，另一方面城乡间、东西部、不同社会阶层之间发展不平衡，物质、政治、精神、社会以及生态文明发展不充分等问题，也成为满足人民日益增长的美好生活需要、推动人的全面发展、社会全面发展的主要

① 中共中央宣传部编：《习近平新时代中国特色社会主义思想三十讲》，学习出版社 2018 年版，第 59 页。

② 《习近平谈治国理政》第二卷，外文出版社 2017 年版，第 62 页。

③ 《习近平谈治国理政》第三卷，外文出版社 2020 年版，第 9 页。

制约因素。全社会的物质财富极大丰富，多元社会思潮文化冲击与渗透，物质与精神发展程度不相匹配、价值文化选择困境、精神生活物化与个体化等问题愈加明显，物的现代性高速发展的同时凸显着人的现代性的失落，外化为思想、精神、价值、信仰的失当。正如高清海先生所言，“一个社会和民族要站起来，当然经济上的实力是必要的基础，然而这并不是关键，关键在于首先要从思想上站起来，一个在思想上不能站立的民族，哪怕它黄金遍地，也不可能真正成为主宰自己命运的主人。”① 现代科学技术的极大发展，资本逻辑的不断扩张，掀起了人们关于物质生活的热情与遐想，精神和文化被裹挟和纳入利益最大化的逻辑轨道，利益分化与阶层重组造成文化离散与断层，多元文化间叠加碰撞，导致灵魂的迷茫困惑与思想的彷徨失措，思想政治工作发挥指引方向、抚慰灵魂、提振精神、重塑价值的作用，在新时代显得尤为重要。

3. 立足以中国式现代化全面推进中华民族伟大复兴的中心任务

“从现在起，中国共产党的中心任务就是团结带领全国各族人民全面建成社会主义现代化强国、实现第二个百年奋斗目标，以中国式现代化全面推进中华民族伟大复兴。”② 根据我国社会主要矛盾发生的变化，结合新时代十年的伟大变革，党的二十大对中国共产党的中心任务作出了相应调整，在继续抓好经济建设的基础上更加聚焦，创造性地提出“以中国式现代化全面推进中华民族伟大复兴”的重大战略命题，并强调指出“中国式现代化，是中国共产党领导的社会主义现代化，既有各国现代化的共同特征，更有基于自己国情的中国特色。”③ 基于此，习近平总书记进一步阐述了中国式现代化的“五大中国特色”“九个本质要求”和“五个重大原则”，规划确定了全面建成社会主义现代化强国的战略安排和目标任务，提出“到本世纪

---

① 高清海：《中华民族的未来发展需要有自己的哲学理论》，《吉林大学社会科学学报》2004 年第 2 期。

② 《习近平著作选读》第一卷，人民出版社 2023 年版，第 18 页。

③ 《习近平著作选读》第一卷，人民出版社 2023 年版，第 18 页。

中叶，把我国建设成为综合国力和国际影响力领先的社会主义现代化强国”① 的远景目标。在多元文化相互激荡交锋的今天，面对西方敌对势力不断对我进行意识形态渗透的严峻挑战，实现这一伟大而艰巨的美好愿景注定不会一帆风顺。全党全国各族人民唯有紧密地团结在以习近平同志为核心的党中央周围，坚定信心、同心同德，埋头苦干、奋勇前进，才能用新的伟大奋斗创造新的伟业。这就需要进一步加强和改进思想政治工作，使其不断发挥保证和服务党的中心任务的“生命线”作用。

（二）教育在实现中国式现代化进程中的基础性、全局性地位愈加凸显

“育才造士，为国之本”。中华民族历来高度重视教育，始终把教育作为治国安邦的大事，这是中华民族繁衍发展、中华文明绵延不绝的一个重要原因。党的二十大报告强调，教育“是全面建设社会主义现代化国家的基础性、战略性支撑……要坚持教育优先发展”②。就高等教育而言，新中国成立后特别是改革开放以来，我国高等教育实现跨越式发展，在提高人民教育水平、培养高素质人才、促进经济社会发展、繁荣发展哲学社会科学、提高国家科技创新能力等方面都发挥了重要作用，为全面建设社会主义现代化国家、全面推进中华民族伟大复兴作出了巨大贡献。

1. 教育是推动党和国家各项事业发展的重要先手棋

“敬教劝学，建国之大本；兴贤育才，为政之先务。”党的十八大以来，以习近平同志为核心的党中央立足中华民族长远发展的战略高度，提出“教育是国之大计、党之大计”③ 重大论断。这一重大创新性论断，充分彰显了教育在党和国家各项事业发展全局中至关重要的地位和作用，为新时代推进教育优先发展战略提供了根本依据。党的十八届三中全会吹响了全面深

---

① 《习近平著作选读》第一卷，人民出版社 2023 年版，第 21 页。

② 《习近平著作选读》第一卷，人民出版社 2023 年版，第 27—28 页。

③ 《习近平著作选读》第一卷，人民出版社 2023 年版，第 28 页。

化改革的号角，确立了“完善和发展中国特色社会主义制度，推进国家治理体系和治理能力现代化”① 的总目标。经过十年全面深化改革，党和国家各领域发展取得了举世瞩目的成就，但是我们今天依然面对着十分严峻的问题和挑战。教育是关乎社会发展全局的事业，对经济社会发展的各领域都具有全方位的影响。党和国家各项事业改革发展越是深入，越是需要更多更优秀的人才，教育的基础性、战略性地位和作用也就越发凸显。一方面，教育为经济社会发展提供坚实的人才供给，使党和国家各项事业有人干、干得好，确保中国特色社会主义事业后继有人。另一方面，教育关系到每个家庭和每个孩子的未来，影响着莘莘学子的前途命运，是增进民生福祉、促进公平正义的重要手段。基于此，习近平总书记指出，要坚持把优先发展教育事业作为推动党和国家各项事业发展的重要先手棋，不断使教育同党和国家事业发展要求相适应、同人民群众期待相契合、同我国综合国力和国际地位相匹配。② 在优先发展教育事业进程中，思想政治工作发挥了定盘星、稳定器的作用，保证了教育不走偏、不变色，而是始终沿着正确政治方向，为党和国家各项事业发展培养出更多更加优秀的人才。

2. 教育是增强综合国力的重要因素

“当前，世界百年未有之大变局加速演进，新一轮科技革命和产业变革深入发展，国际力量对比深刻调整，我国发展面临新的战略机遇。同时，世纪疫情影响深远，逆全球化思潮抬头，单边主义、保护主义明显上升，世界经济复苏乏力，局部冲突和动荡频发，全球性问题加剧，世界进入新的动荡变革期。我国改革发展稳定面临不少深层次矛盾躲不开、绕不过，党的建设特别是党风廉政建设和反腐败斗争面临不少顽固性、多发性问题，来自外部的打压遏制随时可能升级。我国发展进入战略机遇和风险挑战并存、不确定

① 《中共中央关于全面深化改革若干重大问题的决定》，人民出版社 2013 年版，第 3 页。

② 参见本书编写组编：《习近平总书记教育重要论述讲义》，高等教育出版社 2020 年版，第 80—81 页。

难预料因素增多的时期，各种‘黑天鹅’、‘灰犀牛’事件随时可能发生。”① 如何在奋勇前进的道路上披荆斩棘，随时准备经受风高浪急甚至惊涛骇浪的重大考验，是我们必须慎重考虑的重大问题。历史和现实告诉我们，一个国家要发展繁荣，必须把握和顺应世界发展大势，反之必然会被抛弃。唯有不断增强我国的综合国力，才能在动荡不定的世界大势中站稳脚跟、步稳蹄疾。教育是传授已知、探索未知、创造新知的行为，是人们认识世界、改造世界的基础性活动。“劳动者素质对一个国家、一个民族发展至关重要。劳动者的知识和才能积累越多，创造能力就越大。”② 在科学技术日新月异的今天，唯有抓好教育，才能使我国的科技创新发展拥有源源不断的动力，才能保证科技成果源源不断地涌现出来，才能不断提升我国的核心竞争力，才能在世界发展大势中不落伍、不掉队。习近平总书记指出：“当今世界的综合国力竞争，说到底是人才竞争，人才越来越成为推动经济社会发展的战略性资源，教育的基础性、先导性、全局性地位和作用更加突显。”③ 教育是培养人的事业，对于一个国家来说，这项事业只能成功，不能失败。思想政治工作是为教育事业领航掌舵的，是坚决防止教育在培养人上出现问题、犯下历史性错误的重要保证。

3. 教育对实现中华民族伟大复兴具有决定性意义

“教育是民族振兴、社会进步的重要基石，是功在当代、利在千秋的德政工程，对提高人民综合素质、促进人的全面发展、增强中华民族创新创造活力、实现中华民族伟大复兴具有决定性意义。”④ 实现中华民族伟大复兴，教育的地位和作用至关重要。无论是发展党和国家各项事业，还是不断增强我国综合国力，都需要更多的人来共同参与才能实现。人是实践的主体，同

---

① 《习近平著作选读》第一卷，人民出版社 2023 年版，第 21—22 页。

② 习近平：《在庆祝“五一”国际劳动节暨表彰全国劳动模范和先进工作者大会上的讲话》，人民出版社 2015 年版，第 9 页。

③ 习近平：《做党和人民满意的好老师——同北京师范大学师生代表座谈时的讲话》，人民出版社 2014 年版，第 3 页。

④ 习近平：《论党的宣传思想工作》，中央文献出版社 2020 年版，第 372 页。

时也是思维认识的主体。实现中华民族伟大复兴这一美好愿景，归根到底还得依靠人来完成，还得靠教育培养人才。“为谁培养人、培养什么人、怎样培养人”始终是教育的根本问题。“我国是中国共产党领导的社会主义国家，这就决定了我们的教育必须把培养社会主义建设者和接班人作为根本任务，培养一代又一代拥护中国共产党领导和我国社会主义制度、立志为中国特色社会主义奋斗终身的有用人才。我们的教育绝不能培养社会主义破坏者和掘墓人，绝不能培养出一些‘长着中国脸，不是中国心，没有中国情，缺少中国味’的人！那将是教育的失败。教育的失败是一种根本性失败。”①正因如此，我们更加需要思想政治工作贯穿立德树人始终，从根本上确保了“推进教育现代化、建设教育强国必须把握的大是大非问题”不跑偏、不出错，确保了堪当民族复兴重任的时代新人不褪色、不变色、不染色。

（三）党中央对高校思想政治工作作出了新部署和新要求

1. 党中央高度重视高校思想政治工作

高校肩负着时代新人培养、教学与科学研究、公共社会服务、文化传承创新、国际交流合作的重要使命和任务。加强和改进高校思想政治工作是一项重大的政治任务和战略工程。党的十八大以来，习近平总书记二十余次深入高校考察调研，就加强高校思想政治工作发表重要讲话、作出重要指示，从办学治校、育人育才的战略高度对高校思想政治工作作出一系列重大决策部署，提出一系列具有理论深度和时代高度的新思想新观点新战略。这些重大论断以“保证和服务办学育人”为主题，从“为谁办学育人、办什么样的大学育什么样的人、怎样办学育人”三个层面，阐述了高校思想政治工作的优良传统论、战略地位论、党的领导论、根本任务论、对象拓展论、发展理念论、关键课程论、网络阵地论、队伍建设论、师德建设论等十大论域，形成了内容丰富、逻辑清晰的习近平总书记关于高校思想政治工作的重

---

① 习近平：《论党的宣传思想工作》，中央文献出版社 2020 年版，第 343 页。

要论述，构成了丰富严谨的新时代高校思想政治工作体系结构，丰富发展了党的思想政治工作理论体系，对于我们立足时代发展大势、顺应世界前进潮流，做好新形势下高校思想政治工作、办好社会主义大学提供了价值指针与基本遵循。有关习近平总书记关于高校思想政治工作的重要论述的一个主题、三个层面、十大论域的基本内容体系，将在本书第一章具体阐释，此处暂不展开。

2. 党中央关于高校思想政治工作作出了新部署

党的十八大以来，中共中央、国务院和有关部门围绕正确认识新时代高校思想政治工作的战略地位、提高高校思想政治工作质量、加强主阵地和主渠道建设、建设“三全育人”体系、加强师德师风建设等重大问题，颁布实施了一系列关于高校思想政治工作的重要文件和指导意见。例如，《关于加强和改进新形势下高校思想政治工作的意见》《关于新时代加强和改进思想政治工作的意见》《关于进一步加强和改进新形势下高校宣传思想工作的意见》《高校思想政治工作质量提升工程实施纲要》《关于加强和改进新时代师德师风建设的意见》《关于加快构建高校思想政治工作体系的意见》等。这些文件的颁布实施是加强新时代高校思想政治工作的系统性战略部署。基于此，坚持以习近平总书记关于高校思想政治工作的重要论述为指导，开展新时代高校思想政治工作创新研究，是进一步落实党和国家关于高校思想政治工作相关部署和要求的需要。一方面，有助于将党中央、国务院的顶层设计落细落实，提高高校思想政治工作的实效；另一方面，对党和国家关于高校思想政治工作的新部署新举措进行学术化思考和学理性研究，有助于推动高校思想政治教育学科的丰富发展。

三、新时代高校思想政治工作创新研究的重点内容

思想政治工作既是理论，也是实践，表现为理论和实践的统一。党的十八大以来，高校思想政治工作的发展创新是在习近平总书记关于高校思想政

治工作重要论述的指导下进行的。高校思想政治工作的实践创新、理论探索和办学育人成果也为习近平总书记关于高校思想政治工作重要论述提供了重要资源和实践基础。作为领域思想政治工作理论，高校思想政治工作创新发展必然要研究新问题，总结新经验，澄清模糊认识，作出新的理论概括；作为工作实践，新时代高校思想政治工作必然以习近平总书记关于高校思想政治工作重要论述为基本遵循，直面新挑战、解决新问题、提出新举措、作出新部署，保障和服务高校办学育人中心工作。质言之，新时代高校思想政治工作的发展创新与习近平总书记关于高校思想政治工作重要论述具有内在契合、同音共律的特征。

本研究坚持以马克思主义为指导，紧紧围绕习近平总书记关于高校思想政治工作重要论述，聚焦“办学育人”这个高校思想政治工作思想主题，直面高校思想政治工作中存在的理论思考不到位、应对挑战有短板、教育教学实效不强等问题和现象，从理论与实践双重维度展开，基于系统性研究与点位式研究相统一、理论阐释与实践探索相统一、现实问题剖析与未来趋向研判相统一的研究模式，探究新时代高校思想政治工作创新发展的学理与路径。

（一）作为理论的新时代高校思想政治工作的发展创新

与时俱进是马克思主义的理论品格，新时代、新问题、新挑战、新实践为思想政治教育理论的与时俱进、发展创新提供了新机遇。新时代高校思想政治工作的理论创新研究，丰富和发展了党的思想政治教育理论。

厘清了高校思想政治工作的科学内涵。“思想始于对感觉的背叛”①，熟知也许非真知。澄清常用概念的内涵，厘清其独特的场域特色和要求，是研究的基础和前提，也是研究进入新阶段的标志。我们对概念内涵的阐释，明确了高校党委的领导主体与责任主体的地位，强调了高校思想政治工作要坚

① 赵汀阳：《第一哲学的支点》，生活·读书·新知三联书店 2017 年版，第 2 页。

持马克思主义的指导地位，全面贯彻党的教育方针，坚持立德树人根本任务。同时，创新性地提出了高校思想政治工作要“保证和服务办学育人”主题，要补齐研究生思想政治工作短板，加强师德师风建设，提出统筹教师和学生两大主体，建设贯通高校人才培养体系、保障社会主义办学方向的高校思想政治工作体系。该内涵界定具有鲜明的教育特色和问题意识，有助于明确新时代高校思想政治工作发展创新的方向和路径。

提出了“保证和服务办学育人”是我国高校思想政治工作主题，这是一个具有原创意义的判断。新时代高校思想政治工作围绕“为谁办学育人，办什么样的大学育什么样的人，怎样办学育人”的主题展开，形成了具有内在逻辑和辩证张力的完整体系。保证和服务办学育人，构成了新时代高校思想政治工作的主题。该主题是思想政治工作“生命线”理论在教育领域的具体运用与逻辑延展，是社会主义革命、建设与改革时期高校思想政治工作主题的传承，抓住了高等教育的重大及核心问题，对认识和推进新时代高校思想政治工作的发展创新和体系建设具有重要价值。保证和服务办学育人，是我们认识和把握新时代高校思想政治工作发展创新的逻辑和结构的一把钥匙，擘画了新时代加快构建高校思想政治工作体系的任务书和路线图，也明确了全球化背景下我国高校思想政治工作的政治意义与战略价值。

阐明了新时代高校思想政治工作的战略地位，拓展了党的思想政治工作的价值意义。当前，国际国内形势深刻复杂变化，社会思想文化和意识形态领域情况更加复杂。习近平总书记从“五个如何”审视新时代高校思想政治工作的价值作用，并提出“思想政治工作是学校各项工作的生命线”论断，进一步拓展了党的思想政治工作“生命线”理论。立足于习近平总书记的系列讲话，深刻挖掘新时代高校思想政治工作的地位和价值，有助于高校理直气壮地抓住和抓好思想政治工作。

明确了高校思想政治工作的根本任务与教育立德树人根本任务的一致性，并从“立德”与“树人”、“明大德”与“守公德、严私德”、“立学德”与“立师德”、“教书”与“育人”四个相统一的维度深入思考新时代立德树人的内涵要义，澄清了一些模糊认识。高校思想政治工作是一个系统完整的理论体系和实践体系，包括根本任务、教育内容、落实路径、教育主体、教育客体等多个环节和要素，每一个要素和环节都不是孤立存在，而是互相有着必然的联系。其中，立德树人作为高校思想政治工作的根本任务，在整个高校思想政治工作体系中居于提纲挈领的重要地位，对其他各方面、各环节发挥着重要的指导作用，具有不可替代的重大意义。明确根本任务，是找准工作方向，确定工作内容和工作路径，保证高校思想政治工作取得实效的基本前提。

“大思政”理念研究有助于突破高校思想政治工作研究局限。“大思政”理念是新时代高校思想政治工作的重要理念，思想政治工作要全员全过程全方位育人。以“大思政”理念为指导，思想政治工作主体范围外扩，专门力量和依靠力量涵盖了高校党政干部和共青团干部、思政课教师和哲学社会科学课教师、辅导员班主任和心理咨询教师等不同队伍。“课程”思政突破了思想政治工作的空间局限，思政课之外“其他各门课都要守好一段渠、种好责任田”①，实现同向同行。同时，强调加强高校基层党组织建设，旨在形成党委统一领导、各部门齐抓共管的工作格局。本研究倡导建立几支队伍协同育人机制，如基层党组织和团组织“政治性共塑”机制、思政课教师与哲学社会科学教师“思想价值共引”机制、辅导员和心理咨询教师“成长心理共疏”机制、班主任和专业课教师“成才之路共辅”机制、行政管理岗位教师和后勤服务岗位教师“人文关怀共给”机制等。

拓展了对高校思想政治工作对象的认识。高校思想政治工作一直以来将工作对象聚焦于本专科学生群体，取得了重大成绩。但是，今天我们需要自觉认识对象范围的拓展。其一，加强研究生思想政治工作，这是新时代高校必须扎实补齐的短板。今天在校的研究生将成为引领国家经济社会发展的“新动力人群”和担当民族复兴大任的时代新人，我们要坚持把立德树人作

---

① 《习近平谈治国理政》第二卷，外文出版社2017年版，第378页。

为研究生教育的中心环节，把思想政治工作贯穿研究生教育教学全过程。其二，教师也是思想政治工作的对象。要加强教师思想政治工作，落实师德师风第一标准。无疑，我们的教师主体是好的。然而当下，教师师德失范问题也时有发生，造成恶劣的社会影响。这就要求科学把握高校思想政治工作的教师对象，澄清关于高校教师思想政治工作的认识偏差，加强师德师风建设，建设一支高素质教师队伍。

梳理百余年党在高校开展思想政治工作历史，旨在校准新时代高校思想政治工作使命责任。注重从历史经验中汲取开拓前进的智慧和力量是中国共产党的优良传统，也是思想政治教育创新的重要源泉。中国共产党历来高度重视思想政治工作，并将其视为一切工作的生命线，这是我们党在革命、建设和改革事业中取得成功的基本经验，也是我们党的优良传统和政治优势。回望建党一百多年的历史，中国共产党的高校思想政治工作也经历了从稚拙到成熟、从经验到科学、从单一到系统的发展历程，探索出了创办中国特色社会主义大学的成功经验。系统梳理建党一百多年以来高校思想政治工作的历史轨迹、取得的重大成就、总结近百年来高校思想政治工作探索的历史经验，是校准新时代高校思想政治工作使命责任的基本历史前提。

（二）作为实践的新时代高校思想政治工作回应的关键问题

经过长期的理论与实践探索，高校思想政治工作定位更为明晰，队伍不断壮大，工作体系日益完善，主体认同显著提升，随着马克思主义理论学科向上向好发展，高校思想政治工作为推进国家现代化建设提供着更为强大的精神动力。尽管高校思想政治工作成绩斐然，却依然存在诸多需要关注和回应的现实问题，需要我们聚焦时代发展新变化，坚持求实态度，不断变革角色意识、树立前瞻思维，适时调整实践研究的发力点，根据工作对象特点和需求的变化，不断探索新的教育方式方法，以提升工作的科学性、规范性、精准性。针对提高高校思想政治工作合力的问题，本书提出以“大思政”的发展理念为指导，并探讨了“大思政”理念下，如何发挥合力协同作用，构建协同育人机制等相关实践问题，同时要求配齐建强思想政治工作队伍，发挥专门力量和依靠力量的育人合力作用；针对师德师风建设问题，提出高校教师同样需要思想政治教育，要加强师德师风建设以补齐高校教师思想政治工作短板；针对研究生思想政治教育问题，提出全面把握研究生思想政治工作的特殊性，发挥研究生导师立德树人首要责任人作用，构建和谐导生关系，提高工作实效；针对思想政治理论课的教师队伍建设、教学方法改革等问题，提出高校思政课要在继承中发展、在发展中继承，坚持守正创新，正确处理好变与不变的辩证关系，建设好立德树人的关键课程；针对加强基层党组织建设等问题，强调加强和改善党对高校思想政治工作的领导，把握高等教育发展方向，将培养社会主义建设者和接班人作为根本任务，特别是充分发挥基层党组织的能动作用，拓宽工作“广度”，提升工作“效度”，增加工作“温度”。

第一章

保证和服务高校办学育人

党的十八大以来，围绕高校“为谁办学育人、办什么样的大学育什么样的人以及怎样办学育人”这个重大问题，习近平总书记提出一系列新思想新理念新举措，形成了内容丰富、逻辑严密的新时代高校思想政治工作体系。保证和服务办学育人，构成了习近平总书记高校思想政治工作重要论述的主题。该主题是思想政治工作“生命线”理论在教育领域的具体运用与逻辑延展，是社会主义革命、建设与改革时期高校思想政治工作主题的接续传承，为新时代高校思想政治工作的发展创新和体系建设，提供了思想遵循与行动指南。

第一节　新时代高校思想政治工作保证和服务办学育人主题的生成逻辑

习近平总书记关于高校思想政治工作的重要论述聚焦“为谁办学育人、办什么样的大学育什么样的人以及怎样办学育人”的主题，形成了逻辑严密的理论体系。习近平总书记高校思想政治工作重要论述保证和服务办学育人主题的形成并非偶然，而是理论依据、历史经验和问题导向相互作用的必然结果。

一、思想政治工作“生命线”理论的具体运用与逻辑展开

中国共产党始终高度重视思想政治工作，并赋予其“生命线”地位和作用。无论是新民主主义革命时期提出的“政治工作不是附带的，而是红军的生命线”①，还是新中国成立后作出的“政治工作是一切经济工作的生命线”“思想和政治又是统帅，又是灵魂”的重大论断，或是改革开放时期强调的“思想政治工作是经济工作和其他一切工作的生命线”“是团结全党和全国各族人民实现党和国家各项任务的中心环节”，中国共产党不断的理论探索和实践经验，反复强调和验证着思想政治工作对于其他一切工作所具有的基础性与根本性作用。立足新时代这一历史方位，习近平总书记坚持思想政治工作“生命线”理论，创造性地提出“思想政治工作是学校各项工作的生命线”②“思想政治工作……是一切工作的生命线”③的重要论断，进一步明确了思想政治工作在新时代教育领域中保证方向、服务大局、凝聚力量的重要地位和价值。

当前，我国高等教育的中心工作是办学治校和育人育才，办学和育人是紧密相连、不可分割的整体。党的十八大以来，习近平总书记创造性地提出了“办学育人”这一概念来概括高等教育的中心工作。2016 年 12 月，习近平总书记在全国高校思想政治工作会议上谈及高校社会主义核心价值观培育问题时，强调要“把社会主义核心价值观贯穿于高校办学育人全过程”④，明确把“办学育人”作为新时代高等教育的中心工作。2019 年 5

---

① 中央档案馆：《中共中央文件选集》（第 8 册），中共中央党校出版社 1991 年版，第 310 页。

② 习近平：《论坚持党对一切工作的领导》，中央文献出版社 2019 年版，第 279 页。

③ 《中共中央 国务院印发〈关于新时代加强和改进思想政治工作的意见〉》，《人民日报》2021 年 7 月 13 日。

④ 《习近平关于社会主义精神文明建设论述摘编》，中央文献出版社 2022 年版，第 121 页。

月，习近平总书记在视察陆军步兵学院时进一步指出，要“全面提高办学育人水平，为强军事业提供有力人才支持”①，再次强调了学校的办学育人使命。2020 年 6 月，习近平总书记在给哈尔滨工业大学百年校庆的贺信中指出：“希望哈尔滨工业大学在新的起点上，坚持社会主义办学方向，紧扣立德树人根本任务，在教书育人、科研攻关等工作中……作出新的更大贡献。”②

办好大学，培养好人才，对于国家发展具有战略意义。习近平总书记指出，“高等教育发展水平是一个国家发展水平和发展潜力的重要标志。”③ 世界各国都把办好大学、培养人才作为实现国家发展、增强综合国力的战略举措。办学和育人脉脉相通、息息相关，办学是根，育人是本，办学是育人的前提基础，育人是办学的根本任务，“高校只有抓住培养社会主义建设者和接班人这个根本才能办好，才能办出中国特色世界一流大学”④。新时代，高校思想政治工作履行职责使命，就是要自觉为实现高等教育的根本任务引领方向，保驾护航，激发动力，保证和服务办学育人这一主题，使高校始终成为弘扬社会主义意识形态的前沿阵地和培养社会主义建设者和接班人的坚强堡垒。

二、对中国共产党高校思想政治工作主题的接续传承

“创新永无止境，但历史和传统定义了创新的底线。历史和传统教我们如何平衡、妥协和取舍，并保持谦卑与敬畏。”⑤ 建党以来，党的高等教育是在服务国家需要、培养接续人才的过程中发展壮大起来的，保证和服务办

① 《习近平在视察陆军步兵学院时强调　全面提高办学育人水平　为强军事业提供有力人才支持》，《人民日报》2019 年 5 月 22 日。

② 《习近平致信祝贺哈尔滨工业大学建校 100 周年》，《人民日报》2020 年 6 月 8 日。

③ 《习近平谈治国理政》第二卷，外文出版社 2017 年版，第 376 页。

④ 习近平：《在北京大学师生座谈会上的讲话》，人民出版社 2018 年版，第 5 页。

⑤ 何帆：《变量》，中信出版社 2019 年版，第 146 页。

学育人构成了党在高校思想政治工作的主题，并在不同发展阶段呈现出不同的时代内容和表现形式。

坚守大学的革命阵地，激发广大青年学生投身革命的豪情壮志，为中国革命事业培养意志坚定、政治严明的党政军人才，是我们党在革命与战争年代高校思想政治工作的主题。新民主主义革命时期，在根据地的高等教育实践中，思想政治工作是坚持党的领导、坚定正确办学方向和育才造士的重要抓手与制胜法宝。例如，抗日军政大学作为党在抗日根据地创办的培养军事和政治干部的高等学校，特别强调了思想政治工作的中心环节地位，并要求其保障和服务于学校办学和人才培养工作。毛泽东为抗大规定了“坚定正确的政治方向，艰苦奋斗的工作作风，加上灵活的战略战术”① 的教育方针。当时的中央军委也明确指示，抗大的一切工作“都是为了转变学生的思想”，“政治教育是中心之一环，课目不宜过多，阶级教育党的教育与工作必须大大加强”②。再如，1941 年由陕北公学、中国女子大学、泽东青年干部学校合并成立的延安大学——中国共产党创办的第一所综合性大学，时任校长的吴玉章明确提出，“延安大学的教育方针是：本校以适应日益开展的西北形势需要，实施新型正规化的新民主主义教育，大量培养为人民服务的各项专业干部及普通干部为目的”③，为此，需要“进行政治教育，以增进学员革命理论的知识，以培养学员具有革命观点、群众观点、劳动观点，作为人民服务的忠诚勤务员”④。吴玉章校长的讲话实质上揭示了延安大学思想政治工作的逻辑主题，即为创办新型正规化的新民主主义大学提供方向保证，为国家和人民培养适应革命形势发展的党政干部与专业人才。解放战

① 《毛泽东邓小平江泽民论教育》，中央文献出版社 2002 年版，第 14 页。

② 《建党以来重要文献选编（一九二一——一九四九）》第十六册，中央文献出版社 2011 年版，第 539 页。

③ 陕西师范大学教育研究所编：《陕甘宁边区教育资料（高等教育和干部学校部分）》下，教育科学出版社 1981 年版，第 128 页。

④ 陕西师范大学教育研究所编：《陕甘宁边区教育资料（高等教育和干部学校部分）》下，教育科学出版社 1981 年版，第 128 页。

争时期，党积极创办新型大学，为解放战争和新中国建设培养人才，并自觉有针对性地加强学校思想政治教育。例如，党中央指示延安大学整建制迁到东北，创建东北大学（即东北师范大学前身）。迁校前夕的1945年10月25日深夜，毛泽东在陕甘宁边区交际处接见了周扬、张如心等延安大学负责迁校的主要领导干部，嘱咐他们到东北的任务是“争取青年，办大学”，还特别强调学校要基于东北地区的特点，围绕办新型大学和争取青年学生加强思想政治教育，他说：“你们创办的东北大学，是新型的大学。因为东北青年受日本帝国主义统治14年，奴化教育的影响很深，要进行中国近代史、现代史的教育，使他们了解在中国共产党领导下的解放区人民和军队，坚持八年抗战，最后取得胜利。要建立一个无产阶级领导的、人民大众的、新民主主义的新中国。”①

新中国成立后，党将这一宝贵经验进一步理论化、系统化，对高校思想政治工作保证和服务办学育人中心工作的问题给予明确回答。毛泽东要求学校要坚持正确的办学方向，“使受教育者在德育、智育、体育几方面都得到发展，成为有社会主义觉悟的有文化的劳动者。”② 邓小平在1978年全国教育工作会议上指出，“我们的学校是为社会主义建设培养人才的地方”③，“学校应该永远把坚定正确的政治方向放在第一位”④。江泽民在2002年庆祝北京师范大学建校一百周年大会上指出，“进行教育创新，首先要坚持和发展适应国家和社会发展要求的教育思想。要坚持党的教育方针，坚持教育为社会主义现代化建设服务、为人民服务，坚持教育与生产劳动和社会实践相结合”⑤。胡锦涛在2010年全国教育大会上指出，“要把育人为本作为教育工作的根本要求，加强理想信念教育和道德教育，把社会主义核心价值体

---

① 《延安大学史》编委会编：《延安大学史》，人民出版社2008年版，第177页。
② 《毛泽东文集》第七卷，人民出版社1999年版，第226页。
③ 《邓小平文选》第二卷，人民出版社1994年版，第103页。
④ 《邓小平文选》第二卷，人民出版社1994年版，第104页。
⑤ 《江泽民文选》第三卷，人民出版社2006年版，第500页。

系融入国民教育全过程。"① 这些重要论述，丰富和发展了党的高校思想政治工作理论和实践，保证了我国大学的社会主义办学方向，为社会主义现代化建设培养了大批合格人才。

回顾我国高等教育的发展历程不难发现，党一直对教育工作高度重视，对思想政治工作和意识形态工作高度重视，汇聚起广大高校师生强大的创造力、凝聚力和战斗力，从而带动高等教育事业稳步前行。回顾过去我们也会发现，凡是重视、抓好思想政治工作，高校办学育人的各项工作就会有序发展，凡是忽视、放松思想政治工作，高校办学和人才培养就会迷失方向，这样的教训不可谓不深刻。党的十八大以来，习近平总书记多次告诫我们一定要警醒，争夺青少年是长期以来各种敌对势力下功夫最大的一个领域，这个斗争长期而严峻，在这个斗争中我们不能输，也输不起！面对百年未有之大变局的机遇和挑战，"未来三十年，我们培养的人要能够完成'两个一百年'的伟业。这就是教育的历史责任。我们党立志于中华民族千秋伟业，必须培养一代又一代拥护中国共产党领导和我国社会主义制度、立志为中国特色社会主义事业奋斗终身的有用人才。这就要求我们把下一代教育好、培养好，从学校抓起、从娃娃抓起。"② 可以说，习近平总书记关于高校思想政治工作重要论述中办学育人的主题，是在对党的高校思想政治工作建设经验深刻总结基础上形成的。

第二节 新时代高校思想政治工作保证和服务办学育人主题的内涵要义

教育是党之大计，国之大计。新时代，习近平总书记聚焦高校思想政治

① 《胡锦涛文选》第三卷，人民出版社 2016 年版，第 420 页。

② 习近平：《论党的宣传思想工作》，中央文献出版社 2020 年版，第 375 页。

工作提出一系列具有原创意义的新思想新论断新要求新举措，明确了新时代高校思想政治工作的目标定位、根本任务、主要内容和实践路径，形成了学校思想政治工作重要论述保证和服务办学育人主题的内涵要义。

一、确立高校思想政治工作目标和定位

“为谁办学育人”是教育的根本性问题，这个问题不解决，有关教育的其他一切问题都不可能解决好。教育是培养人的社会实践活动，为谁办学育人取决于社会关系而非教育本身。教育具有鲜明的政治属性，教育目的由社会制度所决定，这一点古今中外概莫能外。马克思恩格斯第一次明确提出了社会关系决定教育的原理，认为“教育一般说来取决于生活条件”①。针对资产阶级对共产党人教育主张的污蔑，马克思恩格斯在《共产党宣言》中进行了有力驳斥：“而你们的教育不也是由社会决定的吗？不也是由你们进行教育时所处的那种社会关系决定的吗？不也是由社会通过学校等等进行的直接的或间接的干涉决定的吗？”② 列宁则进一步指出：“所谓教育‘不问政治’，教育‘不讲政治’，都是资产阶级的伪善说法，无非是对99%受教会控制和私有制等等压迫的群众的欺骗。”③ 显然，资本主义教育必然承载着资产阶级的政治立场、政治要求和价值观念，为资产阶级政权和资本主义发展办学育人。在无产阶级取得政权后，就要改变剥削阶级对教育的影响性质，为社会主义发展办学育人。

对“为谁办学育人”的追问，则关乎办学育人的目的和立场问题。习近平总书记在全国高校思想政治工作会议上明确提出：“培养什么人、怎样培养人以及为谁培养人”是教育的根本问题，发出了“为谁培养人”的时代之问。若对这一时代之问没有自觉意识、不够警醒或者有所遮蔽，那么

---

① 《马克思恩格斯全集》第6卷，人民出版社1961年版，第648页。

② 《马克思恩格斯文集》第2卷，人民出版社2009年版，第49页。

③ 《列宁选集》第4卷，人民出版社2012年版，第302页。

在“培养什么样的人”“怎样培养人”的问题上就会出现方向性偏差。在这个会议上，习近平总书记提出高等教育“四为服务”的重大论断，即高等教育要与国家的政治要求紧密相连，在服务自己国家需要中发展，要坚持“为人民服务，为中国共产党治国理政服务，为巩固和发展中国特色社会主义制度服务，为改革开放和社会主义现代化建设服务”①。在全国教育大会上，习近平总书记再次重申了该要求，并将其拓展至整个教育领域。综观“四为服务”的内涵，在坚持教育服务人民、服务社会主义的基础上，旗帜鲜明地提出教育要服务新时代党的治国理政工作，为党育人、为国育才。而把“为人民服务”排在“四为”之首，无疑是对教育人民中心价值立场的凸显。总之，“四为服务”彰显了教育的价值立场和办学方向，为新时代高校思想政治工作提供了基本指导，明确了思想政治工作要引导、保证和服务社会主义办学方向，实现教育为党育人、为国育才的历史使命。此前，即2018 年 5 月，习近平总书记在与北京大学师生座谈时指出，每个国家都要按照自己的政治要求培养人，每个国家都要培养社会发展所需要的人，这一点，古今中外概莫能外。办学总是与国家的政治要求紧密相连，也总是在服务自己国家发展中形成和壮大的。思想政治工作在这些事关办学方向、育人目标等重大问题上立场必须坚定，只有这样才能真正发挥思想政治工作“生命线”的作用。

二、阐明高校思想政治工作根本任务

我国的社会主义制度决定了我国办学的社会主义方向。关于学校的发展方向，习近平总书记要求教育必须回应国家之所想所需，要符合国家发展的现实目标要求和未来战略方向，坚持“四为服务”，并强调这是新时代中国高等教育的最大实际和办学根本，脱离了这个实际和根本，教育就很难办

① 《习近平谈治国理政》第二卷，外文出版社 2017 年版，第 377 页。

好。在明确办学方向的基础上，办好中国特色社会主义大学，要建设世界一流大学和一流学科。高等教育发展水平标志着一个国家的发展水平和发展潜力，是国家核心竞争力的重要指标。进入新时代，两个百年奋斗目标交汇的历史时期，发展机遇和挑战前所未有。高校要抓住机遇，推动内涵式发展，创造一流成果，培养一流人才。

关于新时代学校人才培养的目标规格，习近平总书记在不同场合反复强调，学校要培养德智体美劳全面发展的社会主义建设者和接班人，培养堪当民族复兴重任的时代新人。这既是办学育人的核心要义，也是教育发展的根本任务。我们的教育必须“把培养‘德智体美劳全面发展的社会主义建设者和接班人’作为根本培养任务”①，坚持把服务中华民族伟大复兴作为教育的重要使命，坚持“培养一代又一代拥护中国共产党领导和我国社会主义制度、立志为中国特色社会主义奋斗终身的有用人才”②。

习近平总书记关于“办什么样的大学育什么样的人”的论述，给高校思想政治工作提出了方向指导。新时代背景下，高校思想政治工作要科学认识高校学术性、行政性和教育性相统一的特征，正确判断高校既生产思想又消费思想，既生产理论又消费理论，既生产文化又消费文化的意识形态前沿特性，要坚定维护马克思主义在意识形态领域的指导地位和话语权；确保高校坚持社会主义办学方向，坚持“四为服务”，把培养社会主义建设者和接班人作为根本任务；坚持办学育人相统一，服务国家社会需要，培养一流人才，建设教育强国。

三、明确高校思想政治工作内容和路径

落实高校办学育人的历史使命，习近平总书记要求坚持党的领导，落实

---

① 教育部课题组：《深入学习习近平关于教育的重要论述》，人民出版社 2019 年版，第 72 页。

② 习近平：《论党的宣传思想工作》，中央文献出版社 2020 年版，第 343 页。

立德树人根本任务，办好具有中国特色、世界水平的社会主义大学，为高校思想政治工作明确了基本遵循、主要内容和实践路向。

其一，坚持党对教育的领导。习近平总书记强调党对教育的领导，在全国高校思想政治工作会议、学校思政课教师座谈会等会议上，都要求加强党对教育工作的领导。在全国教育大会上，则把“坚持党对教育事业的全面领导”放在“九个坚持”的首位，凸显了党的领导之“方向盘”和“定海神针”的重要作用。坚持党的领导与加强学校思想政治工作相互依存、不可分割。党的领导是学校思想政治工作“生命线”地位作用的根本保障，学校思想政治工作是党领导教育的具体体现和主要抓手。正如习近平总书记所指出的：“思想政治工作是学校各项工作的生命线，各级党委、各级教育主管部门、学校党组织都必须紧紧抓在手上。”①

其二，落实立德树人的根本任务。能不能培养出符合国家需要的人才是检验学校办学成败的“试金石”与“刻度尺”。2018 年 5 月，习近平总书记在与北京大学师生座谈时指出，要把立德树人的成效作为检验学校一切工作的根本标准，要将加强思想政治工作体系建设作为形成高水平人才培养体系的重要内容。“高校只有抓住培养社会主义建设者和接班人这个根本才能办好，才能办出中国特色世界一流大学。”② 落实立德树人的根本任务，要筑牢大学生理想信念之基、补足精神之“钙”，这是高校思想政治工作的首要政治任务。要理直气壮地用习近平新时代中国特色社会主义思想铸魂育人，自觉引导广大师生坚持“四个自信”，增强“四个意识”，牢固树立“四个正确认识”；要坚持不懈培育和弘扬社会主义核心价值观，帮助大学生做到“明大德、守公德、严私德”，“扣好人生的第一粒扣子”，厚植爱国主义情怀，增长知识见识，培养奋斗精神，增强综合素质；要全面提高教师队伍的政治素质、业务能力和育人水平，把师德师风作为第一标准，推动广

① 习近平：《论坚持党对一切工作的领导》，中央文献出版社 2019 年版，第 279 页。

② 习近平：《在北京大学师生座谈会上的讲话》，人民出版社 2018 年版，第 5 页。

大教师做党和人民满意的“四有”好老师。

其三，扎根中国大地办世界一流大学。作为世界上最大的发展中国家，在大国办强教育的道路上，没有现成的经验可供复制，我们要认真吸收世界上先进的办学育人经验，但“不能跟在别人后面依样画葫芦，简单以国外大学作为标准和模式，而是要扎根中国大地，走出一条建设中国特色、世界一流大学的新路”①，“把科学论文写在祖国大地上”②。正如习近平总书记所指出的：“世界上不会有第二个哈佛、牛津、斯坦福、麻省理工、剑桥，但会有第一个北大、清华、浙大、复旦、南大等中国著名学府。我们要认真吸收世界上先进的办学治学经验，更要遵循教育规律，扎根中国大地办大学。”③ 扎根中国大地办大学是中国特色社会主义大学的基本立场与态度，它要求我们的大学必须根植中国的历史、文化与现实，彰显“四个自信”。当然，中国特色社会主义大学的鲜明中国立场并非故步自封、自娱自乐，而是坚持扎根中国与融通中外的统一，坚持立足时代与面向未来相结合，积极推动中国教育走向世界，努力回答中国之问、世界之问、人民之问、时代之问，力求在世界高等教育大变革的时代里“传播中国声音、中国理论、中国思想，让世界更好读懂中国，为推动构建人类命运共同体作出积极贡献。”④

第三节　高校思想政治工作保证和服务办学育人主题的战略价值

主题是思想之纲，是内容之魂。有主题的思想，才是系统、整体和有机

---

① 《习近平在中国人民大学考察时强调　坚持党的领导传承红色基因扎根中国大地　走出一条建设中国特色世界一流大学新路》，《人民日报》2022 年 4 月 26 日。

② 《习近平关于科技创新论述摘编》，中央文献出版社 2016 年版，第 109 页。

③ 《习近平谈治国理政》第一卷，外文出版社 2018 年版，第 174 页。

④ 《习近平在中国人民大学考察时强调　坚持党的领导传承红色基因扎根中国大地　走出一条建设中国特色世界一流大学新路》，《人民日报》2022 年 4 月 26 日。

的体系。保证和服务办学育人这个主题，揭示了习近平总书记高校思想政治工作重要论述发展创新的逻辑理路与体系结构，擘画了新时代加快构建高校思想政治工作体系的任务书和路线图，明确了全球化时代我国高校思想政治工作的战略价值。

一、擘画了新时代加快构建高校思想政治工作体系的任务书和路线图

高校肩负人才培养的重要使命，办学育人是高校中心工作和大局，在事关办学方向和人才培养的根本问题上，思想政治工作必须要站稳立场，毫不含糊。一是坚持马克思主义为指导。马克思主义是我国大学最鲜亮的底色，要坚持不懈传播马克思主义科学理论，唱响马克思主义主旋律，引导学生自觉学习马克思主义理论、培养马克思主义理论思维、确立马克思主义的崇高信仰；要牢牢掌握高校意识形态工作的领导权和话语权，让我国高校的底色更加突出更加鲜亮；要坚持不懈抓好马克思主义理论学科和马克思主义学院建设，办好落实立德树人根本任务的关键课程，让马克思主义讲“中国话”“时代话”“百姓话”，经由校园、课堂、教材进入学生头脑，为学生一生成长奠定科学思想基础。二是坚持科学的发展理念，树立统领工作的“大思政”理念、把握“因势而谋、应势而动、顺势而为”和“因事而化、因时而进、因势而新”理念以及工作运行的“同向同行”“协同创新”理念，探索全员参与全过程全方位教育模式，构建思政课程、课程思政、日常思政、网络思政、文化思政、教师思政一体的思想政治工作新格局。三是推进改革创新，推动思想政治教育内容、话语形式、工作方法、实施路径、评价体系发展创新，打破工作壁垒，跳出条块分割，补齐工作短板，谋求最大增量，建设立体联动、合力运行的体制机制，切实提升高校思想政治工作的科学性和实效性。四是加强队伍建设，把师德师风作为评价教师队伍素质的第一标准，加强教师思想政治工作和师德师风建设，发挥全体教师在思想政治工作

中的基础和关键作用。加强思政课教师、辅导员、班主任、心理咨询师等思政工作专门力量建设，统筹高校宣传、组织、统战、共青团等党政干部队伍以及后勤、保卫等服务队伍协同育人，把思想政治工作做到日常、做到个人。多路并进，数管齐下，才能充分发挥思想政治工作“生命线”作用。

二、明确了全球化背景下高校思想政治工作的战略价值

应对世界百年未有之大变局，实现民族复兴伟大梦想，教育的先导性和全局性的关键作用，赋予高校思想政治工作重要战略价值。毋庸讳言，高校既是巩固马克思主义指导地位、发展社会主义意识形态的重要阵地，又是为国家强大民族复兴提供人才支撑的阵地。我国建成了世界上规模最大的高等教育体系。要把这么多青年学生培养成优秀人才，既要抓好知识教育，更要抓好思想教育，高校工作应始终围绕聚人才、育人才、出人才展开。全球化背景下，“人才越来越成为推动经济社会发展的战略性资源，教育的基础性、先导性、全局性地位和作用更加突显。”①“教育、科技、人才是全面建设社会主义现代化国家的基础性、战略性支撑。”② 在日益变化的世界中，国家之间的思想文化交流交锋交融更加复杂，意识形态斗争更加严峻，高校已然成为政治斗争和国际竞争的前沿地带，人才培养和争夺愈加成为竞争焦点。在应对世界百年未有之大变局和全面推进中华民族伟大复兴新使命的时代语境中，如何建设教育强国？如何加强和改善党对高校的领导？如何巩固马克思主义在高校意识形态领域的指导地位？如何履行好高校立德树人的职责使命？如何更好把高校师生凝聚在党的周围？如何发挥高校对全社会思想文化建设的促进作用？实践证明，高校思想政治工作能否把握办学方向、培养合格人才，事关党的领导，事关国家长治久安，事关中国特色社会主义后

---

① 习近平：《做党和人民满意的好老师——同北京师范大学师生代表座谈时的讲话》，人民出版社 2014 年版，第 3 页。

② 《习近平著作选读》第一卷，人民出版社 2023 年版，第 27—28 页。

继有人，具有重要政治意义与战略价值。因此，把大学生培养成为中华民族梦之队，高校要加强思想政治工作，坚持党对高等教育的全面领导，保证高校坚持社会主义办学方向不动摇，用马克思主义理论教育为学生一生的成长奠定科学思想基础，用习近平新时代中国特色社会主义思想铸魂育人，引导学生增强“四个自信”，厚植爱国主义情怀，把爱国情、强国志、报国行自觉融入建设社会主义现代化强国的奋斗之中，培养一代又一代敢于有梦、勤于追梦、勇于圆梦的建设者，一代又一代旗帜鲜明讲政治、光明正大谈理想的接班人。

总之，办学育人是教育的出发点和落脚点，保证和服务办学育人是高校思想政治工作的主题。一所高校“一旦在办学方向上走错了，在培养人的问题上走偏了，那就像一株歪脖子树，无论如何都长不成参天大树。”① 保证高校坚持社会主义办学方向，不走错，保证高校培养一代代德智体美劳全面发展的社会主义建设者和接班人，不走偏，迫切需要发挥思想政治工作的引导和保证方向、统一和凝聚力量、围绕和服务中心的“生命线”作用。这“事关办什么样的大学、怎样办大学的根本问题，事关党对高校的领导，事关中国特色社会主义事业后继有人”②。

---

① 本报评论员：《始终坚持社会主义办学方向——二论学习贯彻习近平高校思想政治工作会议讲话》，《人民日报》2016 年 12 月 10 日。

② 《中华人民共和国学校思想政治理论课重要文献选编》下册，人民出版社 2022 年版，第 1419 页。

第二章

思想政治工作是学校各项工作的生命线

习近平总书记强调要用战略思维来观察、思考、分析和解决问题，提出思想政治工作是治国理政的重要方式，立足于培养担当民族复兴大任的时代新人的战略高度，明确提出“思想政治工作是学校各项工作的生命线”①，并将其提升至“一切工作的生命线”② 的重要地位。新时代高校思想政治工作发展创新，要正确认识高校思想政治工作的战略地位，充分发挥思想政治工作的重要作用。

第一节　“党的一项极端重要的工作”

党的十八大以来，立足于世界百年未有之大变局和中华民族伟大复兴战略全局，以习近平同志为核心的党中央高度重视思想政治工作的地位和作用，提出“意识形态工作是党的一项极端重要的工作”③“从战略高度来认

---

① 习近平：《论坚持党对一切工作的领导》，中央文献出版社 2019 年版，第 279 页。

② 《中共中央　国务院印发〈关于新时代加强和改进思想政治工作的意见〉》，《人民日报》2021 年 7 月 13 日。

③ 《习近平谈治国理政》第一卷，外文出版社 2018 年版，第 153 页。

识教师工作的极端重要性”①“宣传工作是党的一项极端重要的工作”②“要把青年工作作为战略性工作来抓”③ 等一系列关于思想政治工作的新理念新思想新战略。

一、“极端重要的工作”是一个不同寻常的战略表述

战略定位问题是一个领导者在充分研判国内外环境变化影响和自身实际情况的基础之上，对领域工作构成重大战略问题与否以及战略地位的综合性价值判断。习近平总书记明确指出，“战略问题是一个政党、一个国家的根本性问题。战略上判断得准确，战略上谋划得科学，战略上赢得主动，党和人民事业就大有希望。”④ 一个正在向中华民族伟大复兴中国梦迈进的民族，需要凝聚和汇聚起实现这一伟大梦想的磅礴力量，这就离不开思想政治工作发挥统一思想、增进共识、凝聚人心的“软实力”优势。

2013 年 8 月 19 日，习近平总书记在全国宣传思想工作会议上的讲话，是关于思想政治工作的纲领性文献，明确新时代思想政治工作的价值定位、功能作用、实践任务、政治立场、方法原则、创新方向、时代使命和队伍建设，奠定了此后他关于思想政治工作重要论述的基础。他特别强调，“经济建设是党的中心工作，意识形态工作是党的一项极端重要的工作。”⑤ 2014 年 9 月 9 日，习近平总书记在同北京师范大学师生代表座谈时指出，“各级党委和政府要从战略高度来认识教师工作的极端重要性，把加强教师队伍建

---

① 习近平：《做党和人民满意的好老师——同北京师范大学师生代表座谈时的讲话》，人民出版社 2014 年版，第 13 页。

② 《中共中央政治局召开会议：分析研究当前经济形势和经济工作 听取二〇一八年脱贫攻坚成效考核等情况汇报 审议〈中国共产党宣传工作条例〉》，《人民日报》2019 年 4 月 20 日。

③ 《习近平著作选读》第一卷，人民出版社 2023 年版，第 58 页。

④ 《习近平谈治国理政》第二卷，外文出版社 2017 年版，第 10 页。

⑤ 《习近平谈治国理政》第一卷，外文出版社 2018 年版，第 153 页。

设作为基础工作来抓”①。2019 年 4 月 19 日，习近平总书记主持召开中共中央政治局会议，审议通过了《中国共产党宣传工作条例》。会议指出“宣传工作是党的一项极端重要的工作，是中国共产党领导人民不断夺取革命、建设、改革胜利的优良传统和政治优势。”② 从思想政治工作意义上讲，这些关于意识形态工作、教师工作、宣传工作的“极端重要”的论述，可谓对思想政治工作新的价值定位。

“极端重要的工作”是一个基于时代语境的不同寻常的表述。较之于我们国家的经济建设、政治建设、社会建设、生态文明建设等方面的工作重要性而言，人们精神层面的建设更容易在大力发展社会主义市场经济的背景下被忽略和轻视。精神家园构筑越是在国际国内形势复杂多变、思想价值多元发展、不确定性风险增加的时候越显得重要和紧迫。我们极有必要将铸魂育人的思想政治工作凸显出来，并将其上升到战略高度。实际上，思想政治工作和意识形态工作、宣传工作以及教师工作在本质上都是做人的工作，都直接关涉人们价值观的塑造、道德情操的涵养以及精神世界的创建，影响甚至决定着一个人的成长成才和精神面貌，也影响甚至决定着整个国家民族的前途命运和精神风貌。从这个意义上来看，思想政治工作自然“极端重要”。

二、“极端重要的工作”承续了党的思想政治工作的价值观

思想政治工作是中国共产党的政治优势和优良传统。在中国共产党的历史发展进程中，中国共产党领导人关于思想政治工作地位的重要论述，大致经历了“生命线论”“中心环节论”“极端重要论”三个发展阶段，集中体

---

① 习近平:《做党和人民满意的好老师——同北京师范大学师生代表座谈时的讲话》，人民出版社 2014 年版，第 13 页。

② 《中共中央政治局召开会议　分析研究当前经济形势和经济工作　听取二〇一八年脱贫攻坚成效考核等情况汇报　审议〈中国共产党宣传工作条例〉中共中央总书记习近平主持会议》，《人民日报》2019 年 4 月 20 日。

现了思想政治工作始终坚持服务党的中心工作的价值取向。其中，“生命线论”最早产生于革命战争年代，如提出了“政治工作是红军的生命线”①，发展于社会主义建设时期，如提出了“思想政治工作是经济工作和其他一切工作的生命线”②。“思想政治工作是党的优良传统、鲜明特色和突出政治优势，是一切工作的生命线。”③ “中心环节论”则是江泽民在2000年6月28日中央思想政治工作会议上提出的。他强调指出，“党的思想政治工作，是经济工作和其他一切工作的生命线，是团结全党全国各族人民实现党和国家各项任务的中心环节，是我们党和社会主义国家的重要政治优势。思想政治工作的这种重要地位，是由我们党的性质和宗旨决定的，已被党的全部历史和全部经验所证明。”④ “极端重要论”是习近平总书记立足于“实现中华民族伟大复兴”这一主题，胸怀大局、把握大势、着眼大事，在统筹推进物质文明和精神文明协调发展过程中提出的，可谓对“生命线论”“中心环节论”的历史继承和时代发展。

三、“极端重要的工作”阐释了新时代党的思想政治工作的重要地位

习近平总书记在庆祝中国共产党成立100周年大会上明确指出，“党的十八大以来，中国特色社会主义进入新时代”⑤。新时代是思想政治工作的时代语境和历史方位。党的十九大报告以“三个意味着”和“五个时代”作为新时代的主要标志与重要内容，明确了思想政治工作的新使命。中华民族迎来从站起来、富起来到强起来的伟大飞跃，更加需要源源不断的精神动

---

① 《朱德军事文选》，解放军出版社1997年版，第156页。

② 《三中全会以来重要文献选编》下，人民出版社1982年版，第831页。

③ 《中共中央　国务院印发〈关于新时代加强和改进思想政治工作的意见〉》，《人民日报》2021年7月13日。

④ 《江泽民文选》第三卷，人民出版社2006年版，第74页。

⑤ 《习近平谈治国理政》第四卷，外文出版社2022年版，第6页。

力支持；科学社会主义在21世纪的国际传播，更加需要做好理论宣传和教育工作；我国日益走近世界舞台中央同西方发达国家意识形态的竞争将更加直接，迫切需要坚定“四个自信”，筑牢国家安全的思想底线。而要实现这些目标，都离不开思想政治工作在大力发展社会主义先进文化、加强理想信念教育、传承中华文明、弘扬传播社会主义核心价值观以及凝聚鼓舞人民力量等方面价值作用的发挥。正是在这个意义上，以习近平同志为核心的党中央，立足于“两个大局”，统揽伟大斗争、伟大工程、伟大事业、伟大梦想，对思想政治工作进行系统谋划、作出战略部署，于2021年4月16日发布的《中国共产党普通高等学校基层组织工作条例》规定，“坚持高校党的建设与人才培养、科学研究、社会服务、文化传承创新、国际交流合作等深度融合，为高校改革发展稳定、完成党和国家重大战略任务提供思想保证、政治保证、组织保证”，要“坚持把思想政治工作作为开展高校党的建设的重要抓手”①，于2021年印发的《关于新时代加强和改进思想政治工作的意见》指出，“加强和改进思想政治工作，事关党的前途命运，事关国家长治久安，事关民族凝聚力和向心力”，要“把思想政治工作作为治党治国的重要方式”②，这将新时代思想政治工作极端重要性的地位提升到治党治国的战略高度。

四、“极端重要的工作”澄清了人们关于思想政治工作价值的模糊认识

从现实情况来看，存在部分人对思想政治工作价值持怀疑或否定的态度，认为思想政治工作是一种流于形式的灌输活动。例如，有学者认为，

---

① 《中国共产党普通高等学校基层组织工作条例》，人民出版社2021年版，第5—6页。

② 《中共中央　国务院印发〈关于新时代加强和改进思想政治工作的意见〉》，《人民日报》2021年7月13日。

"一说做意识形态工作，就好像是自己本不需要，却要被强加什么、灌输什么。"① 还有学者认为，"作为上层建筑的组成部分，思想政治工作的价值定位受到人们对经济、政治、文化、社会和生态等工作地位认识的影响。重要和不重要、重视和轻视等态度长期处于摇摆状态，导致了唯政治论和唯经济论等片面地位观的出现。"② 应当看到，加强思想政治工作是强调重视，是鼓励鞭策，思想政治工作绝非一项可有可无的工作，而是大有可为、大有作为的工作。要旗帜鲜明地批判思想政治工作的价值虚无主义倾向，把我们党的思想政治工作这个优势保持好、发挥好。习近平总书记关于思想政治工作"极端重要"的相关论述，为澄清人们关于思想政治工作价值的模糊认识提供了根本遵循。他一方面强调经济建设是党的中心工作，另一方面又强调只有将物质文明和精神文明都建设好，中国特色社会主义事业才能顺利向前推进。意识形态工作是极端重要工作这一重要论断充分展现出辩证的思维方式，既避免了片面夸大思想政治工作地位作用，从而冲击经济工作中心地位的历史教训重演，又避免了强调以经济建设为中心，却忽视和轻视思想政治工作价值的倾向。

第二节 从"五个如何"审视高校思想政治工作"三个事关"的价值定位

习近平总书记立足于思想政治工作"极端重要"的地位和作用，把高校思想政治工作提升到治国理政的高度，特别是提出"为谁培养人"的这个问题，更是进一步凸显高校思想政治工作的价值地位。值得注意的是，习近平总书记在讲话中运用"五个如何"对高校思想政治工作地位和作用

① 钟新文：《青年懂中国，才能接好棒》，《人民日报》2014年9月6日。

② 李辉、刘修华：《习近平思想政治工作思想论纲》，《思想政治教育研究》2018年第1期。

进行了新定位，即“一是如何加强和改善党对高校的领导；二是如何巩固马克思主义在高校意识形态领域的指导地位；三是如何履行好立德树人的职责；四是如何更好地把高校师生凝聚在党的周围；五是如何发挥高校对全社会思想文化建设的促进作用”①，都需要做好高校思想政治工作。2016 年 12 月，中共中央、国务院印发《关于加强和改进新形势下高校思想政治工作的意见》，明确提出高校思想政治工作“三个事关”的价值定位，即“加强和改进高校思想政治工作，事关办什么样的大学、怎样办大学的根本问题，事关党对高校的领导，事关中国特色社会主义事业后继有人，是一项重大的政治任务和战略工程”②。基于此，我们从“五个如何”视角来审视高校思想政治工作“三个事关”的战略地位，具有重要的理论价值和现实意义。

一、关乎如何加强和改善党对高校的领导

我国开启了全面建设社会主义现代化国家的新征程，党和国家事业发展对高等教育的需要，对科学知识和优秀人才的需要，比以往任何时候都更为迫切。加强和改善党对高校的领导，需要做好高校思想政治工作，引导高校立足“两个大局”，胸怀“国之大者”，把握大势、敢于担当、善于作为，为服务国家富强、民族复兴、人民幸福贡献力量。

习近平总书记强调，“我们的高校是党领导下的高校，是中国特色社会主义高校”③，“办好我国高等教育，必须坚持党的领导，牢牢掌握党对高校工作的领导权，使高校成为坚持党的领导的坚强阵地。”④ 党的十八大以来，习近平总书记始终秉持“东西南北中，党是领导一切的”战略思维，在全国党校工作会议、全国高校思想政治工作会议、全国教育大会等会议讲话

---

① 参见佘双好：《以当代中国马克思主义为指导 办好中国特色社会主义大学——学习习近平总书记在全国高校思想政治工作会议上的讲话》，《求索》2017 年第 10 期。

② 《十八大以来重要文献选编》下，中央文献出版社 2018 年版，第 478 页。

③ 《习近平谈治国理政》第二卷，外文出版社 2017 年版，第 377 页。

④ 《习近平谈治国理政》第二卷，外文出版社 2017 年版，第 379 页。

中，多次谈及加强党对教育工作的领导问题，而就如何加强和改善党的领导问题，明确提出要加强思想政治工作。例如，2023 年 3 月 1 日，习近平总书记在中央党校建校 90 周年庆祝大会暨 2023 年春季学期开学典礼上的讲话中明确指出："坚持党对党校工作的全面领导，是我们党办党校的根本经验，也是推动党校事业健康发展的根本保障……要坚持全党办党校，各级党委和政府、相关职能部门要以实际行动支持党校事业发展。"① 那么，如何做到这一点？他明确指出高扬党的理想信念旗帜是根本，自觉同党中央保持高度一致是关键，这一根本和关键离不开思想政治工作价值作用的发挥。再如，2018 年 9 月 10 日，习近平总书记在全国教育大会上指明，加强党对教育工作的全面领导，是办好教育的根本保证。如何做到这一点？他鲜明提出，"各级各类学校党组织要把抓好党建工作作为办学治校的基本功，把党的教育方针全面贯彻到学校工作各方面"②，并特别强调要紧紧将高校思想政治工作抓在手上。

此外，从目前高校的现实情况来看，当前党委领导下的校长负责制这一制度执行情况总体是好的，但也存在一些亟待解决的问题。例如，有的高校党委管方向、谋大事力度不够，"腰杆"挺不起来、使不上劲；有的高校"校长负责"比较实，"党委领导"比较虚。破解这些现实难题，确保我国高校沿着社会主义办学正确方向发展，都离不开加强高校思想政治工作，要使高校党委牢牢掌握党对高校工作的领导权。

高校思想政治工作，是党领导高校工作的具体体现和重要抓手。党的领导是中国特色社会主义最本质的特征，党的领导是办好高等教育的根本保障。这是因为党的领导，保障了高校的社会主义办学方向，保证了立德树人根本任务的完成。党对高校的全面领导，主要是通过不断提高党在教育事业发展进程中把方向、管大局、作决策、抓班子、带队伍、保落实的能力，确

---

① 习近平：《在中央党校建校 90 周年庆祝大会暨 2023 年春季学期开学典礼上的讲话》，《求是》2023 年第 7 期。

② 习近平：《论坚持党对一切工作的领导》，中央文献出版社 2019 年版，第 278 页。

保党的路线方针政策在学校得到贯彻落实。加强和改进高校思想政治工作，有利于进一步巩固党对高校的全面领导，这是全面从严治党战略布局在高等教育领域的逻辑延展。坚持把高校党建与思想政治工作有效连接，实现党对高校的政治领导、思想领导和组织领导，有助于确保党的路线、方针、政策在高校不折不扣地得到贯彻执行，充分发挥党总揽全局、协调各方的核心作用。

做好高校思想政治工作，是加强和改善党对高校领导的重要保证和具体落实。高校作为立德树人的德育高地和意识形态工作的前沿阵地，思想政治工作承担着重要任务，发挥着不可或缺的作用。各级党委要把高校思想政治工作始终摆在突出位置，牢牢抓住思想政治工作，在思想政治工作体系建设过程中，以习近平新时代中国特色社会主义思想为指导，全面贯彻党的教育方针，全面系统地加强党对高校的政治领导、思想领导和组织领导，全面提升高校思想政治工作质量。具体而言，加强党对高校的政治领导，“增强高校党组织政治功能，加强党员教育管理监督，发挥基层党组织和党员教师作用”①，贯彻落实党的路线、方针与政策，保证高校正确的办学方向，为党育人，为国育才，保证和服务高校办学育人的中心工作。加强党对高校的思想领导，就是要巩固马克思主义在高校意识形态领域的指导地位，赢得思想政治工作话语权，高校党委要统一思想、提高政治认识，把思想政治工作牢牢抓在手上，保证高校始终成为培养担当民族复兴大任的时代新人的坚强阵地。加强党对高校的组织领导，就是要管好干部，管好人才，选优配强工作队伍，把政治过硬、品行优良、业务精通、锐意进取的优秀干部和优秀人才，选配到思想政治工作队伍中来。要坚持和完善党委领导下的校长负责制，持续推进思想政治工作队伍职业化和专业化建设，全力选优配齐高校思政课教师、辅导员、心理咨询老师，这是党长期领导高校工作的具体体现，

---

① 《教育部等六部门关于加强新时代高校教师队伍建设改革的指导意见》，2020 年 12 月 24 日，见 http：//www.moe.gov.cn/srcsite/A10/s7151/202101/t20210108_509152.html? ivk_sa=1024320u。

也是高校加强党的建设的有效举措。

二、关乎如何巩固马克思主义在高校意识形态领域的指导地位

拥有马克思主义科学理论指导是我们党鲜明的政治品格和强大的政治优势。实践告诉我们，“中国共产党为什么能，中国特色社会主义为什么好，归根到底是马克思主义行”。① 巩固马克思主义在高校意识形态领域的指导地位，需要做好高校思想政治工作，需要坚持好、运用好其中的立场、观点、方法。

高校是孕育思想文化和传播先进理论的地方。马克思主义在中国的传播，最早就是在高校知识分子和青年学生中进行的，中国早期马克思主义者都把高校作为重要阵地。在历史和人民的选择中，马克思主义成为我们立党立国、兴党兴国的根本指导思想，也成为我国高校的鲜亮底色。长期以来，高校在学习、研究和宣传马克思主义以及培养马克思主义理论人才方面发挥了重要的价值作用，为推进马克思主义中国化、时代化和大众化作出了重要贡献。

当然，高校不是世外桃源。正如习近平总书记所言，“随着我国日益扩大开放、日益走近世界舞台中央，我国同世界的联系更趋紧密、相互影响更趋深刻，意识形态领域面临的形势和斗争也更加复杂。学校是意识形态工作的前沿阵地，可不是一个象牙之塔，也不是一个桃花源。”② 思想活跃是高校的一个重要特征，大学面临国内外形势深刻复杂变化的严峻挑战，社会上的各种思想观点和错误思潮都会在这里交汇、碰撞，西方敌对势力也在利用

---

① 《习近平在省部级主要领导干部“学习习近平总书记重要讲话精神，迎接党的二十大”专题研讨班上发表重要讲话强调　高举中国特色社会主义伟大旗帜　奋力谱写全面建设社会主义现代化国家崭新篇章》，《人民日报》2022 年 7 月 28 日。

② 习近平：《论党的宣传思想工作》，中央文献出版社 2020 年版，第 375—376 页。

各种各样的形式同我们争夺阵地、争夺师生、争夺人心。虽然“泰山不让土壤，故能成其大；河海不择细流，故能就其深”，但是我们还是要增强政治敏锐性和政治鉴别力，对鱼龙混杂的思想观点，要辨析甄别、过滤净化，不能照单全收，当传声筒、扩音器；对各种错误思潮，要保持警惕、有效防范，防止其以各种形式在高校抢滩登陆，同我们争夺阵地、争夺师生、争夺人心。破解上述问题，就涉及坚持马克思主义在高校意识形态领域的指导地位问题。

从问题导向来看，习近平总书记敏锐地看到目前一些高校存在弱化马克思主义指导的问题。例如，他在全国党校工作会议上指出，“国内外各种敌对势力，总是企图让我们党改旗易帜、改名换姓，其要害就是企图让我们丢掉对马克思主义的信仰，丢掉对社会主义、共产主义的信念。而我们有些人甚至党内有的同志却没有看清这里面暗藏的玄机。”① 他在哲学社会科学工作座谈会上强调，“实际工作中，在有的领域中马克思主义被边缘化、空泛化、标签化，在一些学科中‘失语’、教材中‘失踪’、论坛上‘失声’。这种状况必须引起我们高度重视。”② 正是在这个意义上，习近平总书记特别强调，“办好我们的高校，必须坚持以马克思主义为指导，全面贯彻党的教育方针”③，“一流大学建设要坚持党的领导，坚持马克思主义指导地位，全面贯彻党的教育方针，坚持社会主义办学方向，抓住历史机遇，紧扣时代脉搏”④。

如何巩固马克思主义在高校意识形态领域的指导地位？党的十九届四中全会通过的《中共中央关于坚持和完善中国特色社会主义制度　推进国家治理体系和治理能力现代化若干重大问题的决定》中明确指出，“坚持马克思主义在意识形态领域指导地位的根本制度”，必须要“加强和改进学校思

---

① 《习近平谈治国理政》第二卷，外文出版社 2017 年版，第 327 页。

② 《习近平谈治国理政》第二卷，外文出版社 2017 年版，第 329 页。

③ 《习近平谈治国理政》第二卷，外文出版社 2017 年版，第 377 页。

④ 《习近平在清华大学考察时强调　坚持中国特色世界一流大学建设目标方向　为服务国家富强民族复兴人民幸福贡献力量》，《人民日报》2021 年 4 月 20 日。

想政治教育”。[①] 我们要从维护高校意识形态安全的极端重要性的高度，认识高校思想政治工作的现实紧迫性，继续推进实践基础上的理论创新，“把握好新时代中国特色社会主义思想的世界观和方法论，坚持好、运用好贯穿其中的立场观点方法”[②]。从而，教育引导广大师生坚持对马克思主义的坚定信仰、对中国特色社会主义的坚定信念，坚定“四个自信”，增强责任意识、提高担当能力、拓展世界眼光。

三、关乎如何履行好立德树人的职责

“育人的根本在于立德”。[③] 办好人民满意的教育，必须全面贯彻党的教育方针，做好高校思想政治工作，“落实立德树人根本任务，培养德智体美劳全面发展的社会主义建设者和接班人”[④]。

在中国特色社会主义语境中，立德树人实际上就是要培养社会主义建设者和接班人，而不是反对者和掘墓人。高校立身之本在于立德树人，做好高校思想政治工作，事关社会主义事业后继有人。党的十八大以来，以习近平同志为核心的党中央立足于确保中国特色社会主义事业后继有人的战略高度，十分重视教育立德树人根本任务的实现，在多个场合强调教育要培养社会主义建设者和接班人。例如，习近平总书记在会见清华大学经济管理学院顾问委员会海外委员和中方企业家委员时指出，教育要“培养中国特色社会主义事业的建设者和接班人，而不是旁观者和反对派。”[⑤] 再如，习近平总书记在全国高校思想政治工作会议上提出了高校思想政治工作事关教育

---

① 《中共中央关于坚持和完善中国特色社会主义制度 推进国家治理体系和治理能力现代化若干重大问题的决定》，人民出版社 2019 年版，第 23 页。

② 《习近平著作选读》第一卷，人民出版社 2023 年版，第 16 页。

③ 《习近平著作选读》第一卷，人民出版社 2023 年版，第 28 页。

④ 《习近平著作选读》第一卷，人民出版社 2023 年版，第 28 页。

⑤ 《习近平会见清华大学经济管理学院顾问委员会海外委员和中方企业家委员》，《人民日报》2017 年 10 月 31 日。

"培养人"这个根本问题，强调"要坚持把立德树人作为中心环节，把思想政治工作贯穿教育教学全过程，实现全程育人、全方位育人"①，并在中共中央国务院印发《关于新时代加强和改进思想政治工作的意见》中进一步指明，"加强学校思想政治工作，加快构建学校思想政治工作体系，实施时代新人培育工程，完善青少年理想信念教育齐抓共管机制，培养德智体美劳全面发展的社会主义建设者和接班人。"②

毋庸讳言，高校思想政治工作关系高校培养社会主义事业建设者和接班人的根本问题，也是世界大多数国家政治意愿与政治要求在教育人、培养人方面的具体彰显。例如，就资产阶级教育培养人而言，"资产阶级自己也把贯彻资产阶级政治作为办学的重点，竭力通过办学替资产阶级训练机灵听话的奴才，甚至在全国上下竭力利用普遍教育替资产阶级训练这样的奴仆，教他们去执行资本的意志，听从资本的使唤。"③ 显然，由资本主义社会关系决定的教育，必然承载着资产阶级的政治立场、政治要求和价值观念，这种教育培养出来的人是服务于资产阶级政权和资本主义发展的。然而，社会主义教育在无产阶级取得政权后，就要改变剥削阶级对教育性质的影响，培养符合社会主义发展所需要的自由而全面发展的人。全球化背景下，百年未有之大变局的复杂性和不确定性，给高校带来诸多新挑战新任务新课题。境内外敌对势力不断加大对我国大学的渗透力度，采取各种手段同我们争夺意识形态阵地、争夺青年、争夺人心。在意识形态安全斗争日趋激烈的时代背景下，高等教育要培养社会主义事业的建设者和接班人，必须加强和改进高校思想政治工作，确保高校始终坚持正确的办学方向，全面贯彻党的教育方针，强化落实立德树人根本任务，大力培养一代又一代德智体美劳全面发展的社会主义建设者和接班人。在这个根本问题上，必须旗帜鲜明、毫不含糊。

---

① 《习近平谈治国理政》第二卷，外文出版社 2017 年版，第 376 页。

② 《中共中央　国务院印发〈关于新时代加强和改进思想政治工作的意见〉》，《人民日报》2021 年 7 月 13 日。

③ 《列宁全集》第 35 卷，人民出版社 2017 年版，第 421—422 页。

加强新时代高校思想政治工作，确保高校履行好立德树人的职责，要特别教育引导青年学生做到“四个正确认识”，提高青年学生思想政治素质。

第一，正确认识世界和中国发展大势。高校思政工作要引导学生以史为鉴，学习和研究“党史、新中国史、改革开放史、社会主义发展史”等，认识和把握社会发展规律，树立为共产主义远大理想和中国特色社会主义共同理想而奋斗的信念和信心。

第二，正确认识中国特色和国际比较。在全方位对外开放的条件下，我们每时每刻都面对着中国和世界的互动，也面对着中国和世界的比较。很多青年学生遇到国内各种问题，就会习惯性地问国外是怎么做的，西方是怎么做的。如果没有正确的立场和方法，往往会在这种比较中得出模糊甚至错误的结论，从而产生新的思想问题。为了帮助学生释疑解惑，需要加强思想政治教育。要深入结合我国改革开放四十余年取得的卓越成就，结合我国特有的历史、独特的国情、特色的文化，深入细致、理直气壮透彻地讲；要深入结合马克思主义理论，特别是习近平新时代中国特色社会主义思想的科学性，腰杆直、底气足理性地讲；要深入结合“月是故乡明”“风景这边独好”，带着家国情怀与报国志强国行，与祖国同呼吸、与人民共命运的深厚情感深沉地讲。

第三，正确认识时代责任和历史使命。青年一代是国家的前途、民族的希望。高校思想政治工作引领学生的主要任务，就是用实现中华民族伟大复兴的中国梦激荡起青年“立鸿鹄志做奋斗者”的青春梦，帮助学生点亮为社会主义事业奋斗终身的伟大理想，照亮学生在社会主义康庄大路上稳步前行的道路。要结合古今中外发展的生动事例和经典理论的思想伟力，向学生透彻地讲清楚实现中华民族伟大复兴是中华民族近代以来最伟大的梦想，这就需要一代又一代人的接续奋斗，每一代人都要跑出自己的好成绩。通过“思政课程”与“课程思政”协同联动，激励学生把个人发展的理想追求自觉融入国家和民族的事业中，以深厚的家国情怀和鲜明的时代责任书写无愧于祖国和人民的青春之歌和精彩人生。

第四，正确认识远大抱负和脚踏实地。高校思想政治工作要教育学生在练就本领中珍惜韶华、脚踏实地，在躬行实践中坚持远大抱负与具体行动相结合，坚持理论与实际相结合，做到知行合一；要引导学生树立梦想从学习开始、事业靠本领成就的观念，把个人理想同祖国需要、同社会主义事业发展需要相结合，以提升能力、增长本领作为学校生活的主旋律；要帮助学生自觉锤炼坚强的意志和品格，历练不怕挫折的心理素质，保持积极乐观的人生态度。当前我国正处于实现第二个百年奋斗目标发展的关键期，高校思想政治工作者要积极引导广大青年为国家发展需要立志、为学、笃行，鼓励青年学子把视线投向国家发展的航程，将汗水洒在艰苦创业的舞台，到基层去，到西部去，到艰苦边远地区去，到祖国最需要的地方去，最终成就一番事业。

四、关乎如何更好地把高校师生凝聚在党的周围

思想政治工作是巩固全体人民团结奋斗的共同思想基础的重要保证。习近平总书记特别重视思想政治工作在统一思想、凝聚力量方面所发挥的价值功能，明确提出“中国特色社会主义进入新时代，必须把统一思想、凝聚力量作为宣传思想工作的中心环节。”① 具体到高校，他特别重视思想政治工作在凝聚广大师生思想价值方面的作用。

一方面，加强学生思想政治工作，把大学生凝聚在党的周围，教育引导广大青年学生听党话、跟党走。“中国青年的奋斗目标和前行方向归结到一点，就是坚定不移听党话、跟党走，努力成长为堪当民族复兴重任的时代新人。”②“青年是整个社会力量中最积极、最有生气的力量”③。李大钊先生讲“青年者，国家之魂。”④ 国家的希望在青年，民族的未来在青年。青年志向远

① 《习近平谈治国理政》第三卷，外文出版社 2020 年版，第 311 页。

② 《习近平在中国人民大学考察时强调　坚持党的领导传承红色基因扎根中国大地　走出一条建设中国特色世界一流大学新路》，《人民日报》2022 年 4 月 26 日。

③ 《习近平谈治国理政》第三卷，外文出版社 2020 年版，第 333 页。

④ 《李大钊选集》，人民出版社 1959 年版，第 63 页。

大、信念坚定，是一个国家无坚不摧的前进动力和精神支柱。新时代的青年正处在中华民族发展的最好时期，我们比历史上任何时期都更接近、更有信心和能力实现民族复兴伟大梦想，更需要坚定志向，为实现中国梦注入青春能量。同时，在新的征程上，应对世界百年未有之大变局，面对新长征路上的“娄山关”“腊子口”，青年一代愈要激扬志气，坚定信心和信念，愈要闯关夺隘爬坡过坎，在劈波斩浪、披荆斩棘和攻坚克难中开拓前进。实现对青年学生的政治引领、理论武装等目标，都离不开高校思想政治工作，因为思想政治工作从根本上说是做人的工作的。做好思想政治工作，对提高学生思想水平、政治觉悟、道德品质和文化素养，成长为德才兼备、全面发展的人才具有重要的价值意义。

另一方面，加强教师思想政治工作，把高校教师凝聚在党的周围，教育引导广大教师做党执政的坚定支持者。当下，人类科学知识迅速迭代，多元文化碰撞交融，意识形态斗争形态复杂，资本逻辑不断冲击人的意识世界。做好高校教师思想政治工作，就是要引导教师不断学习充电，在日新月异的实践中提高自身学术修养和教学能力；就是要引导教师自觉明大德、守公德、严私德，守护人类精神家园、坚守教师人格底线；就是要引导教师安贫乐道，甘为人梯，保持教书初心和育人情怀，忠诚教育事业，以德立身、以德立学、以德施教，做党和人民满意的“四有”好老师。

五、关乎如何发挥高校对全社会思想文化建设的促进作用

高校肩负着人才培养、科学研究、社会服务、文化传承创新和国际交流合作的重要职能。发挥高校对全社会思想文化建设的促进作用，需要做好高校思想政治工作。

从思想政治教育学原理上讲，思想政治工作是社会思想文化建设的基础。思想政治工作对于社会思想文化建设具有促进作用，是社会思想文化建设发展的思想基础和精神动力。一方面，思想政治工作决定着社会思想文化

建设的性质。因此，社会思想文化建设要以思想政治工作为基础，依靠思想政治工作保证其发展方向。另一方面，思想政治工作为社会思想文化建设提供精神动力。它的作用就在于激发人的积极性、主动性和创造性，使人以饱满的热情投入到社会思想文化建设中去，为社会思想文化建设提供强大的推动力量。另外，从精神文明建设的视角来看，思想政治工作可以通过丰富精神生活、引领价值取向、巩固文化信仰，解决人们的思想问题，形成共同的价值追求，进而构建人们共有的精神家园。具体来说，在我们的精神文明建设过程中，由于落后文化、腐朽文化和先进文化共存的境遇，要想传播先进思想文化，抵制腐朽思想文化，改造落后思想文化，就必然会涉及“破”和“立”的关系问题，思想政治工作在其中就是起着“立”的价值功能。习近平总书记早在福建工作期间就指出，“提高人们的思想道德水平，必须进行正面教育和宣传，也就是采用‘立’的手段。马克思主义认为，科学社会主义意识不可能在工人运动中自发地产生，这种意识只能从外部灌输进去。我们所讲的灌输，就是用马克思主义的立场、观点和方法去宣传群众、武装群众、教育群众。通过一系列艰苦细致的思想政治工作，使爱国主义、社会主义、集体主义思想扎根于人民群众心中。这就是‘立’。可以说，‘立’是我们党的政治优势。”① 由此可见，思想政治工作在精神文明建设和思想文化建设方面发挥着不可替代的价值作用。

具体到教育领域，高校是一个传播思想、传播知识、传播文化的地方，并肩负着文化传承创新的重要使命。高校是全社会思想文化建设的重要窗口，必须保持风清气正，成为全社会先进思想文化传播的高地，进而引领整个社会思想文化建设。正是在这个意义上，2015 年 1 月，中共中央办公厅、国务院办公厅印发的《关于进一步加强和改进新形势下高校宣传思想工作的意见》明确指出，加强高校宣传思想工作的一个任务就是“推动文化传承创新，建设具有中国特色、体现时代要求的大学文化，培育和弘扬大学精

---

① 习近平：《摆脱贫困》，福建人民出版社 2014 年版，第 152 页。

神，把高校建设成为精神文明建设示范区和辐射源，继承和发扬中华优秀传统文化，促进社会主义先进文化建设，增强国家文化软实力。”① 2016年12月，中共中央、国务院印发的《关于加强和改进新形势下高校思想政治工作的意见》也特别强调，要“加强对课堂教学和各类思想文化阵地的建设管理……充分发掘和运用各学科蕴含的思想政治教育资源。健全高校课堂教学管理办法”，要“加强对校园各类思想文化阵地的规范管理”②。可见，高校思想政治工作在营造学校风清气正的思想文化环境方面发挥着重要的价值作用。作为全社会思想文化建设的高地，高校要坚持不懈培育优良校风、学风，在坚持传播先进思想文化上下功夫、见实效。

总而言之，高校思想政治工作在这“五个如何”方面的价值作用，涉及高校党的领导和高校办学育人方式方法，涉及巩固全党全国人民团结奋斗的思想基础，涉及高校立德树人根本任务的实现，涉及高校师生坚持正确的政治方向，涉及高校与社会的良性互动关系。习近平总书记立足于“五个如何”，全面、具体地阐述了高校思想政治工作的战略地位，更加彰显了高校思想政治工作在新时代国家治理体系、高等教育改革发展以及对学生健康成长成才的重要地位和作用。

第三节 “思想政治工作是学校各项工作的生命线”

习近平总书记立足于思想政治工作是党的优良传统和政治优势，基于思想政治工作生命线理论的创新发展，在全国教育大会上明确提出了思想政治

---

① 《中华人民共和国学校思想政治理论课重要文献选编》下册，人民出版社2022年版，第1381页。

② 《中华人民共和国学校思想政治理论课重要文献选编》下册，人民出版社2022年版，第1424页。

工作在教育领域的生命线地位，再次将高校思想政治工作的价值定位提到一个新的高度。

一、从“重要的地位”“根本保证”“极端重要性”“首要位置”到“生命线”的表述

改革开放以来，党和国家高度重视教育领域的思想政治教育工作，颁布了一系列事关高校思想政治工作的重要文件和指导意见，其中对高校思想政治工作价值定位的表述有着显著的变化发展过程，总体上充分说明思想政治工作在学校工作中的地位价值越来越凸显、越来越重要。1980 年 4 月 29 日，教育部、共青团中央印发的《关于加强高等学校学生思想政治工作的意见》明确指出，“高等院校必须正确处理政治与业务、红与专的关系，把学生的思想政治工作放在重要地位”，“决不能把思想政治工作和教学、科学研究工作对立起来或割裂开来”，“忽视和削弱思想政治工作，必将犯历史性的错误。”① 1986 年 5 月 29 日，中共中央、国务院批转的《国家教委关于加强高等学校思想政治工作的决定》明确指出，“学校的思想政治工作，是学校教育的一个重要组成部分，是团结师生员工贯彻执行党的路线、方针、政策，顺利完成教育改革和教学、科研、后勤等各项任务的根本保证。”② 1987 年 5 月 29 日，中共中央印发的《关于改进和加强高等学校思想政治工作的决定》指出，“各级教育部门和高等学校要认真总结历史的经验教训，进一步明确办学指导思想，克服和防止只重视智育而轻视德育的倾向，充分认识加强思想政治工作的极端重要性”③。2004 年 8 月 26 日，中共

---

① 《中华人民共和国学校思想政治理论课重要文献选编》上册，人民出版社 2022 年版，第 497—498 页。

② 《加强和改进大学生思想政治教育重要文献选编（1978—2014）》，知识产权出版社 2015 年版，第 48 页。

③ 《中华人民共和国学校思想政治理论课重要文献选编》上册，人民出版社 2022 年版，第 695 页。

中央、国务院印发的《关于进一步加强和改进大学生思想政治教育的意见》明确指出，“学校教育要坚持育人为本、德育为先，把人才培养作为根本任务，把思想政治教育摆在首要位置。”① 2018 年 9 月 10 日，习近平总书记在全国教育大会上明确指出，“思想政治工作是学校各项工作的生命线，各级党委、各级教育主管部门、学校党组织都必须紧紧抓在手上。”② 不难看出，从“重要的地位”“根本保证”“极端重要性”“首要位置”到“生命线”的理论表述，都是对高校思想政治工作价值定位越来越突出、越来越重要的认识和肯定。将生命线理论应用到学校思想政治工作之中，着实强调了新时代思想政治工作在学校各项工作中具有灵魂地位，在学校办学育人的实践中发挥着统领作用。这一科学判断既是对学校思想政治工作历史实践经验的高度凝练与集中阐发，又是对新时代思想政治工作在高校中的地位和作用的科学定位，丰富发展了中国共产党思想政治工作生命线理论，是加强和改进高校思想政治工作的战略指南和重要理论遵循。

二、思想政治工作是学校各项工作的生命线的理论内涵

把思想政治工作视为学校一切工作的生命线，强调了高校思想政治工作是完成党在学校中心工作的最基本保障，既是对学校办学治校客观规律的正确反映，又是对各学校立德树人实践发展的经验总结。习近平总书记用“生命线”来概括学校思想政治工作的价值作用，形象地指出了思想政治工作对学校各项工作的基础支撑和方向引领作用，说明了高校思想政治工作是其他一切工作的基础，是其他一切工作存在和顺利开展的最根本条件。

如何理解这个生命线的理论内涵？2018 年 9 月 26 日，时任教育部部长陈宝生在教育系统学习贯彻全国教育大会精神视频会上的讲话中指出，所谓

① 《中华人民共和国学校思想政治理论课重要文献选编》下册，人民出版社 2022 年版，第 1111 页。

② 习近平：《论坚持党对一切工作的领导》，中央文献出版社 2019 年版，第 279 页。

“生命线”，就是学校抓住了、抓好了，就能沿着正确方向前进，放松了、丢弃了，就会迷失方向；所谓“生命线”，就是要作为一条主线贯穿融入思想道德、文化知识、社会实践教育的各环节，贯穿融入教育教学、办学治校全过程。这一论述为我们正确认识和科学把握“思想政治工作是学校各项工作的生命线”提供了重要遵循。一方面，我们要从学校工作层面和思想政治工作价值上，把握思想政治工作在办学治校和育人育才中的“生命线”意义；另一方面，我们要从学校教育教学、科学研究、实践活动、教育管理等各项工作有效开展的层面，科学认识思想政治工作贯穿各项工作之中的生命线意蕴。

实际上，学校思想政治工作之所以具有“生命线”的地位和作用，是因为学校思想政治工作决定学校其他一切工作的性质和发展方向，为其他各项工作提供了方向引领。如前所述，不管是从“五个如何”视角来看，还是从“三个事关”来讲，高校思想政治工作生命线的定位和价值越来越凸显。

三、筑牢新时代高校思想政治工作生命线

筑牢高校思想政治工作生命线是一项系统工程，既需要从顶层设计上系统、科学地规划，又需要从落细落小落实上久久为功、步步为营。如何用好“传家宝”、守好“生命线”？我们认为，《关于加强和改进新形势下高校思想政治工作的意见》提出的加强高校思想政治工作六个方面的要求，对筑牢新时代高校思想政治工作生命线具有重要启示和意义。

一是强化思想理论教育和价值引领。要树思想政治工作的理论之“魂”，把理想信念教育放在首位，切实抓好高校马克思主义理论教育，尤其是用习近平新时代中国特色社会主义思想铸魂育人，教育引导广大师生坚定“四个自信”；要树思想政治工作的价值之“魂”，把社会主义核心价值观体现到教师教书育人和学生学习生活全过程，不断提升师生道德素养；要

树思想政治工作的文化之“魂”，把以文育人作为思想政治工作的重要载体，大力弘扬中华优秀传统文化和革命文化、社会主义先进文化，弘扬以爱国主义为核心的民族精神和以改革创新为核心的时代精神；要树思想政治工作的阵地之“魂”，加强马克思主义学院建设，进一步办好高校思想政治理论课，为打造马克思主义理论教学、研究、宣传和人才培养提供坚强阵地。

二是发挥哲学社会科学育人功能。从改革开放以来党和国家颁布的重要文件来看，关于高校思想政治工作的重要文件基本都会强调要发挥哲学社会科学育人功能。哲学社会科学在育人方面发挥着不可替代的作用，尤其是在当下这个需要思想而且一定能够产生思想的时代。正是在这个意义上，习近平总书记特别强调，我们不能辜负了这个时代，哲学社会科学要解决好为什么人的核心问题，“为什么人的问题是哲学社会科学研究的根本性、原则性问题。我国哲学社会科学为谁著书、为谁立说，是为少数人服务还是为绝大多数人服务，是必须搞清楚的问题”①，“一切有理想、有抱负的哲学社会科学工作者都应该立时代之潮头、通古今之变化、发思想之先声，积极为党和人民述学立论、建言献策，担负起历史赋予的光荣使命”②。“哲学社会科学工作者要做到方向明、主义真、学问高、德行正，自觉以回答中国之问、世界之问、人民之问、时代之问为学术己任，以彰显中国之路、中国之治、中国之理为思想追求，在研究解决事关党和国家全局性、根本性、关键性的重大问题上拿出真本事、取得好成果。”③ 发挥哲学社会科学育人功能，要坚持马克思主义在我国哲学社会科学领域的指导地位，强化其引领作用，加快完善具有中国特色和国际视野的学科体系，并从专业核心课程和教材遴选使用上加强建设，最终打造一批育人实效显著的学科、课程、教材体系。

三是加强对课堂教学和各类思想文化阵地的建设管理。实际上，这涉及

① 习近平：《论党的宣传思想工作》，中央文献出版社 2020 年版，第 223 页。

② 习近平：《论党的宣传思想工作》，中央文献出版社 2020 年版，第 219 页。

③ 《习近平在中国人民大学考察时强调 坚持党的领导传承红色基因扎根中国大地 走出一条建设中国特色世界一流大学新路》，《人民日报》2022 年 4 月 26 日。

课程思政和如何处理学术与政治的关系问题。一方面，所有的课程都有育人职责使命，所有课程的教师都要守好自己育人的“一段渠”，充分发掘和运用各学科蕴含的思想政治教育资源，做到教书育人、立德树人；另一方面，要学会处理学术与政治的关系问题，“毋庸讳言，学术探索无禁区，教师科研有纪律。‘无禁区’不代表无法纪、无纪律、无规范，‘有纪律’不代表无自由、无探究、无争论。我们鼓励教师对学术研究，特别是重大理论前沿问题自由畅想、大胆假设、认真求证，勇于提出自己的独到见解、创新观点、新知理论。我们提倡只要是学术问题都可以进行科学研究和大胆探索，但研究成果怎么使用要遵循学术规范，在教学课堂上怎么讲也要遵守纪律规矩。”① 因此，筑牢高校思想政治工作生命线，要特别加强对课堂教学和教师科学研究价值导向的引导，要加强对学校各类思想文化阵地的建设管理。

四是加强教师队伍和专门力量建设。马克思恩格斯指出，“思想本身根本不能实现什么东西。思想要得到实现，就要有使用实践力量的人。”② 针对高质量教师队伍的重要性，习近平总书记指出，“好的学校特色各不相同，但有一个共同特点，都有一支优秀教师队伍”，并对教师提出了“努力做精于‘传道授业解惑’的‘经师’和‘人师’的统一者”的新要求。③ 筑牢高校思想政治工作生命线，要加强高校思想政治工作队伍建设工作。一方面要加强教师队伍思想政治工作，以师德师风建设为重点，不断提升教师思想道德素质，增强广大教师教书育人的责任担当；另一方面要着力打造一支专职为主、专兼结合、数量充足、素质优良的工作力量。

五是推进高校思想政治工作改革创新。改革创新是推进高校思想政治工作发展的根本动力。要立足思想政治工作规律、教书育人规律、学生成长规律，探索高校思想政治工作改革创新的新举措。要建立师生日常思想引导制

---

① 郗厚军：《党执政的坚定支持者：新时代教师政治角色和职责使命》，《中国德育》2021 年第 4 期。

② 《马克思恩格斯文集》第 1 卷，人民出版社 2009 年版，第 320 页。

③ 《习近平在中国人民大学考察时强调　坚持党的领导传承红色基因扎根中国大地　走出一条建设中国特色世界一流大学新路》，《人民日报》2022 年 4 月 26 日。

度，以身边人、身边事引领学生健康成长成才。要加强互联网思政工作，做到人在哪里思想政治工作就在哪里。要强化社会实践育人，完善学校家庭社会协同育人机制。要在服务引导中加强思想教育，把解决思想问题同解决实际问题有机结合起来。要积极发挥共青团、学生会、学生社团的价值引领功能。要健全高校思想政治工作评价体系，以评价为导向推动高校思想政治工作制度化。

六是加强和改善党对高校的领导。筑牢高校思想政治工作生命线的根本保证在于始终坚持党对高校的领导。要继续完善高校党的领导体制，切实履行高校党委管党治党、办学治校的主体责任。要按照社会主义政治家、教育家的标准来选好配强领导班子。要强化院系党的领导，发挥院（系）党委（党总支）的政治核心作用。要加强基层党组织建设，保证学校相关政策在基层有效贯彻落实。

第三章

加强和改善党对高校思想政治工作的领导

中国共产党的领导是中国特色社会主义最本质的特征。“党政军民学，东西南北中，党是领导一切的。”① 党的二十大报告再次强调了党的领导的重要地位，坚持“党的领导是全面的、系统的、整体的，必须全面、系统、整体加以落实”。② 并指出“坚决维护党中央权威和集中统一领导，把党的领导落实到党和国家事业各领域各方面各环节，使党始终成为风雨来袭时全体人民最可靠的主心骨”。③《关于新时代加强和改进思想政治工作的意见》指出，“坚持和加强党的全面领导，把思想政治工作贯穿党的建设和国家治理各领域各方面各环节，牢牢掌握工作的领导权和主动权。”④ 党的十八大以来，以习近平同志为核心的党中央，立足坚持党对教育的全面领导，提出各级各类学校党组织要把抓好学校党建工作作为办学治校的基本功，强调学校党组织必须把思想政治工作抓在手上，指出要加强和改善党对高校思想政治工作的领导，并颁布《中国共产党普通高等学校基层组织工作条例》，要求牢牢把握党对高校工作的领导权，使高校成为党的领导的坚强阵地。

---

① 《习近平谈治国理政》第三卷，外文出版社 2020 年版，第 16 页。

② 《习近平著作选读》第一卷，人民出版社 2023 年版，第 53 页。

③ 《习近平著作选读》第一卷，人民出版社 2023 年版，第 22 页。

④ 《中共中央　国务院印发〈关于新时代加强和改进思想政治工作的意见〉》，《人民日报》2021 年 7 月 13 日。

第一节 高校思想政治工作与党的领导不可分割

高校思想政治工作和党对高校的全面领导相辅相成，不可分割。一方面，党的全面领导是社会主义大学办学育人的方向保证，也是高校思想政治工作取得实效的根本保障。高校思想政治工作生命线地位和作用的发挥，归根结底依靠党的全面领导。只有加强党的领导，才能为思想政治工作创造条件、提供平台。另一方面，高校思想政治工作是党领导高校工作的具体体现，也是开展高校党的建设的主要抓手，是坚持党的全面领导的内在要求和题中应有之义。高校只有加强思想政治工作，才能全面落实党的教育方针，确保高校一切活动坚持党性原则不动摇。

一、党的领导是高校思想政治工作发展的重要保障

思想政治工作是高校各项工作的生命线，是党领导高校的具体体现，其生命线地位和作用，根源于党对高校工作的政治、思想和组织等方面的全面领导。2020 年 4 月 22 日，教育部等八部门印发《关于加快构建高校思想政治工作体系的意见》指出，“要把高校思想政治工作摆到重要位置，切实加强组织领导和工作指导。”① 2021 年 4 月 16 日，中共中央发布《中国共产党普通高等学校基层组织工作条例》提出，高校党委要“领导学校思想政治工作和德育工作，落实意识形态工作责任制，维护学校安全稳定，促进和谐校园建设。”②

---

① 《教育部等八部门关于加快构建高校思想政治工作体系的意见》，2022 年 4 月 22 日，见 http：//www.moe.gov.cn/srcsite/A12/moe_ 1407/s253/202005/t20200511_ 452697.html。

② 《中国共产党普通高等学校基层组织工作条例》，人民出版社 2021 年版，第 10 页。

（一）坚持党的政治领导，保障思想政治工作正确方向

政治领导就是要保证高校正确办学方向，保证党的领导在高校工作中全面发挥作用。只有坚持党的政治领导，充分发挥党委在管党治党、办学治校中的主体责任，社会主义大学才能“咬定青山不放松”，才能扎根中国大地，走中国特色社会主义教育道路，办好中国特色、世界一流大学；只有大学坚持正确政治方向，高校思想政治工作才有章可循、有据可依，才能为党和国家培养真正经得起风浪考验、具有高度定力的建设者和接班人。

（二）坚持党的思想领导，巩固马克思主义在高校意识形态领域的主导地位

与其他领域相比，高校是一个既生产思想又消费思想，既生产舆论又消费舆论，既生产文化又消费文化的领域。高校意识形态工作的影响具有全社会性，不容许发生颠覆性错误。高校必须坚持以马克思主义为指导，坚持党管宣传、党管意识形态、党管媒体，压实压紧各级党组织责任。因此，高校党委要加强对课堂教学、教材编写、报告讲座、校园网络等各类思想文化阵地的建设管理，推动党的理论创新成果进教材、进课堂、进头脑，保证高校始终成为培养社会主义事业建设者和接班人的坚强阵地。

（三）坚持党的组织领导，配齐建强高校思想政治工作队伍

做好高校思想政治工作，根本靠人才、靠队伍。加强高校思想政治工作，需要打造一支数量充足、素质优良的思想政治工作队伍。这就需要高校党委严格落实党管干部、党管人才的原则，坚持正确用人导向，把优秀干部和教师选配到思想政治工作队伍中。整体推进四支队伍为主体的专兼结合的思想政治工作队伍，在专业化、职业化建设进程中，实现这支队伍的高质量、高水准发展。

二、思想政治工作是党领导高校的重要抓手

思想政治工作是党领导高校的重要抓手，这也是我们党的政治优势和重要法宝。在革命、建设与改革的不同时期，思想政治工作都紧紧围绕党的中心工作，动员群众，统一思想，凝聚人心，发挥了不可或缺的作用价值。

（一）中国共产党产生发展壮大的历史就是思想政治工作发挥生命线作用的历史

我们党的历史有多长，思想政治工作的历史就有多长，思想政治工作是党领导中国人民取得革命、建设和改革胜利的重要法宝。中国共产党建立初期，正是依靠中国共产党人扎扎实实的思想政治工作才唤醒了广大工农群众，克服了党内和军队内部的各种非无产阶级思想，领导了人民经过艰苦卓绝的斗争取得新民主主义革命的胜利，党才发展成为执政党。新中国成立后，中国共产党坚持以马克思主义为指导，不断联系中国特色社会主义建设和改革的实践，推动马克思主义中国化时代化，用强大思想政治工作凝心聚力，加强对党员群众的理论武装和思想动员，在主动进行自我革命的过程中领导新中国的社会主义建设和改革取得了举世瞩目的伟大成就。可以说，一部中国共产党建党史就是一部党紧紧抓住思想政治工作这一法宝把方向、管大局、谋发展的历史，就是一部用党的纲领、路线、方针、政策动员群众、统一思想、凝聚力量的历史，也是一部思想政治工作发挥生命线作用的历史。

同样，中国共产党领导高等教育的历史也是紧紧抓住思想政治工作，以马克思主义为指导，探索社会主义教育发展道路的历史。党初建时期，党始终重视开展多种形式的马克思主义思想研究、宣传和教育。例如，李大钊开创了在大学传播马克思主义的先河，并使北大图书馆逐渐成为校内一个研究和传播马克思主义的中心。1920 年 3 月，邓中夏等在北大秘密发起组织“马克思学说研究会”，学习、宣传马克思主义理论。在革命根据地，党进

行了丰富的新民主主义高等教育的探索实践，举办的红军大学、抗日军政大学、陕北公学、延安大学等为新中国高等教育的发展奠定了重要基础。在这些大学中，党重视通过开设思想政治理论课，宣传马克思主义理论和党的路线方针政策，毛泽东、周恩来等党的重要领导干部都担任过教员。大学还注意结合文化学习、军事训练、文艺宣传等多样化的思想政治工作，培育革命工作需要的理想信念坚定的干部和各类专门人才，为新民主主义革命的胜利作出了巨大贡献。新中国成立后，党领导的高等教育以思想政治工作为重要抓手，坚守马克思主义底色，坚持社会主义办学方向，扎根中国大地办大学，坚持教育为人民服务，为社会主义现代化建设服务，坚持把思想政治工作贯穿人才培养全过程，培养了一批批中国特色社会主义的建设者和接班人。思想政治工作是我们党的优良传统和政治优势，是坚持党对教育事业全面领导的具体体现，是各级党委管党治党、办学治校的重要抓手。实践证明，学校抓住抓好思想政治工作，就能沿着正确方向前进；而放松或者丢弃思想政治工作，就会迷失方向。

（二）思想政治工作发挥着重要作用

党的领导主要表现在政治领导、思想领导和组织领导等方面，思想政治工作以其独有的优势和特色对加强党的全面领导发挥着重要作用。一方面，思想政治工作是宣传党的路线方针政策的基本路径和有效载体。党要根据时代特点和任务要求，及时向党员群众宣传党的路线方针政策，以统一思想，形成共识。这个宣传过程实际上是通过思想引导、理论教育、政策宣讲实现理论掌握群众的过程，这正是思想政治工作的基本工作方式。新时代，实现中国高等教育现代化，高校宣传思想工作要围绕办学育人的主题，以习近平新时代中国特色社会主义思想铸魂育人，帮助广大师生增强“四个意识”，坚定“四个自信”，做到“两个维护”；遵守党的教育方针，坚定社会主义办学方向，立德树人，培养堪当民族复兴大任的时代新人。另一方面，思想政治工作具有强大的组织和动员能力，这是思想政治工作的优良传统和政治优势。思想政治工作的组织动员不同于行政力量组织动员的外在规范和硬性要求，主要是通过传播思想观点以提高认识，激发情感和坚定信念，激励人的精神力量。思想政治工作的组织动员是一个外在的知识、观念和规范向个体内在转化的过程，内化于心并实现外化于行，才能迸发出磅礴力量，才能战胜各种艰难险阻。思想政治工作的鼓动、组织和发动群众力量的案例，在建党百年历史上不胜枚举。正如在同新冠疫情的殊死较量过程中，无数白衣铠甲不负使命，逆行出征，舍生忘死，挽救生命；无数青年学生不顾个人安危，勇担志愿者工作；还有无数青年学生积极响应党和国家号召，以大局为重，自觉居家隔离，以身作则。正因为如此，习近平总书记在全国抗击新冠肺炎疫情表彰大会上对青年一代的突出表现给予了高度肯定和赞扬，“青年一代不怕苦、不畏难、不惧牺牲，用臂膀扛起如山的责任，展现出青春激昂的风采，展现出中华民族的希望!”① 那么，是什么力量促使青年一代义无反顾地逆行而上？是坚定的理想信念、真挚的爱国情怀、强烈的责任担当的强大力量的推动，这与思想政治工作的组织动员息息相关，是思想政治教育的思想引领、价值观教育的重要体现。今天，我们正在进行具有许多新的历史特点的伟大斗争，面临的挑战和困难前所未有，高校思想政治教育工作必须自觉承担起举旗帜、聚民心、育新人、兴文化、展形象的使命任务，充分发挥正面宣传鼓舞人、激励人的作用。

高校思想政治工作作为高校党委工作一个部分，是党对高等教育事业全面领导的具体体现。今天，党对高校的领导体制是党委领导下的校长负责制，其运行涉及教学、科研、组织、人事、宣传、统战、后勤、保卫等诸多机构的协同。高校党政部门是一个密切联系不可分割的有机整体，必须建立健全党委统一领导、党政分工合作、协调运行的工作机制。不论是党委领导下的校长负责制的顺利有效运行，还是所有这些具体机构的工作开展，都离

---

① 习近平：《在全国抗击新冠肺炎疫情表彰大会上的讲话》，人民出版社 2020 年版，第 11—12 页。

不开思想政治工作。

三、党领导高校思想政治工作的体制探索

“从新中国成立到党的十八大，党对高校领导的工作体制先后经历了从校务委员会制到校长负责制、党委领导下的校务委员会负责制、党委领导下的以校长为首的校务委员会负责制，再到党委领导下的校长分工负责制、校长负责制，并最终确定为党委领导下的校长负责制这一适合中国国情、具有中国特色的领导体制”①。

（一）校务委员会制阶段

党和政府在接管和改造各类高校的过程中，一般都由当地军管会在较短的时间内组建由师生员工代表组成的校务委员会，推行民主管理、经济公开、精简机构。对部分公立学校还配备了来自老解放区的校长和教导主任，公开了学校中的共产党组织，建立了新民主主义青年团，成立了学生会和教职员组织，使学校的领导权掌握在共产党和人民政府的手中。新中国成立前，大多数高校实行的是校长负责制或校务委员会制。中国共产党执政后，在短时间内还未能为高校配备合适的校长，但为保证高校最大限度地维持教学秩序，请各校中已有的校务委员会来主持校务，只不过在人员组成和工作目标上进行了新的调整。但是一般来说，校务委员会的决议都要由军代表签署后才能生效。事实证明，校务委员会的成员组成和职能发挥直接决定了新中国成立后高校的顺利交接和事业发展进度。

（二）校长负责制阶段

新中国成立初期，面对高等教育的复杂情况，我国制定了有计划有步骤

---

① 张东刚：《深刻理解党对高校全面领导的科学内涵与实践要求》，《中国人民大学学报》2022 年第 3 期。

地改造旧的高等教育的方针，探索党领导高校的新体制。例如，1950 年教育部颁布《高等学校暂行规程》，规定大学及专门学院实行校（院）长负责制。校（院）长代表学校，领导全校（院）一切教学、研究及行政事宜，领导全校（院）教师、学生、职员、工警的政治学习，① 对学生的德智体全面负责，明确了校长（院长）对这一时期德育工作的领导。1955 年中共中央宣传部《关于学校教育工作座谈会的报告》中明确指出，学校中的党组织的工作范围包括在群众中进行宣传和组织工作，以实现党和政府的教育方针、政策和决议，保证教学计划的完成；包括对师生员工进行思想政治工作。《报告》进一步明确规定“学校中的党组织和学校行政互相间都没有领导和指导关系，但应互相帮助，密切配合，为搞好教学、办好学校而协同进行工作。”②

（三）党委领导下的校务委员会负责制阶段

为了应对单一的校长负责制的弊端，1958 年国务院发布《关于教育工作的指示》，决定“在一切高等学校中，应当实行学校党委领导下的校务委员会负责制；一长制容易脱离党委领导，所以是不妥当的”，“一切教育行政机关和一切学校，应该受党委的领导”③，要求学校党委设置专门力量负责学生和教师的政治思想工作。1961 年《中共中央关于讨论和试行教育部直属高等学校暂行工作条例（草案）的指示》（即《高教六十条》）规定高等学校实行党委领导下的以校长为首的校务委员会负责制，④ 通过这一系列调整变革，我党通过党委领导下的校务委员会负责制，逐步加强了对高等教育、高校思想政治工作的领导。

---

① 参见《中华人民共和国学校思想政治理论课重要文献选编》上册，人民出版社 2022 年版，第 65 页。

② 参见饶定轲主编：《教师思想政治工作概论》，高等教育出版社 1992 年版，第 184 页。

③ 《建国以来重要文献选编》第 11 册，中央文献出版社 1995 年版，第 493 页。

④ 《建国以来重要文献选编》第 14 册，中央文献出版社 1997 年版，第 579 页。

（四）党委领导下的校长分工负责制阶段

党的十一届三中全会后，拨乱反正工作持续开展，高校党委进行思想政治工作体制改革，高校思想政治教育管理机构相继恢复工作。如 1977 年，清华大学成立党委学生部，体现了高校党委对思想政治教育工作的直接领导。① 1978 年，教育部在《关于讨论和试行〈全国高等学校暂行条例（试行草案）〉的通知》中，提出了高校思想政治工作领导体制的新规定，即“高等学校的领导体制实行党委领导下的校长分工负责制，系一级实行系党总支委员会制度（或分党委）领导下的系主任分工负责制，取消校务委员会，设立学术委员会。”② 1987 年中共中央《关于改进和加强高等学校思想政治工作的决定》规定“学校党委对思想政治工作负有领导责任”，同时，文件规定，校长作为行政领导也要做思想政治工作，“校长要对学生的德智体全面发展负责，结合各项业务做好思想政治工作，”③ 明确了高校党委和校长都要对思想政治工作负责。该阶段，党中央强调构建高校思想政治工作合力协同的格局，以 1980 年教育部、共青团中央《关于加强高等学校学生思想政治工作的意见》的颁布为标志，提出学校党委要加强对学生思想政治工作的领导，同时“要把行政、共青团、学生会、工会、教师各方面的力量统一组织起来，共同做好工作。”④ 此后，学生党建工作得到恢复。“校系两级都要有一名副书记主管学生的思想政治工作；校党委可根据具体情况，设立学生政治思想工作的机构，如学生工作部或青

---

① 参见冯刚主编：《改革开放以来高校思想政治教育发展史》，人民出版社 2018 年版，第 441 页。

② 参见傅颐：《六十年代初〈高教六十条〉的制度、试行及历史经验》，《中共党史研究》2006 年第 3 期。

③ 《中华人民共和国学校思想政治理论课重要文献选编》上册，人民出版社 2022 年版，第 700—701 页。

④ 《中华人民共和国学校思想政治理论课重要文献选编》上册，人民出版社 2022 年版，第 503 页。

年工作部。”① 党委领导下的校长分工责任制恢复了对高等学校集中领导、分级管理和高等学校党委对高校的统一领导，对高校拨乱反正、恢复秩序，发挥了积极作用。

（五）党委领导下的校长负责制和校长负责制并存阶段

针对在实践中出现的党委领导下的校长分工负责制容易造成责权不清、领导系统渠道不畅的问题，1985 年《中共中央关于教育体制改革的决定》提出“学校逐步实行校长负责制”，要把学校党组织从包揽一切的状态中解脱出来，把党组织的工作重心集中到加强党的建设和加强思想政治工作上，要团结广大师生，大力支持校长履行职权，保证和监督党的各项方针政策的落实和国家教育计划的实现，要坚持用马克思主义理论教育引导广大师生，激励他们立志为祖国的富强奋勇进取，建功立业，保证学生德智体的全面发展，使学校真正成为抵御资本主义和其他腐朽思想的侵蚀、建设社会主义精神文明的坚强阵地。这个阶段我国高校领导体制是党委领导下的校长负责制和校长负责制并存，一些高校实行校长负责制。1984 年，北京师范大学、西北工业大学成为首批试行校长负责制的学校。其后，同济大学等全国十几所高校也开始试行校（院）长负责制。1985—1989 年间全国先后有 130 多所高校试行校长负责制，约占当年普通高校总数的 12%。

（六）中国共产党高等学校基层委员会领导下的校长负责制阶段

党的十三届四中全会后，党中央高度重视党对思想政治工作的领导，江泽民指出：“党委书记主管思想政治和意识形态工作，这是我们党的一个好传统。”② 针对各级党委书记普遍存在的时间紧、工作忙、大事多的工作状态，江泽民强调“任何情况下都不能放松对思想政治和意识形态工作的领

---

① 《中华人民共和国学校思想政治理论课重要文献选编》上册，人民出版社 2022 年版，第 503 页。

② 《江泽民文选》第三卷，人民出版社 2006 年版，第 96—97 页。

导。不重视、不会做思想政治工作，不可能成为成熟的领导干部。”① 1989年，中共中央下发了《关于加强党的建设的通知》，决定将高等院校的领导体制改为党委领导下的校长负责制，并特别强调不论实行什么样的领导体制，党委都是高等学校的政治核心，负责全面领导学校思想政治工作。自这一领导体制确立以来，高校思想政治工作体制保持了长期稳定发展。1990年，中共中央发布了《关于加强高等学校党的建设的通知》重申了高等学校实行党委领导下的校长负责制，提出“校党委应配备专职书记或副书记，较大的系应配备专职总支书记，年级应配备做学生工作的专职干部。”② 这是新中国成立以来中共中央就高校党的建设发出的第一个专门文件，进一步落实了党对高校的领导。同年，经党中央批准，召开了新中国成立后第一次全国高校党的建设工作会议，会议强调“必须把德育放在学校各项工作的首位，把坚持坚定正确的政治方向作为德育所要解决的首要问题。”③ 1998年《中华人民共和国高等教育法》首次以法律的形式规定了“国家举办的高等学校实行中国共产党高等学校基层委员会领导下的校长负责制”，高校党委的一项重要领导职责就是“领导学校的思想政治工作和德育工作”。

进入21世纪，中共中央多次颁发文件强调坚持党委领导高校思想政治工作的体制。例如，2004年《中共中央国务院关于进一步加强和改进大学生思想政治教育的意见》要求，“高等学校党委要统一领导大学生思想政治教育工作……对大学生思想政治教育作出全面部署和安排。”④ 2014年，中共中央办公厅印发《关于坚持和完善普通高等学校党委领导下的校长负责制的实施意见》，从十个方面阐释了高校党委作为学校的领导核心“领导什么、怎么领导”等重大问题，要求党委要“领导学校思想政治工作和德育

① 《江泽民文选》第三卷，人民出版社2006年版，第97页。

② 《十三大以来重要文献选编》中，人民出版社1991年版，第596页。

③ 《第一次全国高校党的建设工作会议情况概述》，2007年3月1日，见 http://www.moe.gov.cn/s78/A12/szs_lef/moe_1416/s6628/s6629/201207/t20120711_139178.html。

④ 《中华人民共和国学校思想政治理论课重要文献选编》下册，人民出版社2022年版，第1119页。

工作，坚持用中国特色社会主义理论体系武装师生员工头脑，培育和践行社会主义核心价值观，牢牢掌握学校意识形态工作的领导权、管理权、话语权。”① 该《意见》还对高校党政领导班子选配提出了要求：党政领导班子成员不仅是社会主义教育家，还应该是社会主义政治家。在全国高校思想政治工作会议上，习近平总书记进一步指出，“高校党委对学校工作实行全面领导，承担管党治党、办学治校的主体责任，把方向、管大局、作决策、保落实。”② 在2021年中共中央、国务院印发《关于新时代加强和改进思想政治工作的意见》中指出，“强化党委（党组）主体责任，各级党委（党组）要切实负起政治责任和领导责任，建立健全思想政治工作责任制，制定思想政治工作责任清单，明确落实措施和推进步骤。”③

2016年，中共中央、国务院印发《关于加强和改进新形势下高校思想政治工作的意见》（中发〔2016〕31号）（以下简称“中央31号文件”），要求强化高校内部学院（系）等基层党的领导，发挥基层党委或党总支的政治核心作用，履职尽责，保证和监督党的路线方针政策以及上级党组织决定的贯彻执行，还要“加强高校基层党建工作……建立健全高校基层党组织……加强教师党支部、学生党支部特别是研究生基层党支部建设，充分发挥党支部组织教育管理党员和宣传引导凝聚师生的主体作用。”④ 落实高校思想政治工作会议精神和中央31号文件精神，高校思想政治工作和党的建设不断加强。在《普通高等学校学生党建工作标准》（教党〔2017〕8号）、《关于加强新形势下高校教师党支部建设的意见》（教党〔2017〕41号）、《关于高校教师党支部书记“双带头人”培育工程的实施意见》（教党

① 《中办印发〈关于坚持和完善普通高等学校党委领导下的校长负责制的实施意见〉》，《人民日报》2014年10月16日。

② 《习近平谈治国理政》第二卷，外文出版社2017年版，第379页。

③ 《中共中央　国务院印发〈关于新时代加强和改进思想政治工作的意见〉》，《人民日报》2021年7月13日。

④ 《中华人民共和国学校思想政治理论课重要文献选编》下册，人民出版社2022年版，第1429页。

〔2018〕26 号)、《中国共产党普通高等学校基层组织工作条例》等一系列制度文件指导下，高校党的建设稳步推进，高校党委对思想政治工作的领导更有抓手，更有操作性。

第二节 把高校建成党的领导的坚强阵地

多年来，坚持党对高校的全面领导，高校思想政治工作为办学治校人才培养作出了重大贡献。但是我们必须看到，复杂的世情国情党情教情，给高校思想政治工作带来了诸多新挑战、新问题。一方面，国际国内形势深刻变化，意识形态领域的复杂性和多变性愈益凸显，“马克思主义指导思想面临多样化社会思潮的挑战，社会主义核心价值观面临市场逐利性的挑战，传统教育引导方式面临网络新媒体的挑战，培养社会主义事业建设者和接班人面临敌对势力渗透争夺的挑战”①。另一方面，高校党对思想政治工作领导本身也存在各种问题。2017 年中央巡视了 31 所中管高校，从《关于巡视 31 所中管高校党委情况的专题报告》来看，各高校普遍存在“党委领导作用发挥不够，‘四个意识’不够强，贯彻党的教育方针和重大决策部署不深入，落实扎根中国大地建设世界一流大学的要求不到位。意识形态工作责任制落实不到位。贯彻党委领导下的校长负责制不够自觉。阵地意识不强，基层党组织弱化等问题”②。2017 年 6 月 28 日，中共中央政治局召开会议审议《关于巡视 31 所中管高校党委情况的专题报告》，习近平总书记主持会议。会议强调“办好中国特色社会主义高等教育，必须旗帜鲜明坚持党对高校工作的领导。高校党委要增强‘四个意识’，落实管党治党、办学治校主体

---

① 冯培：《审时度势，借“式”化事，提升思想政治教育的针对性与亲和力》，《思想理论教育导刊》2017 年第 1 期。

② 《十八届中央第十二轮巡视公布 14 所高校反馈情况》，《人民日报》2017 年 6 月 17 日。

责任，坚定‘四个自信’，贯彻党的教育方针政策，坚持社会主义办学方向，把立德树人作为根本任务，以实际行动维护党中央权威和集中统一领导。”①

一、思想政治工作贯穿高校办学育人全过程

高等教育的发展概括起来就是一个办学育人的过程，需要解决的就是“为谁办学育人、办什么样的大学育什么样的人、如何办学育人”这一根本问题。可以说，办学育人是高等教育发展的主题。新时代高校思想政治工作的核心是围绕和服务高校办学育人全过程，构建“大思政”格局，实现全员全过程全方位育人，保障高校坚持社会主义办学方向，培养社会主义建设者和接班人。

（一）坚持社会主义办学方向

方向决定道路，道路决定命运。高等教育是一种社会存在，不同的社会制度决定不同的教育目的和办学方向。世界上从来没有象牙塔式的大学，所有国家的高校都具有鲜明的意识形态属性。社会主义是当代中国发展的根本方向，是中国大学发展的根本道路，只有坚持社会主义这一根本方向，高校才能发展壮大，培育出党和国家真正需要的社会主义建设者和接班人。办学总是与国家的政治要求紧密相连，也总是在服务自己国家发展中形成和壮大的。“我国有独特的历史、独特的文化、独特的国情，决定了我国必须走自己的高等教育发展道路，扎实办好中国特色社会主义高校。”② 我们的国家是中国共产党领导的社会主义国家，我们办的是社会主义教育。办好我们的教育，必须坚持社会主义办学方向，坚持教育的“四为服务”，这是我国教

① 《中共中央政治局召开会议审议〈关于巡视 31 所中管高校党委情况的专题报告〉》，《人民日报》2017 年 6 月 29 日。

② 《习近平谈治国理政》第二卷，外文出版社 2017 年版，第 376 页。

育制度的根本问题，也是新时代教育发展的根本遵循。

（二）培养社会主义建设者和接班人

教育的首要问题就是育人。关于这个问题，习近平总书记在 2018 年 5 月与北京大学师生座谈时明确指出，教育“必须培养社会发展所需要的人……说具体了，就是培养社会发展、知识积累、文化传承、国家存续、制度运行所要求的人”。[①] 习近平总书记在全国教育大会上进一步指出，“我们的教育必须把培养社会主义建设者和接班人作为根本任务，培养一代又一代拥护中国共产党领导和我国社会主义制度、立志为中国特色社会主义奋斗终身的有用人才。”[②] 党的二十大报告更是明确指出，“全面贯彻党的教育方针，落实立德树人根本任务，培养德智体美劳全面发展的社会主义建设者和接班人。”[③] 培育德智体美劳全面发展的社会主义建设者和接班人是育人的核心要义，也是高等教育发展的根本任务。我国是中国共产党领导下的社会主义国家，国家性质决定了育人的价值属性。为党育人，为国育才。筑牢大学生理想信念之基、补足精神之“钙”是高校思想政治工作的首要政治任务，高校思想政治工作要理直气壮地用习近平新时代中国特色社会主义思想铸魂育人。

（三）思想政治工作体系贯通人才培养体系

党的二十大报告指出：“教育、科技、人才是全面建设社会主义现代化国家的基础性、战略性支撑。”[④] 并指出人才是第一资源。高校应牢牢抓住全面提升人才培养能力这个核心点，坚持和加强党的领导和党的建设，将思想政治工作贯穿人才培养体系全过程。“人才培养体系涉及学科体系、教学体系、教材体系、管理体系等，而贯通其中的是思想政治工作体系。加强党

① 习近平：《在北京大学师生座谈会上的讲话》，《人民日报》2018 年 5 月 3 日。
② 《习近平著作选读》第二卷，人民出版社 2023 年版，第 195 页。
③ 《习近平著作选读》第一卷，人民出版社 2023 年版，第 28 页。
④ 《习近平著作选读》第一卷，人民出版社 2023 年版，第 27—28 页。

的领导和党的建设，加强思想政治工作体系建设，是形成高水平人才培养体系的重要内容。”① 习近平总书记的这些重要论述厘清了高校思想政治工作体系与人才培养体系的关系，即高校思想政治工作体系是人才培育体系的构成部分，贯穿和融入学科体系、教学体系、教材体系、管理体系之中。如前文所述，在高校人才培养体系中，高校党委发挥着决策、规划的顶层设计任务；主渠道和主阵地构成了一般意义上的思想政治工作体系；思想政治工作体系、学科体系、教学体系、教材体系、管理体系、育人+体系（除上述五大体系外的育人要素和体系的总和）囊括了高校办学育人的各环节、各要素，它们相互衔接、相互配合构成了高校人才培养体系，其中，要从思想政治工作体系之外的其他子系统中挖掘思政要素，把思政工作落实到各个子系统之中；整个体系的目标指向是完成立德树人根本任务，培养德智体美劳全面发展的社会主义建设者和接班人。

（四）建构“大思政”格局

“大思政”格局不仅指全员参与、全过程教育，还要求思想政治工作具有关注人类命运共同体的大视野、大格局，展现对人类命运共同境遇的人文关怀。更为关键的是，思想政治工作要实现各领域、各部门、各队伍之间协同联动、同向同行，实现“1+1>2”的工作效果。“大思政”概括的是一种趋势和方向，统领一定时期高校思想政治工作发展全过程，是高校思想政治工作的理论创新和实践探索过程中所应当遵循的规律原则。各级党委要在工作格局、队伍建设、支持保障等方面采取有效措施，建立党委统一领导、党政齐抓共管、宣传部门组织协调、有关部门和人民团体分工负责、全党全社会共同参与的思想政治工作大格局。② 高校思想政治工作各领域、各部门、各环节之间要保持指导方向和目标方向的一致性，坚持正确的政治方向，不

① 习近平：《在北京大学师生座谈会上的讲话》，人民出版社2018年版，第10页。

② 参见《中共中央　国务院印发〈关于新时代加强和改进思想政治工作的意见〉》，《人民日报》2021年7月13日。

断协同创新。例如，加强高校课程之间的协同创新，实现思想政治理论课与其他各类课程的同向同行；加强思想政治工作队伍之间的协同创新，实现党务工作者、行政负责人和思想政治工作者队伍整体推进，打造“三全育人共同体”；加强各部门组织之间的协同创新，实现高校党委、院党组织、基层党支部三级联动，构建高校、地方政府宣传部门、新闻媒体三方联动体系，形成党委统一领导、各部门各方面齐抓共管、同向同行的工作格局等。

二、牢牢掌握意识形态工作的领导权

高校是党的意识形态工作的前沿阵地，高校党委要牢牢掌握意识形态工作领导权，坚持马克思主义在高校意识形态领域的指导地位，做到守土有责、守土负责、守土尽责。

（一）意识形态工作是党的一项极端重要的工作

意识形态是系统地、自觉地反映社会、经济形态和政治制度的思想体系，本质上是一定阶级的思想体系。意识形态旨在将“观念的科学”所得的知识应用于社会，并具有价值定位、行动导向、论证、凝聚、动员、教化、维护、约束等功能。有国家就有政治，有政治就有意识形态。作为一定社会形态的上层建筑，意识形态虽以观念形式存在，却并不虚空。马克思指出，“如果从观念上来考察，那么一定的意识形式的解体足以使整个时代覆灭。”① 历史和现实也都警示我们，一个政权的瓦解往往是从思想领域开始的。“意识形态工作是为国家立心、为民族立魂的工作。牢牢掌握党对意识形态工作领导权，全面落实意识形态工作责任制，巩固壮大奋进新时代的主流思想舆论。”② 由此可见，意识形态工作决定着党的前途命运，巩固党的

① 《马克思恩格斯文集》第 8 卷，人民出版社 2009 年版，第 170 页。
② 《习近平著作选读》第一卷，人民出版社 2023 年版，第 36 页。

执政地位必须高度重视意识形态工作。

作为传播、维护、建设社会主义意识形态的重要阵地，当前高校意识形态工作总体向上向好，广大师生思想正面积极，舆论氛围和谐有序。但是，我们也必须看到，高校意识形态工作面临一些风险和挑战。比如，“在有的领域中马克思主义被边缘化、空泛化、标签化，在一些学科中‘失语’、教材中‘失踪’、论坛上‘失声’”①；有的人单纯强调高校的学术性，忽视甚至否定其政治性和意识形态性；重业务轻党建、重专业轻思政，不愿抓也不想抓意识形态工作。再如，互联网上的一些错误思想、有害信息的传播，拜金主义、享乐主义在一定范围内滋生蔓延的问题，等等。

在复杂多变的国际国内形势下，我们一定要保持清醒头脑和政治定力，坚持马克思主义作为全党全国人民团结奋斗的共同思想基础，巩固马克思主义在意识形态领域的指导地位，牢牢掌握学校意识形态工作领导权，不断增强社会主义意识形态的凝聚力和引领力。

（二）牢牢把握高校意识形态工作正确方向

与其他领域相比，高校有其独特性。这是一个既生产思想又消费思想，既生产舆论又消费舆论，既生产文化又消费文化的领域。高校意识形态工作的影响是突破了校园围墙，具有全社会性影响的工作，一旦出现问题，其影响是全局性的。因此，高等教育领域的意识形态工作，不容许发生颠覆性错误，必须始终坚持正确方向。

“马克思主义是我们立党立国的根本指导思想，也是我国大学最鲜亮的底色。”② 在我国，大学是最早传播马克思主义的重要阵地，马克思主义指导思想贯穿于中国共产党创办、发展、创新高等教育整个实践过程之中。办好新时代我们的大学教育，必须坚持以马克思主义为指导，“坚持不懈传播

---

① 《习近平谈治国理政》第二卷，外文出版社 2017 年版，第 329 页。

② 习近平：《在北京大学师生座谈会上的讲话》，人民出版社 2018 年版，第 6 页。

马克思主义科学理论，抓好马克思主义理论教育”[①]，坚守我国大学最鲜亮的底色。其一，要发挥科学研究优势，把高校建成马克思主义学习、阐释、研究、传播的重要阵地。马克思主义理论一级学科的建设是高校独特的学科优势，独立的马克思主义学院设置是独特的机构优势，高校要着力发挥学科和机构优势，特别是要统筹马克思主义理论一流学科和重点马克思主义学院的科研力量，深入研究和系统回答中国特色社会主义发展实践的重大理论和现实问题，旗帜鲜明地反对模糊甚至错误的认识，深化当代中国马克思主义研究，发展21世纪马克思主义。其二，要加强“四史”教育，传承红色基因，帮助广大师生学史明智，鉴往知来，从历史中汲取不竭的力量。帮助广大师生结合党和国家苦难辉煌的历史，传承红色基因，加深对马克思主义历史必然性和科学真理性、理论意义和现实意义的认识，增强他们运用马克思主义基本立场、基本观点、基本方法观察世界、认识世界的能力。同时，下大力气培养一批立场坚定、功底扎实、经验丰富的马克思主义学者，特别是要培养一大批青年马克思主义者。其三，要牢牢把握正确舆论导向，唱响主旋律，壮大正能量，坚持“举旗帜、聚民心、育新人、兴文化、展形象”[②]做大做强主流思想舆论，确保意识形态工作的正确方向。

（三）紧紧抓住高校意识形态工作重要阵地

要紧紧抓住切实加强高校领域意识形态阵地建设和管理。高校是党的意识形态工作的前沿阵地，社会上不同的思想、观点，在这里交锋、交融，前沿阵地守不住，就有可能一溃千里。抓住高校意识形态工作重要阵地，要注意以下几个着力点：

第一，要加强思想文化阵地的建设管理。要理直气壮地明确课堂教学纪律、教材选用和编写要求、报告讲座规范，坚决防范和清除各种错误政治思

① 《习近平谈治国理政》第二卷，外文出版社2017年版，第377页。
② 《习近平谈治国理政》第三卷，外文出版社2020年版，第312页。

潮对学校的侵蚀。教材建设是国家事权，建设什么样的教材和教材体系，实质上是国家意志的体现。要以马克思主义理论为指导，加强国家规划教材的编写和审查。要统筹各种优质学科和学术资源，全面提升教材质量，完善教材体系，彰显中国立场、中国智慧、中国价值的信念和信心，成为完成立德树人任务的坚实基础。要发挥思想政治理论课的主渠道作用，加强思政课教学改革创新，推动马克思主义理论学科建设和科学研究对思政课教育教学的支撑，激发内生动力，推进思想政治理论课内涵式发展，推动思政课程和课程思政的同向同行。坚持学术研究无禁区、课堂讲授有纪律的原则，制定高校课堂教学纪律，把控教育内容、落实教学督导等制度。要借力讲座论坛报告等，丰富意识形态教育形式，严格人文讲座论坛的管理。坚持教育与宗教相分离，抵御境外利用宗教对高校进行渗透，自觉防范校园传教。

第二，要用好网络平台。今天，互联网是意识形态工作的主阵地、最前沿。意识形态领域许多新情况新问题往往因网而生、因网而增，许多错误思潮也都以网络为温床生成发酵。当前的大学师生几乎“无人不网、无日不网、无处不网”，面对这样的现实状况，意识形态工作必须用好网络平台。高校要重视网络建设，唱响网上主旋律，净化意识形态教育“微”空间，实现传统媒体与新媒体的有机结合，推进校园传统媒体与新媒体融合发展，加强校内网络内容设计，精心设计、推送契合大学生特点、适应时代特征且富有吸引力的正面作品，切实激发正能量，“使互联网这个最大变量变成事业发展的最大增量。”① 要完善校园网络监管机制，加强校园网络安全管理，积极运用“互联网+”思维，畅通沟通渠道，增强舆情信息监测深度和广度，加强网上舆情搜集研判，强化网络舆论引导力。

第三，要用好校园文化阵地，充分发挥校园文化作为意识形态载体的重要作用，将社会主义核心价值体系融入高校校园文化的各个方面，构建有效的高校意识形态载体。积极挖掘凝练大学精神，形成学校特色文化，有效发

① 《习近平谈治国理政》第三卷，外文出版社 2020 年版，第 311 页。

挥文化的引领熏陶作用。开展寓教于乐、特色鲜明的校园文化活动，组织形式多样的社会实践和公益活动，使社会主义核心价值观润物细无声地浸润学生们的心田、转化为日常行为。

第四，要加强传播手段和话语方式创新，推动党的理论创新成果进教材、进课堂、进头脑。要做好做强马克思主义理论及其中国化理论成果的宣传教育工作，特别是要加强传播手段和话语方式创新。

（四）认真落实意识形态工作责任制

建立意识形态工作责任制，是加强党对意识形态工作领导的重大举措。必须坚持党管宣传、党管意识形态、党管媒体，要压实压紧各级党组织责任。

层层落实高校意识形态工作主体责任。要压实压紧各级党组织责任，树立“全校一盘棋”的理念，完善党的领导体制，发挥校党委的领导核心作用，落实校党委统管高校意识形态工作的主体责任，把方向、管大局、作决策、保落实；发挥院（系）党组织的政治核心作用，充分发挥院（系）党组织在意识形态工作的衔接作用，选聘业务精、能力强的党政负责人，切实发挥意识形态工作枢纽作用；发挥基层党支部的战斗堡垒作用，打通基层党支部这一意识形态工作“最后一公里”，选优配强党支部书记，规范党内政治生活。基层党政负责人要担负起政治和领导责任，认真落实意识形态工作责任制，敢抓敢管、敢于亮剑。建立健全党委统一领导、党政工团齐抓共管、党委宣传部门牵头协调、有关部门和院（系）共同参与的工作机制，构建意识形态工作大格局。加强制度建设、落实和监督，形成知责明责、履职尽责、考责问责的责任落实闭环，保证意识形态工作责任全面落实。

各级党组织要做到任务落实不马虎、阵地管理不懈怠、责任追究不含糊。要加强对意识形态领域重大问题的分析研判，加强对重大战略性任务的统筹指导，推动重大部署、重要任务的落实。在大是大非问题上、政治原则问题上，有鲜明的态度、坚定的立场，敢于发声亮剑，敢于出击，与否定和抹黑党的领导、否定和抹黑中国特色社会主义制度等错误言行做坚决斗争。

当然，要正确区分和处理政治原则问题、思想认识问题、学术观点问题，防止简单、片面、粗暴地处理学术研究问题。

三、以推进自我革命为关键加强和改善党对高校思想政治工作的领导

习近平总书记在庆祝改革开放40周年大会上的讲话中指出："坚持党的领导，必须不断改善党的领导，让党的领导更加适应实践、时代、人民的要求。"① 勇于自我革命，敢于刀刃向内，在纠错中实现创新发展，是中国共产党的鲜明品格和优良传统。新时代，直面严峻复杂的风险挑战，党的自我革命永远在路上，高校党委要充分发扬自我革命精神，加强党的自身能力建设，切实提升领导高校思想政治工作的能力和水平。

（一）不断完善党委领导下的校长负责制

加强党对高校的领导，必须发挥好党委的领导核心作用，贯彻及完善党委领导下的校长负责制。邓小平曾指出："领导制度、组织制度问题更带有根本性、全局性、稳定性和长期性。"② 当前，加强党对高校的全面领导，坚持和完善党委领导下的校长负责制应当重点把握以下两个方面问题。

其一，深刻理解党委领导下的校长负责制的内涵。党委领导下的校长负责制是中国特色社会主义大学制度的核心内容，是高校加强党的领导的根本性制度，是牢牢掌握党对高校领导权的体制机制保证。党的领导是全面的，要求高校党委对学校工作实行全面领导，对学校党的建设全面负责，履行管党治党、办学治校的主体责任，严格执行维护政治纪律和政治规矩，切实发挥领导核心作用，要把思想政治工作纳入党建工作责任制和从严治党、执纪

① 《习近平谈治国理政》第三卷，外文出版社2020年版，第181—182页。

② 《邓小平文选》第二卷，人民出版社1994年版，第333页。

问责的范畴，对思想政治工作进行全面领导。校长和其他行政领导班子成员要自觉接受党委领导，贯彻执行党委决定。全力落实和抓好马克思主义理论学科建设、思想政治理论课教学、思想政治工作队伍建设、哲学社会科学学科体系和教材体系建设、思想政治工作保障支持等工作。其中，高校党委是领导核心，党委领导是以民主集中制为原则的集体领导，集体领导制度是党的领导的最高原则。学校党政在思想政治工作中要充分履行各自的职责，相互协同、共同发力，把思想政治工作同学校教学、科研、学科建设等工作同布置、同推进、同检查、同落实。可见，党委领导下的校长负责制是加强党对高校全面领导的根本性制度。

其二，选优配强高校党政领导班子。做好高校思想政治工作，更加需要高校党领导班子精诚团结，牢记初心使命，坚守马克思主义政党本色，始终不忘为人民服务的工作导向。因此，必须严格标准、认真把关、注重培养、加强党性教育，锻造领导班子成员强烈的党性原则与坚定的理想信念，确保高校思想政治工作领导权始终掌握在为党服务、为人民服务的人手中。一方面，要注重现有领导班子建设。要建立以德为先、任人唯贤、人事相宜的选拔任用体系，建立管思想、管工作、管作风、管纪律的从严管理体系，建立崇尚实干、带动担当、加油鼓劲的正向激励体系，保证高校党政领导班子在重大办学问题上把握好政治原则、政治立场。另一方面，应注重后备干部培训培养，要拓宽来源、优化结构、改进方式、提高质量，建设一支能力强、素质好、敢于开拓、敢闯敢试、敢于担当的优秀年轻干部队伍。

（二）不断推进高校基层党组织建设工作

加强高校党的建设和加强高校思想政治工作是统一的，党组织是开展思想政治工作的主体，党在高校的基层组织是高校基层单位的政治核心，基层党建工作的水平直接决定了思想政治工作的水平。高校党的建设是思想政治工作的起点和根基，为高校思想政治工作提供精神营养和动力支持。《中国共产党普通高等学校基层组织工作条例》规定："要全面增强高校基层党组织生机活力，发挥好师生党员先锋模范作用”①。

其一，加强学院（系）党的领导，发挥堡垒作用。加强学院（系）党的领导是新时代加强党对高校全面领导的重要路径和载体。要进一步发挥院（系）党委（党总支）的政治核心作用，在学科建设、教学科研、人才引进、教师培养等工作中切实发挥领导和指导作用，改变基层党委领导弱化、虚化的问题；进一步加强院（系）党委（党总支）领导班子建设和基层党务干部队伍建设，使他们真正成为理想信念坚定、业务能力高超的高校基层党组织带头人，“努力探索把有条件的党务工作者培养成学术带头人，把行政系统主要负责人、学科带头人培养成基层党组织负责人，逐步实现基层党组织负责人是懂政治的业务工作者、基层行政系统负责人是懂党建的行政领导者，做融合的文章不做分割的文章。”②

其二，加强党支部建设，打通高校思想政治工作“最后一公里”。高校教师支部和学生支部是党在高校的战斗堡垒，担负着直接联系、引导、组织和团结师生的重要职责。从出现问题的高校看，基层党支部软弱涣散是重要原因。因此，一定要狠抓支部建设，打牢基础、补齐短板。对于教师党支部，要在坚持按院系内教学科研机构设置的基础上，探索党组织进项目组、课题组，实现组织设置以行政组织为依托和以学术组织为依托并重。积极探索在各类创新平台、交叉型学术团队、重大项目组等机构中建立党支部，确保中心工作在哪儿，学校事业在哪儿，业务工作在哪儿，党的组织和工作就覆盖到哪儿。对于学生党支部，要在坚持按年级或院系设置的基础上，探索党组织进学生公寓、进学生社区、进学生社团，实现党组织全覆盖。推进“两学一做”学习教育常态化制度化，以“两学一做”为基本内容，以“三会一课”为基本制度，以党支部为基本单位，激活党支部主体

---

① 《中共中央政治局召开会议讨论“十四五”规划和二〇三五年远景目标纲要草案和政府工作报告　审议〈中国共产党普通高等学校基层组织工作条例〉》，《人民日报》2021 年 2 月 27 日。

② 陈宝生：《办好中国特色社会主义高校　切实履行好立德树人根本职责》，《时事报告》2017 年第 1 期。

作用。

其三，增强基层党组织的服务功能，提升基层党组织的凝聚力和感召力。“全心全意为人民服务”是我党的根本宗旨，要提升基层党组织的凝聚力和感召力，就必须切实增强服务本领。首先要切实服务师生群众，把解决思想问题与解决实际问题结合起来，把师生的政治追求、发展成长、情感交流、生活帮助等需求纳入党组织工作范畴。其次要切实服务“双一流”建设，推进教育综合改革。通过做好思想引导、情绪疏导等工作最大程度凝聚共识、智慧和力量，带领师生做推进改革的主力军。最后要切实服务党员，尊重党员主体地位，保障党员民主权利，落实党员的知情权、参与权、选举权和监督权，健全党内激励关怀帮扶机制，增强党员的归属感、光荣感、责任感、使命感，激励党员不断在思想上、在业务上取得更大的进步。

（三）从严从实规范高校党内政治生活

“党要管党、从严治党，是党的建设的一贯要求和根本方针。”① 高校作为科教兴国战略的重要阵地，更要按照全面从严治党要求，以严明纪律规范党内政治生活，以高校党建工作带动、加强高校思想政治工作，为实现科教兴国战略和深入推进教育改革提供坚强保证。

其一，加强和规范制度建设，增强党内政治生活的刚性。依靠法规制度规范党内政治生活，是最可靠、最有效、最持久的治党方式。制度的稳定性、普遍性、强制性，能够有效管权管事管人。要建立健全各项相关制度，扎紧党纪党规的笼子。建立完善高校系统党内问责办法，严格按照标准从严治党，坚决落实党内问责制。

其二，健全监督机制。明确监督主体，落实监督任务，突出监督重点，坚持把纪律挺在前面，确保党内监督落到实处、见到实效。强化事前监督，

---

① 习近平：《论坚持党对一切工作的领导》，中央文献出版社 2019 年版，第 121 页。

健全防范预警机制。实施重点监督，聚焦招标采购、基建工程、选人用人、职称评定等重点领域和关键环节，强化权力监督，增强监督工作的规范性。强化责任追究，巩固监督成果。学校党委、纪委、基层党组织可通过巡回检查、随机抽查、专项督察，提醒、函询等方式，及时发现和解决存在的问题，实现督导常态化。

其三，开展批评与自我批评。批评与自我批评是我们党在长期革命实践中形成的三大优良作风之一，是加强党的自身建设的有力武器。党委书记和校长要带头，通过开展批评与自我批评，找准思想上工作上存在着的缺点与不足，以达到统一思想和行动的目的；找准党员和党组织中存在着的影响执政能力、影响改革发展稳定的问题，进一步引导党员和领导干部增强政治意识和大局意识，讲党性，讲原则，讲真话，讲实话，自觉接受严格的党内政治生活锻炼，不断增强党性修养。

第四章

坚持把立德树人作为中心环节

高校思想政治工作根本任务是指在高等教育实践中思想政治工作担负的主要责任，体现了高校思想政治工作的目标和方向，规定了高校思想政治工作的基本内容。党的十八大以来，习近平总书记立足于立德树人这一教育的根本任务，明确提出“要坚持把立德树人作为中心环节，把思想政治工作贯穿教育教学全过程”①，并进一步确立“要把立德树人的成效作为检验学校一切工作的根本标准”②“把立德树人融入思想道德教育、文化知识教育、社会实践教育各环节”③。科学定位新时代我国高校思想政治工作的根本任务，明确发展方向和着力点，才能保证高校思想政治工作精准把握师生现实关切和思想困惑，提升教育的针对性和实效性。

第一节　立德树人是新时代高校思想政治工作的根本任务

如何正确认识高校思想政治工作的根本任务，是摆在相关理论和实践工

---

① 《习近平谈治国理政》第二卷，外文出版社 2017 年版，第 376 页。

② 习近平：《在北京大学师生座谈会上的讲话》，人民出版社 2018 年版，第 7 页。

③ 习近平：《论党的宣传思想工作》，中央文献出版社 2020 年版，第 351 页。

作者面前的一项重要命题。众所周知，高等教育的根本任务是立德树人，那么，高校思想政治工作的根本任务是什么？高校思想政治工作根本任务与教育根本任务之间是什么关系？正确认识和回答这些问题，有助于深刻理解新时代高校思想政治工作发展创新的理论和实践，更好促进大学生成长成才。

一、高校思想政治工作根本任务的理论阐释

什么是高校思想政治工作的根本任务，目前国内学界对该问题的研究已经达成基本共识，即立德树人是高校思想政治工作的根本任务。但是，我们查阅已有研究成果发现，尽管看起来共识已经形成，但是论证并不充分。

（一）学界关于高校思想政治工作根本任务的共识

目前学界关于高校思想政治工作根本任务的专门性和系统性研究成果较为罕见，已有学术观点散见于相关研究论文中。

一是学界普遍认为立德树人是高校思想政治工作的根本任务。例如，骆郁廷认为，立德树人是高校的根本任务，也是高校思想政治工作的根本任务，二者是一致的。高校党组织不仅要把立德树人作为根本任务，还要把立德树人工作作为中心环节，通过抓立德树人工作，促进思想政治工作同学校各项工作的协同发展。① 黄蓉生等认为“立德树人是高校的立身之本，是高校思想政治工作的根本任务。”②

二是围绕立德树人观点进行了一定拓展和解读，提出立德树人就是培养社会主义建设者和接班人。例如，靳诺围绕“培养什么样的人、如何培养

① 参见骆郁廷：《论高校党组织思想政治工作的主体责任》，《思想理论教育》2017 年第 3 期。

② 黄蓉生、崔健：《高校思想政治工作坚持立德树人的使命担当》，《中国高等教育》2019 年第 22 期。

人以及为谁培养人”这三个方面，将高校思想政治工作的根本任务概括为“培养德智体美全面发展的社会主义事业建设者和接班人”，并提出应做到“四个坚持不懈”和“四个服务”。① 李忠军提出，“坚持立德树人，完成好‘四个服务’，培养德才兼备、全面发展的中国特色社会主义合格建设者和可靠接班人，是高校思想政治工作的根本任务。”② 王学俭等认为，“习近平总书记强调的思想政治工作的根本任务，事实上也是高校的根本任务，也就是立德树人，为中国特色社会主义现代化建设输送合格的建设者与接班人。”③ 康娜等认为，“高校思想政治工作的根本任务在于立德树人，在于培养德智体美劳全面发展的社会主义事业建设者和接班人。”④

三是区别了高校思想政治工作的根本任务和根本目标。例如，陈晓红认为，思想政治工作是党的意识形态工作的重要组成部分，要把巩固马克思主义在我国意识形态领域的指导地位作为高校思想政治工作的根本任务。“我国高等教育肩负着培养德智体美劳全面发展的社会主义事业建设者和接班人的重大任务”，这是教育工作的根本任务，也是高校思想政治工作的根本目标。⑤ 冯刚认为，全国高校思想政治工作会议以来，高校思想政治工作始终牢牢把握立德树人根本任务，围绕培养德智体美劳全面发展的社会主义建设者和接班人为目标，不断加强党对高校的领导。⑥

---

① 参见靳诺：《高校思想政治工作根本任务的科学概括》，《思想理论教育导刊》2017 年第 1 期。

② 李忠军：《关于高校思想政治工作监督几个基本问题的探讨》，《思想理论教育》2017 年第 4 期。

③ 王学俭、杨昌华：《立德树人：中国特色社会主义高校的立身之本》，《新疆师范大学学报》（哲学社会科学版）2018 年第 1 期。

④ 康娜、马立民：《全面从严治党视域下加强和改进高校思想政治工作的思考》，《学校党建与思想教育》2022 年第 18 期。

⑤ 参见陈晓红：《新时代高校思想政治工作的新形势新内涵新要求——学习习近平关于高校思想政治工作的重要论述》，《福建师范大学学报》（哲学社会科学版）2019 年第 3 期。

⑥ 参见冯刚：《论新时代高校思想政治工作守正创新》，《上海交通大学学报》（哲学社会科学版）2021 年第 5 期。

（二）基于共识的省思

梳理相关研究成果可以发现，当前学界已经形成了比较明确的学术观点，即认为立德树人是高校的根本任务，也是高校思想政治工作的根本任务。然而从其表现形式看，多数为一个简单判断，缺少必要论证。即对于“是什么”的问题，一些学者形成了一个共识，但是对“为什么”的问题却鲜有回答。

高校思想政治工作的根本任务与高等教育根本任务具有一致性，是由思想政治工作与中心工作的关系所决定的。思想政治工作不应脱离中心工作独立存在，其基本职责就是围绕中心、服务大局，服从和服务于中心工作，保障中心工作的正确方向和科学开展是其根本宗旨。立德树人是高等教育的根本任务，也就是高等教育的中心工作，这就决定了高校思想政治工作的根本任务也必然要围绕和服务立德树人的中心工作，牢牢地把握社会主义办学方向，培养德智体美劳全面发展的社会主义建设者和接班人。

至于高校思想政治工作和高等教育之间的关系，可以从两个方面认识。

一方面，从归属关系来看，高校思想政治工作是党领导下的高等教育事业的重要组成部分，而高等教育是整个教育事业的一部分，是培养高层次人才的主要途径。党对高等教育的领导是全面的，最重要的领导是要把握高等教育的发展方向和道路问题，而高校思想政治工作正是紧紧围绕这个核心展开的。马克思在《关于费尔巴哈的提纲》中指出，“人的本质不是单个人所固有的抽象物，在其现实性上，它是一切社会关系的总和。”① 教育的作用，就是让个体全面继承既存的社会关系，并帮助个体在社会实践活动中不断丰富和发展新的社会关系，其属人的本质也就不断得到发展。其中，“思想关系、政治关系是社会关系的重要组成部分，人对思想关系、政治关系的占有

---

① 《马克思恩格斯文集》第1卷，人民出版社2009年版，第501页。

构成人的思想政治素质。”① 高校思想政治工作的作用，就是帮助人全面占有个体的思想政治关系，充分发展个体的思想政治素质，从而达到人的全面发展。由此可见，抛开了思想政治关系的社会关系是不完整的，抛开了思想政治工作的高等教育也是不完整的。高校思想政治工作是高等教育的内在组成部分，而且本质上仍然是教育的范畴，因此从这个意义上讲，高校思想政治工作的根本任务也应该从属于教育的根本任务。

另一方面，当前高等教育面临三个时代之问，即“培养什么人、怎样培养人、为谁培养人”的问题，其中，前两个问题，是关于人才培养的目标规格，以及培养方法路径的问题，“为谁培养人”的问题则直指人才培养的价值问题。如果说整个高等教育实践都是在回答这三个时代课题，那么高校思想政治工作作为高等教育不可分割的一个组成部分，则更加聚焦高校“为谁培养人”这个根本问题。“为谁培养人”作为价值问题直指教育的阶级性，也就是教育的意识形态价值，是事关价值取向的重大问题，任何社会的教育都不会忽视也不能忽视。发展高等教育事业，首先要明确的就是“为谁培养人”的问题，事实上，相比于整个教育事业，高校思想政治工作尤其侧重“为谁培养人”这一根本问题。“为谁培养人”是高校思想政治工作的初心，它直接关乎人才培养的方向，关乎中国特色社会主义高等教育事业的发展及中华民族伟大复兴的实现。针对此问题，习近平总书记指出：“我国高等教育发展方向要同我国发展的现实目标和未来方向紧密联系在一起，为人民服务，为中国共产党治国理政服务，为巩固和发展中国特色社会主义制度服务，为改革开放和社会主义现代化建设服务。”② 这指明了高等教育的办学目的和发展方向，解决了高等教育“为谁培养人”这一根本问题，也是新时代高校思想政治工作发展必须要遵循的理论指南。其中，“为人民服务”居于首位，旗帜鲜明地阐明教育以人民为中心的价值取向，实

① 王占仁：《高校思想政治教育如何实现全程、全方位育人》，《教育研究》2017 年第 8 期。

② 《习近平谈治国理政》第二卷，外文出版社 2017 年版，第 376—377 页。

质上也是对新时代高校思想政治工作的价值要求；“为中国共产党治国理政服务”要求高校思想政治工作作为党领导高校的重要抓手，必须自觉维护党对高校的全面领导；“为巩固和发展中国特色社会主义制度服务”要求高校思想政治工作保证和服务高校办学的社会主义方向，坚守中国大学的红色基因；“为改革开放和社会主义现代化建设服务”要求高校思想政治工作必须保证和服务于学校的育人育才工作，贯穿人才培养全过程，培养堪当民族复兴大任的时代新人。

二、高校思想政治工作根本任务的确立依据

党的十八大报告明确提出“把立德树人作为教育的根本任务”①，党的十九大报告要求“落实立德树人根本任务，发展素质教育，推进教育公平，培养德智体美全面发展的社会主义建设者和接班人。”② 党的二十大报告进一步指出，要“落实立德树人根本任务，培养德智体美劳全面发展的社会主义建设者和接班人。”③ 党代会报告不但确立了我国教育事业的根本任务，同时也确立了新时代高校思想政治工作的根本任务，为新时代的高校思想政治工作指明了前进方向。将立德树人确立为高校思想政治工作的根本任务，不仅具有深刻的历史逻辑，还有着鲜明的实践逻辑。

（一）立德树人是对中华优秀传统文化的继承与发展

“立德”与“树人”的思想在中国由来已久，是中华传统文化的精华。在中国传统语汇中，“立德”与“树人”并未并称，而是独立存在，各有其意。“立德”思想可追溯到先秦时期提出的“三不朽”。《左传·襄公二十四年》曾经记述：太上有立德，其次有立功，其次有立言，虽久不废，此之

① 《胡锦涛文选》第三卷，人民出版社 2016 年版，第 641 页。

② 《习近平谈治国理政》第三卷，外文出版社 2020 年版，第 36 页。

③ 《习近平著作选读》第一卷，人民出版社 2023 年版，第 28 页。

谓不朽。“立德”“立功”“立言”三者，被中国传统社会士人奉为人生的“不朽”追求。其中，“立德”居于首位，被古人看作是“立功”“立言”的前提和基础，这深刻反映了中国传统社会高度重视德及德育。“树人”思想的萌芽也可追溯至先秦时期，《管子·权修》中提到“一年之计，莫如树谷；十年之计，莫如树木；终身之计，莫如树人”，其大意是说，种粮食是为当年打算，种树是为十年后打算，而培养人才则是为百年大计、长治久安打算。“树人”思想充分体现了中国传统社会对人才及人才培养的高度重视。由于“立德”“树人”两个概念之间的关联度比较高，所以人们在实践中逐步将二者连成一个词语来使用。

在中华民族创造中华文明的悠久历史过程中，“立德树人”思想作为一种博大精深的文化传统，是中国传统文化中一以贯之的价值取向和理论精髓，为人们提供了丰富的思想道德教育资源。例如，孔子认为“为政以德，譬如北辰，居其所而众星共之”，主张发挥“德”在国家治理中的重要作用。著名教育家颜之推认为“德艺周厚，则名必善焉”，主张一个人才的道德素养和技艺才能二者缺一不可。古人还总结出诸如修身、躬行、教化、启发等一系列德育方法。另外，中国传统教育始终主张“修身齐家治国平天下”，从提升个人做起，但教育的目标不仅仅指向个人思想品德的高境界和素质能力的高水平，而是更强调对社会和国家的担当。孔子的“学而优则仕”，张载的“为天地立心，为生民立命，为往圣继绝学，为万世开太平”，顾炎武的“天下兴亡，匹夫有责”，林则徐的“苟利国家生死以，岂因祸福避趋之”等，都是为了培养有理想有担当、有家国情怀的有志之士。由此可见，将“立德树人”作为我国高校思想政治工作的根本任务，是根据当代中国社会发展实际以及大学生成长成才需要，对传统思想道德教育资源的继承和发展。

（二）立德树人是对中国共产党兴教办学优良传统的赓续与弘扬

中国共产党在创办新民主主义教育和社会主义教育的实践中，一贯高度重视对立德树人教育理念的传承和弘扬，形成了党兴教办学的优良传统。新中国成立之初，毛泽东就指出："我们的教育方针，应该使受教育者在德育、智育、体育几方面都得到发展，成为有社会主义觉悟的有文化的劳动者。"① 邓小平在开创中国特色社会主义事业的过程中始终把立德树人办教育放在十分重要的位置，形成了"德育为首"的教育理念，并提出要培育"有理想、有道德、有文化、有纪律"② 的社会主义公民，不断提高中华民族的思想道德素质和科学文化素质。江泽民将立德树人纳入"以德治国"的战略体系，提出"德育首位"的理念。他指出在各级和各类学校中"要把德育放在首位，确立正确的政治方向"③。从"立德树人"这一命题的形成和发展情况来看，胡锦涛最早使用这一概念，在 2006 年 8 月 29 日中共中央政治局第三十四次集体学习时强调"要坚持育人为本、德育为先，把立德树人作为教育的根本任务"④。胡锦涛将"育人为本、德育为先"这 8 个字提炼为"立德树人"，实际上是在新的历史条件下为我国教育领域贡献了一个重要的理论命题。

党的十八大明确提出"要坚持教育优先发展，全面贯彻党的教育方针，坚持教育为社会主义现代化建设服务、为人民服务，把立德树人作为教育的根本任务，培养德智体美全面发展的社会主义建设者和接班人。"⑤ 这是党中央首次明确把立德树人作为我国教育发展基本方略并写入党代会文件。在第二十三次全国高等学校党建工作会议上，习近平总书记作出指示："办好中国特色社会主义大学，要坚持立德树人，把培育和践行社会主义核心价值观融入教书育人全过程。"⑥ 2016 年 12 月 7 日，习近平总书记在全国高校思

① 《毛泽东文集》第七卷，人民出版社 1999 年版，第 226 页。

② 《邓小平文选》第三卷，人民出版社 1993 年版，第 205 页。

③ 《十三大以来重要文献选编》中，人民出版社 1991 年版，第 627 页。

④ 《十六大以来重要文献选编》下，中央文献出版社 2008 年版，第 617 页。

⑤ 《胡锦涛文选》第三卷，人民出版社 2016 年版，第 641 页。

⑥ 《习近平就高校党建工作作出重要指示强调 坚持立德树人思想引领 加强改进高校党建工作》，《人民日报》2014 年 12 月 30 日。

想政治工作会议上又从“培养什么样的人、如何培养人以及为谁培养人这个根本问题”的高度上，对“立德树人”赋予了新的理论内涵，并提出了更高的实践要求，“高校立身之本在于立德树人”“要坚持把立德树人作为中心环节”,① 这不仅是对高校的要求，也是对于整个德育体系的要求，对于社会主义教育事业的要求，将“立德树人”的理论意蕴提升到了一个新的高度。2021 年 9 月 14 日，习近平总书记在陕西考察时，再次强调“要全面贯彻党的教育方针，落实立德树人根本任务，厚植爱党、爱国、爱人民、爱社会主义的情感，努力培养德智体美劳全面发展的社会主义建设者和接班人。”② 因此，将“立德树人”作为新时代高校思想政治工作的根本任务，既是对中国共产党兴教办学优良传统的赓续与弘扬，也是新时代全面贯彻党的教育方针的迫切需要。

（三）立德树人是引导青年学生成长成才的航标与指针

进入新时代，世界多极化、经济全球化、科技信息化趋势加快，人类已经进入全新的历史纪元，尤其是以信息技术、互联网、物联网、云计算、大数据、新材料等为特征的第三次工业革命初见端倪，科技创新已然成为经济社会发展的主要驱动力。当今世界的综合国力竞争，说到底是人才的竞争，源源不断地培养人才是赢得竞争主动的重大战略选择。“培养造就大批德才兼备的高素质人才，是国家和民族长远发展大计。”③ 当前我国已全面建成小康社会，顺利实现第一个百年目标，为第二个百年目标强基筑底，需要数以千万计的优秀经营管理人才和拔尖创新人才、数以亿计的各行各业专门人才和高素质劳动者。大学是研究学问、探索真理的地方，是人才的摇篮，科技创新的沃土。习近平总书记多次强调：“实现中华民族伟大复兴，教育的

① 《习近平谈治国理政》第二卷，外文出版社 2017 年版，第 376—377 页。

② 《习近平在陕西榆林考察时强调　解放思想改革创新再接再厉　谱写陕西高质量发展新篇章》,《人民日报》2021 年 9 月 16 日。

③ 《习近平著作选读》第一卷，人民出版社 2023 年版，第 30 页。

地位和作用不可忽视。我们对高等教育的需要比以往任何时候都更加迫切，对科学知识和卓越人才的渴求比以往任何时候都更加强烈。”①

何谓人才？人才的标准和要求是什么？不同社会发展阶段对人才有着不同要求，但德和才是任何历史时期对人才的基本期待。“德”不仅强调人的道德品质，还强调人的思想素质和价值立场，“才”则强调人的专业能力和才干。德才兼备、又红又专也是新时代人才培育的基本要求。当下，各种思想文化交流交融交锋更加频繁，部分大学生中不同程度地存在着政治信仰迷茫、理想信念模糊、道德观念失范、价值取向扭曲、社会责任感缺失等问题。高校作为培养社会高素质人才的基地，必须注重培育青年大学生的思想政治素质，把思想政治工作贯穿于人才培养的全过程、各环节，把“德”放在人才培养的首位，使之明大德、守公德、严私德，唯此其才方能用得其所。因此，把“立德树人”作为新时代高校思想政治工作的根本任务，是在客观全面研判当代大学生思想政治状况的基础上，引导当代大学生树立正确三观，把个人的理想和奋斗融入中国特色社会主义的共同理想和奋斗之中，促进其健康成长和科学成才。

三、厘清高校思想政治工作根本任务的重要意义

高校思想政治工作是一个系统完整的理论体系和实践体系，包括教育主体、教育客体、根本任务、教育内容、落实路径等多个环节和要素，每一个要素和环节都不是孤立存在，而是互相有着必然的联系。其中，立德树人作为高校思想政治工作的根本任务，在整个高校思想政治工作体系中居于提纲挈领的重要地位，对其他各方面、各环节发挥着重要的指导作用，具有不可替代的重大意义。

---

① 《习近平谈治国理政》第二卷，外文出版社 2017 年版，第 376 页。

（一）确保高校思想政治工作的方向

工作任务明确，工作方向才能得到保障。新时代，高校思想政治工作立德树人的根本任务，旨在强调高等教育以树人为核心，以立德为根本，培养德智体美劳全面发展的社会主义建设者和接班人。

党中央高度重视对社会主义建设者和接班人的培养，习近平总书记在多次会议和谈话中都对立德树人、培养社会主义建设者和接班人和时代新人等作出重要指示，使立德树人任务的方向和内容更加清晰。在2018年北京大学师生座谈会上，习近平总书记在谈及学校培养什么样的人这个教育的首要问题时明确指出，“我们的教育要培养德智体美全面发展的社会主义建设者和接班人。”① 在全国教育大会上，再次强调了这一根本任务，并在人才培养规格中增加了劳动素质，要求“培养德智体美劳全面发展”的社会主义建设者和接班人。习近平总书记进一步指出，“我国是中国共产党领导的社会主义国家，这就决定了我们的教育必须把培养社会主义建设者和接班人作为根本任务，培养一代又一代拥护中国共产党领导和我国社会主义制度、立志为中国特色社会主义奋斗终身的有用人才……这是教育工作的根本任务，也是教育现代化的方向目标。”② 习近平总书记还从“德”和“才”两个维度作出要求，提出“社会主义建设者和接班人，既要有高尚品德，又要有真才实学”③。新时代对社会主义建设者和接班人提出了新的更高要求，既包括思想品德、知识学识、创新能力、动手能力，也包括身体素质、艺术修养、人文气质、劳动技能。我们培养的人必须树立共产主义远大理想和中国特色社会主义共同理想；必须具有爱国情怀，时刻不忘自己是中国人；必须坚持立德为先、修身为本；必须具有丰富学识、真知灼见、世界眼光；必须树立高远志向，具有勇于奋斗精神。

---

① 习近平：《在北京大学师生座谈会上的讲话》，人民出版社2018年版，第4页。

② 习近平：《论党的宣传思想工作》，中央文献出版社2020年版，第343—344页。

③ 习近平：《在北京大学师生座谈会上的讲话》，人民出版社2018年版，第9页。

“时代新人”作为我们党在新时代提出的育人目标，实际上是“社会主义建设者和接班人”在新时代的要求，对于推动新时代中国教育事业的发展，特别是高校思想政治工作的发展创新具有重要意义。2017 年 10 月，习近平总书记在党的十九大报告中立足当前中国特色社会主义发展的阶段性特征，明确指出“要以培养担当民族复兴大任的时代新人为着眼点”①，并对时代新人的培养作出了战略部署。2018 年 8 月，习近平总书记在全国宣传思想工作会议上提出，做好新形势下宣传思想工作，必须“自觉承担起举旗帜、聚民心、育新人、兴文化、展形象的使命任务。”② 其中，“育新人，就是要坚持立德树人、以文化人，建设社会主义精神文明、培育和践行社会主义核心价值观，提高人民思想觉悟、道德水准、文明素养，培养能够担当民族复兴大任的时代新人。”③ 2021 年 4 月，习近平总书记在清华大学考察时强调，“广大青年要肩负历史使命，坚定前进信心，立大志、明大德、成大才、担大任，努力成为堪当民族复兴重任的时代新人”④。习近平总书记关于培养时代新人的一系列重要论述，深刻回答了党在新时代“培养什么人、怎样培养人、为谁培养人”的根本问题，为新时代教育发展和立德树人根本任务的实现指明了方向。

（二）规定了高校思想政治工作的基本内容

工作任务决定工作内容，有什么样的任务，就有什么样的内容。2016 年 12 月，中共中央、国务院印发的《关于加强和改进新形势下高校思想政治工作的意见》指出，要“以立德树人为根本，以理想信念教育为核心，以社会主义核心价值观为引领，切实抓好各方面基础性建设

---

① 《习近平谈治国理政》第三卷，外文出版社 2020 年版，第 33 页。

② 《习近平谈治国理政》第三卷，外文出版社 2020 年版，第 310 页。

③ 习近平：《论党的宣传思想工作》，中央文献出版社 2020 年版，第 339 页。

④ 《习近平在清华大学考察时强调　坚持中国特色世界一流大学建设目标方向　为服务国家富强民族复兴人民幸福贡献力量》，《人民日报》2021 年 4 月 20 日。

和基础性工作”①。在全国教育大会上，习近平总书记站在党和国家事业发展全局的战略高度，阐明了培养社会主义建设者和接班人六个方面的重点任务，要求学校下功夫引导和帮助学生坚定理想信念、厚植爱国主义情怀、加强品德修养、增长知识见识、培养奋斗精神、增强综合素质。2020 年 4 月，教育部等八部门颁布《关于加快构建高校思想政治工作体系的意见》，就加快构建以立德树人为核心的高校思想政治工作体系提出了实践要求，要求“把立德树人融入思想道德、文化知识、社会实践教育各环节，贯通学科体系、教学体系、教材体系、管理体系”②，构建有明确目标、有完备内容、有科学评价标准、有健全保障机制的工作体系。

推动新时代高校思想政治工作发展创新，要毫不动摇地紧紧抓住理想信念教育和社会主义核心价值观教育。要以理想信念教育为核心育人育才。“理想指引人生方向，信念决定事业成败。”③ 理想信念是世界观、人生观、价值观的升华和集中体现，是人们对于现实或观念怀有深刻信任感的精神状态。作为政治立场，理想信念又体现为人们向往、追求的根本目标，是前进的航标和灯塔。党的二十大报告明确指出，要“加强理想信念教育，引导全党牢记党的宗旨，解决好世界观、人生观、价值观这个总开关问题，自觉做共产主义远大理想和中国特色社会主义共同理想的坚定信仰者和忠实实践者”④。科学而崇高的理想信念，既是一个人最重要的精神支柱，同时还是一个民族以及国家共同奋斗的强大动力，更是贯彻落实高校思想政治工作根本任务所必须立的“大德”。

习近平总书记十分重视理想信念教育对于青年的重要作用，将理想信念

---

① 《中华人民共和国学校思想政治理论课重要文献选编》下册，人民出版社 2022 年版，第 1420 页。

② 《教育部等八部门关于加快构建高校思想政治工作体系的意见》，2020 年 4 月 22 日，见 http://www.moe.gov.cn/srcsite/A12/moe_1407/s253/202005/t20200511_452697.html。

③ 《习近平谈治国理政》第一卷，外文出版社 2018 年版，第 50 页。

④ 《习近平著作选读》第一卷，人民出版社 2023 年版，第 53 页。

比作精神上的“钙”，“没有理想信念，精神上就会‘缺钙’，就会得‘软骨病’”①。他在2013年五四青年节当天与各界优秀青年代表座谈时指出，“中国梦是全国各族人民的共同理想，也是青年一代应该牢固树立的远大理想。中国特色社会主义是我们党带领人民历经千辛万苦找到的实现中国梦的正确道路，也是广大青年应该牢固确立的人生信念。”② 在纪念五四运动100周年大会上，习近平总书记再次强调新时代中国青年要树立远大理想，“青年的理想信念关乎国家未来。青年理想远大、信念坚定，是一个国家、一个民族无坚不摧的前进动力。”③ 习近平总书记同样强调理想信念对教师的重要作用，他在2014年教师节前夕同北京师范大学师生代表座谈时提出“四有”好老师的标准，其中第一个就是“要有理想信念”。“老师肩负着培养下一代的重要责任。正确理想信念是教书育人、播种未来的指路明灯。不能想象一个没有正确理想信念的人能够成为好老师。”④ 他要求好老师首先要有坚定的理想信念，要积极传播中国特色社会主义共同理想、积极传播中华民族伟大复兴中国梦，要积极帮助广大青年学子筑梦、追梦、圆梦，让他们成长为实现中华民族梦想的正能量。

要以社会主义核心价值观为引领育人育才。社会主义核心价值观其实就是一种德，既是个人的德，也是国家的德、社会的德。社会主义核心价值观“是当代中国精神的集中体现，凝结着全体人民共同的价值追求”⑤，为我们协调处理个人与个人、个人与国家、个人与社会之间的关系确立了价值依据和价值标准。习近平总书记在2022年考察中国人民大学时指出，“广大青年

---

① 《习近平谈治国理政》第四卷，外文出版社2022年版，第523页。

② 《习近平谈治国理政》第一卷，外文出版社2018年版，第50页。

③ 习近平：《论党的宣传思想工作》，中央文献出版社2020年版，第392页。

④ 习近平：《做党和人民满意的好老师——同北京师范大学师生代表座谈时的讲话》，人民出版社2014年版，第4—5页。

⑤ 《习近平谈治国理政》第三卷，外文出版社2020年版，第33页。

要做社会主义核心价值观的坚定信仰者、积极传播者、模范践行者”①。高校要用好各种载体，使社会主义核心价值观润物细无声地浸润学生们的心田，引领学生只争朝夕，不负韶华，努力成为堪当民族复兴重任的时代新人。

高等教育承担着为党育人为国育才的神圣使命，今天学校培育什么样的人才直接决定着中华民族的未来。一代人有一代人的奋斗，一个时代有一个时代的担当。今天在校的青年大学生将会全程参与实现第二个百年奋斗目标的征程，责任重大。习近平总书记在2014年同北京大学师生座谈时曾经谈到，现在在校的大学生年龄基本在20岁左右，到2020年也就是国家全面建成小康社会时，很多人还不到30岁；到本世纪中叶国家基本实现社会主义现代化时，很多人还不到60岁。他深情寄语青年学子，“实现‘两个一百年’奋斗目标，你们和千千万万青年将全过程参与。有信念、有梦想、有奋斗、有奉献的人生，才是有意义的人生。”② 助力青年人成长成才，高校思想政治工作大有可为，大有作为，必须守土有责，守土负责，守土尽责。

（三）为开展高校思想政治工作提供了路径选择

立德树人揭示了思想政治品德素质与人的全面发展之间的辩证关系，强调全面发展不是均衡等量地发展，“德”作为首要素质在“德智体美劳”中居于统领地位，是人的全面发展的根本保障，这体现了党对教育规律的深刻认识，同时也揭示了思想政治教育在学校教育中的突出地位。落实立德树人根本任务，加强和改进高校思想政治工作，需要把握四个关键方面。

其一，全面客观认识新时代大学生的新特点和新期待。一个时代有一个时代的主题，一代人有一代人的使命。人们一般把出生在1995—2009年间的一代人称为“Z世代”，当下在高校学习的本科生和研究生大部分都处于

---

① 《习近平在中国人民大学考察时强调　坚持党的领导传承红色基因扎根中国大地　走出一条建设中国特色世界一流大学新路》，《人民日报》2022年4月26日。

② 《习近平谈治国理政》第一卷，外文出版社2018年版，第175—176页。

这个年龄阶段，符合Z世代的标准。Z世代大学生是与移动互联网共生的一代，受数字信息技术、智能电子设备、网络新媒体等影响比较大，虚拟社会与现实社会并存是其面临的主要生存环境。开展代际研究，直面Z世代大学生群体的新需求给思想政治教育带来的新挑战，是新时代做好高校思想政治工作的重要前提。应当看到，Z世代大学生三观正确、有主见、敢表达、够自我，有个性化的价值追求、自主化的学习方式、网络化的娱乐生活、理性化的处世哲学、务实化的人生理想，同时他们不怕苦、不畏难、不惧牺牲，能够勇担重任，展现出青春激昂的风采，代表着中华民族的希望。例如，面对突发的新冠疫情，他们勇敢地加入驰援武汉的医护队伍和各地防疫志愿者队伍中，习近平总书记给北京大学援鄂医疗队全体“90后”党员的回信中，还称赞“新时代的中国青年是好样的，是堪当大任的！”① 同时也应看到，Z世代大学生有令人惊艳的一面，也存在令人担忧的问题。例如，“饭圈文化”走向了极端，一些学生深陷其中不能自拔，引发了一系列社会问题；部分大学生对于社会主义核心价值观缺乏真正的认同和信仰，存在着盲目从众、“墙头草”“表面功夫”等问题，出现了一些“精致的利己主义者”；社会心态呈现出多重矛盾性的特征，“即在个人自我关系方面，呈现出佛系、躺平与内卷并存；在与他人的关系方面，呈现出社交恐惧和网络晒并存；在与国家的关系方面，呈现出政治冷漠与政治热情高涨并存的现象。”② 可见，今天我们很难简单概括Z世代大学生的群体特征，如何客观全面研究他们、认识他们，理解他们的需要和期待，找准他们情感的“触发点”、思想的“共鸣点”，是亟待解决的现实问题，也是高校思想政治工作提高实效的最核心路径。高校思想政治工作要在全面认识新时代大学生思想特点和接受规律的基础上解疑释惑，教育引导，为学生解答人生应该在哪

---

① 《习近平回信勉励北京大学援鄂医疗队全体“90后”党员：让青春在党和人民最需要的地方绽放绚丽之花》，《人民日报》2020年3月17日。

② 黎娟娟、黎文华：《Z世代大学生多重矛盾性社会心态解析》，《中国青年研究》2022年第7期。

用力、对谁用情、如何用心、做什么样的人。

其二，重视教师这一关键群体。教师是人才培养的关键，也是高校思想政治工作过程的关键群体。加强高校思想政治工作不仅要了解学生、贴近学生，也要了解教师、贴近教师。让教育者先受教育，让有信仰的人讲信仰，思想政治工作的实效在教学相长和潜移默化中会得到实实在在的提高。

首先，教师要做先进思想文化的传播者。要大力弘扬中华优秀传统文化，弄清楚中华优秀传统文化的发展脉络、道德精髓和精神内核；要大力弘扬革命文化，搞明白革命文化的创造发展历程，激发革命文化所蕴藏的精神力量；要大力弘扬社会主义先进文化，用社会主义先进文化的价值理念引领教书育人。其次，教师要做党执政的坚定支持者。要善于将抽象严谨的政策话语、理论话语转化成生动活泼、形式多样、契合大学生思想生活实际的教学话语，提升大学生思想政治教育实效，使大学生对中国特色社会主义理论真学、真信、真懂，做到入耳、入脑、入心。最后，教师要担起学生健康成长指导者和引路人的责任。要在立德树人实践中担负起责任，应以好老师的特质要求自己成为学生的好朋友和贴心人，尊重欣赏信任每一个学生，引导学生成长为德智体美劳全面发展的社会主义建设者和接班人。

其三，办好思想政治理论课这一关键课程。思想政治理论课作为落实立德树人根本任务的关键课程，是开展高校思想政治工作的一个主渠道。习近平总书记在学校思想政治理论课教师座谈会上指出，要办好思想政治理论课，必须要不断推动课程的改革创新，不断增强思政课的思想性、理论性和亲和力、针对性。要做到“八个相统一”，即坚持政治性和学理性相统一；坚持价值性和知识性相统一；坚持建设性和批判性相统一；坚持理论性和实践性相统一；坚持统一性和多样性相统一；坚持主导性和主体性相统一；坚持灌输性和启发性相统一；坚持显性教育和隐性教育相统一。① 按照“八个相统一”要求，扎实推进思想政治理论课建设思路创优、师资创优、教材创优、

① 参见习近平：《论党的宣传思想工作》，中央文献出版社 2020 年版，第 383—386 页。

教法创优、机制创优、环境创优。① 只有以“八个相统一”为指导，推动思政课建设内涵式发展，才能真正做到用习近平新时代中国特色社会主义思想铸魂育人，从而更好发挥思想政治理论课在立德树人过程中的关键作用。

其四，确立思想政治工作的科学评价标准。高校思想政治工作的成效如何，基本判断依据就是立德树人的任务完成如何，是否培养出了一代又一代拥护党的领导、拥护中国特色社会主义制度的堪当民族复兴大任的时代新人。在这个根本问题上，必须旗帜鲜明，毫不含糊。2018 年，习近平总书记在与北京大学师生座谈时指出，“要把立德树人的成效作为检验学校一切工作的根本标准，真正做到以文化人、以德育人”②。学校要围绕这个根本任务、坚持这一根本标准，建立健全促进立德树人的教育体系，把立德树人成效这一根本标准落实到办学的体制机制上来。要全面落实立德树人根本任务，推进育人方式、办学模式、管理体制、保障机制改革，建立促进学生身心健康、全面发展的长效机制。健全立德树人落实机制，扭转不科学的教育评价导向，坚决克服唯分数、唯升学、唯文凭、唯论文、唯帽子的顽瘴痼疾。

第二节　高校思想政治工作根本任务的相关阐释

“立德树人”就是要坚持以树人为核心，以立德为根本，通过正面的教育来引导人、感化人、激励人，做到以德率智，以德率才。新时代要正确处理“立德”与“树人”、“明大德”与“守公德、严私德”、“立学德”与“立师德”、“教书”与“育人”的关系。

---

① 参见《教育部等八部门关于加快构建高校思想政治工作体系的意见》，2020 年 4 月 22 日，见 http：//www.moe.gov.cn/srcsite/A12/moe_ 1407/s253/202005/t20200511_ 452697.html。

② 习近平：《在北京大学师生座谈会上的讲话》，人民出版社 2018 年版，第 7 页。

一、关于“立德”与“树人”

从字面来看，立德树人由“立德”与“树人”两个词构成，因此很容易被人理解为两码事，“立德的归立德，树人的归树人”，这样就把立德树人这一个整体割裂开来。也有学者从词语构成的角度分析，把“立德树人”看成偏正结构，主张“树人”是目的，“立德”则是“树人”的途径和手段。这固然凸显了教育的人本立场，但是却没有涵盖“立德”与“树人”之间的多维关系，而且有可能消解教育的历史文化意义。因为教育活动本身就是人类精神养成和社会秩序再生产极为重要的方式，树人同时又是立德的途径和手段，人们正是通过树人才能真正实现自我精神的生成和社会秩序的再生产。

实践证明，“‘立德’以‘树人’为旨归，‘树人’以‘立德’为条件，二者辩证统一、互为条件、互相统摄”①，离开“立德”谈“树人”，就会偏离正确方向，树不好人；而离开“树人”谈“立德”，则会流于空谈，德无处可立。因此，“立德树人”在构词上应该被视为联合结构。一方面，立德是树人的前提，树人是立德的归宿，立德最终是为了树人；另一方面，树人是立德的途径和载体，立德是树人的追求，树人是为了更好地立德。“所谓的立德树人实质上就是‘立育人之德’和‘树有德之人’的辩证统一，二者互为前提、互为因果、不可分离，必须作为一个有机整体进行统一考量、统一理解。”② 这是科学把握“立德树人”内涵的基本前提。

在强调“立德”这个根本的同时，也要注意“立德”是围绕“树人”这个核心来展开的，不能只顾“立德”而罔顾“树人”，否则就违背了人才

---

① 黄蓉生、崔健：《坚持把立德树人作为中心环节》，《国家教育行政学院学报》2017 年第 1 期。

② 韩丽颖：《立德树人：生成逻辑 · 精神实质 · 实践进路》，《东北师大学报》（哲学社会科学版）2016 年第 6 期。

培养的辩证法。由此可见，立德树人命题特意突出立德的地位，然而，立德本身不是目的，而是为了牢牢把握树人的正确方向，实现更好地树人。因此，高校思想政治工作必须紧紧围绕育人育才的要求展开，深入研究教育教学规律，研究学生思想品德形成的要求和规律，围绕中心服务大局，增强工作的针对性和有效性，避免出现为思想政治教育而思想政治教育的形式主义。反过来，高校的人才培养工作必须高度重视思想政治教育，将学生的三观培养贯穿于育人育才工作的全方位和全过程。把立德树人作为一个整体，进行统一研究、统一设计、统一落实，高校才能完成自己为党育人、为国育才的神圣使命，才能培养一代代社会主义建设者和接班人。

二、关于“明大德”与“守公德、严私德”

如何理解立德树人之“德”的内涵？正确认识和回答该问题，也是高校思想政治工作理论研究的重要命题。一直以来，对于高校思想政治工作的认识，存在着一些不同的声音。否定其必要性的有之，质疑其科学性的有之，希望以“德育”取代“思想政治教育”从而实现“去政治性”“去意识形态性”的观点也有之。持这类观点的人对立德树人任务的“德”的认识极有可能以偏概全，认为立德树人就是培育学生的道德品质，从而有意无意忽略了对师生思想观点和政治观念的教育。因此，有必要澄清“德”之内涵。

“德”是一个内涵丰富的概念，可分小德、大德，也可分私德、公德。立德树人之“德”则是大德、公德、私德的统一体。不仅要培养学生个人品德、家庭美德、职业道德、社会公德，即实现严私德和守公德，还要帮助学生牢固树立社会主义和共产主义理想信念，立志报效祖国、服务人民，即明大德。因此，立德树人是明大德、守公德、严私德的统一过程。“一个人只有明大德、守公德、严私德，其才方能用得其所。”① 党的十八大以来，

① 《习近平谈治国理政》第一卷，外文出版社 2018 年版，第 173 页。

习近平总书记对广大师生和党员干部都明确提出“明大德、守公德、严私德”的要求。2014 年 5 月，他在北京大学师生座谈会上指出，“要立志报效祖国、服务人民，这是大德，养大德者方可成大业。”① 同时，还要从做好小事，管好小节起步，踏踏实实修好公德、私德。

高校思想政治工作完成立德树人的根本任务，核心是要帮助高校师生明大德。所谓“大德”，是公民对国家、对民族、对人民的深厚情感与崇高使命，是“修身齐家治国平天下”的人生理想，“常念家国在心怀”的忧国情怀，“先天下之忧而忧，后天下之乐而乐”的胸襟胆魄。今天，立足于新时代，面对纷繁复杂的世界大变局，高校思想政治工作更要帮助学生牢固树立社会主义和共产主义理想信念，明辨是非、恪守正道，以国家集体利益为重、以民族利益为重，勇做德智体美劳全面发展的社会主义建设者和接班人；激励教师做党和人民满意的“四有”好老师，用知识报效祖国、用行动献身民族、用奋斗服务人民。

关于“守公德”和“严私德”，就是要把社会公德、职业道德、家庭美德、个人品德以及网络道德建设作为着力点，教育引导广大高校师生做文明礼貌、助人为乐、爱护公物、保护环境、遵纪守法的好公民；做爱岗敬业、诚实守信、办事公道、热情服务、奉献社会的好建设者；做尊老爱幼、男女平等、夫妻和睦、勤俭持家、邻里互助的好家庭成员；做践行自律精神、积极引导网络舆论、约束上网行为、避免沉迷网络、营造清朗网络空间的好网民；养成爱国奉献、明礼遵规、勤劳善良、宽厚正直、自强自律的好品行。

三、关于“立学德”与“立师德”

“立学德”即“立学生之德”，开展“学生之德育”，“立师德”即“立教师之德”，进行“师德之建设”。关于立德树人，学术界已经进行了广泛

① 《习近平谈治国理政》第一卷，外文出版社 2018 年版，第 173 页。

讨论。其中，关于立德树人之“立德”，多数学者认为“立德”即“立学德”，主要致力于对学生道德品质、理想信念和价值观的培养。也有学者注重“立师德”之维度，认为“立德”重在主体自身形成其德性、成就其德业，并以此影响他人，尤其强调位于上者（统治集团、教师和长辈等）对管理对象、教育对象或后辈的道德垂范作用。就教育者来说，“立德”意味着自身以德立世并垂范他人，而不是使他人之德得以形成。习近平总书记在全国高校思想政治工作会议上所强调的“加强师德师风建设，坚持教书和育人相统一，坚持言传和身教相统一，坚持潜心问道和关注社会相统一，坚持学术自由和学术规范相统一，引导广大教师以德立身、以德立学、以德施教”，才是真正的“立德”，如此“立德”才能在逻辑上与“树人”相并立。①

因此，“立德树人”之“立德”，是一个具有双重思想指向的命题，既包括“立学德”，又包括“立师德”。其中，“立师德”乃为“立学德”之前提。正如习近平总书记在2022年考察中国人民大学时指出，“对教师来说，想把学生培养成什么样的人，自己首先就应该成为什么样的人。”② 教师自己首先要具有良好的师德和坚定的理想信念，才能够更好、更有效地对学生思想道德素质的提高产生潜移默化的影响。“立德”之“立学德”，则需要学生深刻理解“德”是成长为有用之才的根本，主动地提高自身思想政治素质，树立正确的世界观、人生观和价值观。

立德树人对教师而言，一是需要教师将“立德树人”作为施教理念，将“育德”摆在教育的首要位置，并在教育全过程、各环节中融入社会主义核心价值观，培养堪当民族复兴大任的时代新人；二是需要教师将“立德树人”作为修身之本，注重自身师德修养，做一个品德高尚的人，发挥

---

① 参见戴锐、曹红玲：《“立德树人”的理论内涵与实践方略》，《思想教育研究》2017年第6期。

② 《习近平在中国人民大学考察时强调　坚持党的领导传承红色基因扎根中国大地　走出一条建设中国特色世界一流大学新路》，《人民日报》2022年4月26日。

示范引领作用。立德树人对学生而言，需要学生深刻理解“德”是成长成才的根本，并将社会主义核心价值观作为自身的“德”。习近平总书记在2014年五四青年节同北大师生交流时指出，“青年的价值取向决定了未来整个社会的价值取向，而青年又处在价值观形成和确立的时候，抓好这一时期的价值观养成十分重要。这就像穿衣服扣扣子一样，如果第一粒扣子扣错了，剩余的扣子都会扣错。人生的扣子从一开始就要扣好。”① 社会主义核心价值观是我们党对新时期国家、社会、公民三个层面所应遵循的价值原则和道德规范的全面概括，因此，青年学生“立德”，必须要以社会主义核心价值观为引领，扣好人生的第一粒扣子。

四、关于“教书”与“育人”

正确认识“育人为本”，必须厘清“教书”与“育人”的关系。所谓教书育人，“是指教师在传授专业知识的同时，以自身的道德行为和人格魅力，言传身教，引导学生寻找自己生命的意义，实现人生应有的价值追求，塑造自身完美的人格。”② 我国著名教育家陶行知有一句名言，“先生不应该专教书；他的责任是教人做人。学生不应该专读书；他的责任是学习人生之道。”③ 这句话提醒教师一定要明白教书育人的道理。从字面上来看，教书育人包括两方面的含义。一方面是“教书”，即传授学生相应的知识和技能，教会学生“做事”；另一方面是“育人”，即引导学生树立正确的世界观、人生观、价值观，教会学生“做人”。需要指出的是，“教书”与“育人”之间并不是并列的关系，而是递进的关系，“育人”比“教书”更重要，“教书”为“育人”服务，“育人”是“教书”的目的。厘清“教书”

① 《习近平谈治国理政》第一卷，外文出版社2018年版，第172页。

② 郑永廷：《把高校思想政治工作贯穿教育教学全过程的若干思考——学习习近平总书记在全国高校思想政治工作会议上的讲话》，《思想理论教育》2017年第1期。

③ 陶行知：《行知书信集》，安徽人民出版社1981年版，第109页。

和“育人”之间的辩证统一关系，对于探析并遵循教书育人规律，进而不断提升高校思想政治工作立德树人的能力与水平具有重要的意义。

正确认识“育人为本”，必须避免陷入不加分析地“以学生为本”的误区。以人为本是指导思想政治工作的基本理念，旨在要求思想政治工作正确处理社会价值和个人价值之间的关系，从单一关注社会需要转向实现社会需要和个体需要的统一，要求思想政治工作尊重对象需要，关心人、理解人、贴近人。人是思想政治工作的中心和目的，是思想政治工作的出发点和落脚点，以人为本是思想政治工作对教育规律的遵循。这里的人是现实的人，不是抽象的人，是全体人民，不是一个人，也不是一群人。伴随着对以人为本理念的提倡，出现了种种对以人为本理念的具体推演，例如学校形成了“以学生为本”的工作理念，强调把尊重学生的需要放在工作的第一位。但是在实际工作中，出现了对学生的需要不加分析，甚至面对学生非理性和不正当的需要都不能及时批评纠正和教育引导，放弃了教师对学生必要的惩戒权，结果导致学生、学生家长和社会侮辱伤害教师事件的发生，师道尊严和社会风气受到破坏。面对这些问题，我们必须厘清认识误区。思想政治工作以人为本，不能为不加分析和简单地认识“以学生为本”提供依据。一切教育工作、一切思想政治工作的以人为本，必须要考虑国家和社会的人才培养需要，其科学严谨的表达应该是“以育人为本”，旨在实现思想政治工作社会价值和个体价值的统一，尊重教育对象主体性和个性化要求与维护教师主导地位的统一。“思想政治教育是满足人的需要和人需要思想政治教育的统一，育人为本是思想政治教育以人为本的逻辑展开。”① 因此，高校思想政治工作立德树人之本不能是别的，只能是“育人”，即培养社会主义建设者和接班人。②

---

① 《思想政治教育学原理》编写组编：《思想政治教育学原理》，高等教育出版社 2016 年版，第 234 页。

② 参见钱广荣：《“以学生为本”还是“以育人为本”——澄明新时代高校思想政治教育的学理基础》，《思想理论教育导刊》2019 年第 2 期。

正确认识“育人为本”，必须致力于育全面发展之人。“德智体美劳全面发展”是对社会主义建设者和接班人所应具备的素质标准的规定。新中国成立以来，党的几代中央领导人都对人才培养标准进行了深刻阐述。比如，毛泽东指出，“应该使受教育者在德育、智育、体育几方面都得到发展，成为有社会主义觉悟的有文化的劳动者。”① 邓小平提出，“学校是为社会主义建设培养人才的地方。培养人才有没有质量标准呢？有的。这就是毛泽东同志说的，应该使受教育者在德育、智育、体育几方面都得到发展，成为有社会主义觉悟的有文化的劳动者。”② 江泽民强调，要全面贯彻党的教育方针，“努力造就有理想、有道德、有文化、有纪律的，德育、智育、体育、美育等全面发展的社会主义事业建设者和接班人。”③ 胡锦涛强调，“要坚持育人为本、德育为先，把立德树人作为教育的根本任务，努力培养德智体美全面发展的社会主义建设者和接班人。”④

第三节　落实新时代高校思想政治工作根本任务的基本要求

落实高校思想政治工作的根本任务要抓住重点和主要矛盾，分别从主方向、主渠道、凝心铸魂、合力育人和关键群体着手。

一、坚持社会主义办学方向

一所高校“一旦在办学方向上走错了，在培养人的问题上走偏了，那

① 《毛泽东文集》第七卷，人民出版社 1999 年版，第 226 页。
② 《邓小平文选》第二卷，人民出版社 1994 年版，第 103 页。
③ 《江泽民文选》第二卷，人民出版社 2006 年版，第 332 页。
④ 《十六大以来重要文献选编》下，中央文献出版社 2008 年版，第 617 页。

就像一株歪脖子树，无论如何都长不成参天大树。”① 中国作为一个人民民主专政的社会主义国家，要落实高校思想政治工作的立德树人根本任务、培养社会主义建设者和接班人，毫无疑问必须坚持社会主义办学方向，办好社会主义大学。

第一，要坚持不懈传播马克思主义理论。马克思主义是我们认识世界、把握规律、追求真理、改造世界的强大思想武器。“马克思主义是真正科学的理论体系，是时代精神的精华凝结，它绵延不断、流传久远，集结起庞大的信仰者、实践者、发展者队伍；马克思主义从未自我封闭，它始终面向历史、文化和不断发展着的实践，不断接纳新的经验和新的观念，为后继者所继承和创新；马克思主义始终伴随人类文明前行，至今依然具有强大生命力和感召力。”② 高校作为孕育思想、传播理论的地方，也是陈独秀、李大钊等早期马克思主义者在中国传播马克思主义的阵地。经过历史的选择，马克思主义最终成为我们立党立国的根本指导思想，也成为我国高校的鲜亮底色。因此，坚持办学正确政治方向，要求高校必须自觉加强对马克思主义的学习、研究和宣传，深入学习把握新时代党中央治国理政的新思想新理念新战略，让马克思主义主旋律唱得更加响亮，让我国高校的底色更加突出更加鲜亮。

第二，要坚定不移维护社会主义制度。社会主义制度是我国的根本制度，因此，社会主义教育培养的人才，毫无疑问首先应当是社会主义事业的建设者和接班人。历史和实践证明，只有社会主义才能救中国。近代以来，中华民族经历了前所未有的生死存亡考验，各路仁人志士为了救亡图存纷纷施计献策，但无论是资产阶级改良派抑或是以孙中山为代表的资产阶级革命派，都无法拯救中国人民于水深火热之中，只有中国共产党人高高举起的社会主义大旗，真正让人民看到了希望，带领中华民族走出了苦难，迎来了国

---

① 本报评论员：《始终坚持社会主义办学方向——二论学习贯彻习近平总书记高校思想政治工作会议讲话》，《人民日报》2016 年 12 月 10 日。

② 商志晓：《马克思主义宣传教育何以做好做强》，《光明日报》2018 年 9 月 17 日。

家独立和人民解放。新中国成立后，社会主义三大改造的完成标志着社会主义制度在我国正式确立，在之后的全面建设社会主义时期，社会主义制度发挥了集中力量办大事的独特优势，为日后的现代化建设打下了坚实基础。改革开放以来尤其是21世纪以来，意识形态领域的斗争日趋激烈，随着历史虚无主义、新自由主义、民主社会主义等错误思潮的泛滥，西方资本主义意识形态对我国的渗透、运用多种手段攻击我国社会主义制度的行为屡见不鲜。在此背景下，自觉维护我国社会主义制度显得尤为重要，因为“我们要建设的是中国特色社会主义，而不是其他什么主义。”① 只有坚持中国特色社会主义，国家才能获得长足发展，中华民族才能真正实现伟大复兴。社会主义建设者和接班人必须坚定中国特色社会主义道路自信、理论自信、制度自信、文化自信。

第三，要毫不动摇坚持中国共产党对高校的领导。“党政军民学，东西南北中，党是领导一切的。”② 拥护党的领导是社会主义建设者和接班人应该坚守的根本立场。2018年5月2日，习近平总书记在同北京大学师生座谈时明确指出，“要坚持党对高校的领导，坚持社会主义办学方向，把我们的特色和优势有效转化为培养社会主义建设者和接班人的能力。”③ 坚持党的领导，必须认真学习马克思主义。马克思主义作为我们立党立国的根本指导思想，在革命、建设和改革时期都曾发挥并将继续发挥重要作用。学习马克思主义，就是要学习辩证唯物主义和历史唯物主义的科学世界观和方法论，学习马克思主义实践观、发展观、矛盾观等基本原理，学习马克思主义中国化的最新理论成果，学习习近平新时代中国特色社会主义思想，并将其灵活运用到实践之中。坚持党对高校的领导，必须切实增强政治意识、大局意识、核心意识、看齐意识；必须坚持并完善党委领导下的校长负责制，不断开创高校党的工作的新局面；强化院系党组织的领导，更好发挥院系党委

---

① 《习近平谈治国理政》第二卷，外文出版社2017年版，第37页。

② 《习近平谈治国理政》第三卷，外文出版社2020年版，第16页。

③ 习近平：《在北京大学师生座谈会上的讲话》，人民出版社2018年版，第10页。

的政治核心作用，把握好教学科研管理等具体事项中的政治立场和政治方向；加强高校基层党建工作，深刻认识高校基层党组织的战斗堡垒作用，从资金投入和待遇提升方面提高基层党建工作的地位，真正让基层党组织在培养忠于党、忠于国家、忠于人民的社会主义建设者和接班人方面发挥引领和主体作用。

二、理直气壮开好思政课

三尺讲台虽小，但立德树人责任重大。中共中央、国务院31号文件要求充分发挥思想政治理论课的主渠道作用。习近平总书记强调，“思想政治理论课是落实立德树人根本任务的关键课程”①，要理直气壮开好思政课。

第一，丰富思政课教学内容。用党的创新理论夯实当代学子的国家认同和政治认同之基，帮助他们形成良好的思想道德观念，是思政课建设的重要内容。还要用优秀文化丰富思政课内容，习近平总书记指出，中华民族的优秀传统文化，我们党的革命文化和社会主义先进文化，都为新时代学校思政课建设提供了重要资源和深厚力量。应将中华优秀传统文化融入思政课中，努力提高思政课教师掌握、运用优秀传统文化的能力，增强文化自觉和文化自信，努力更新教学方法以促进优秀传统文化与思政课的融合。革命文化是党在革命时期领导中国人民在伟大斗争中构建的文化，是革命实践的伟大创造，是党和人民优秀品格的生动体现，具有鲜明的中国特色。坚持把革命文化融入思政课教学中来，推动传承革命文化并焕发出时代价值，可以极大地激发当代大学生的社会责任感，帮助其明确自己肩负的历史使命。社会主义先进文化是以马克思主义为指导，以培育四有公民为目标的，发展面向现代化、面向世界、面向未来的，民族的、科学的、大众的文化。社会主义先进文化以社会主义核心价值观为指导，体现了高度的文化自觉和价值自信，将

① 《习近平谈治国理政》第三卷，外文出版社2020年版，第329页。

社会主义先进文化融入思政课教学中来，可以极大地丰富思政课教学内容，完善思政课知识体系，推动大学生成长成才。

第二，改进思政课教学方法。办好思政课，必须遵循学生的身心发展规律，适时推动思政课改革创新，不断增强思政课的思想性、理论性和亲和力、针对性。改进思政课教学方法作为推动思政课改革创新的切入点和突破口，是提高思政课教学质量的重要途径，也是提高教学实效性的重要保证。在高校思政课教学中，要结合时代发展的要求、对接学生成长成才的特点，积极进行教学方法的创新探索，才能有效做好、做实、做细新时代中国特色社会主义思想“进教材、进课堂、进头脑”的“三进”工作，使高校思政课真正成为学生真心喜爱、终身受益、毕生难忘的优秀课程。首先，探索参与式教学，把学生的主体地位和教师的指导地位紧密结合，不断提升教学方法的亲和力和针对性，改变单一的灌输式教学方法，形成以启发、互动为核心的教学方法改革，进而激发学生的学习兴趣，让学生得到真正的发展。其次，应用实践教学法，积极在教学活动中引导学生参与和体验社会生活实践，实现课堂理论知识和现实感观体验的相互嵌合，从而增强大学生解决实际问题的能力。再次，要充分利用新媒体新技术，建设和完善思政课网络教学平台，结合新媒体的具体形式如微信、微博等应用，加强师生之间的沟通与交流，时刻关注学生思想动态。最后，善用“大思政课”。习近平总书记2021 年在看望参加全国政协会议的医药卫生界、教育界委员时指出：“‘大思政课’我们要善用之，一定要跟现实结合起来。上思政课不能拿着文件宣读，没有生命、干巴巴的。”① 新时代，思政课不仅应该在课堂上讲，还要与现实紧密结合、与实践充分互动，把“思政课”与社会大课堂结合起来。

第三，进行课程思政建设。习近平总书记在全国高校思想政治工作会议上强调，“各门课都要守好一段渠、种好责任田，使各类课程与思想政治理

① 杜尚泽：《“‘大思政课’我们要善用之”》，《人民日报》（海外版）2021 年 3 月 7 日。

论课同向同行，形成协同效应。”① 要充分挖掘各类课程的思想政治教育元素，调动师生参与到课程思政的建设中来，解决好各类课程和思政课相互配合的问题，“统筹课程思政与思政课程建设，构建全面覆盖、类型丰富、层次递进、相互支撑的课程体系。”② 在高校的常规课程和课堂教育教学中，专业课程和课堂的教育教学的比例远远超出思政课程和课堂所占比例，因此，通过各种专业课程、专业课堂和教学方式中蕴含的思想政治教育资源进行的教育教学活动，如同春风化雨润物无声，课程思政隐性教育与思政课程显性教育构建起同向同行的课程生态共同体，相互促进、相互补充，有利于更好地实现思想和价值引领。需要指出的是，课程思政没有统一模式，需要结合各种专业、各门课程的具体实际去探索，其基本方向是实现专业课程和思政课程同向同行，共同协作建构而非解构立德树人的教学系统。专业课程和思政课程同向同行，不是把专业课上成思政课，导致专业课“种了别人的田，荒了自己的地”。

三、协同联动合力育人

高校思想政治工作想要完成好立德树人的根本任务，就要从大学生的实际出发，坚持“三全育人”，推进“五育并举”，健全人才培养体系，协同联动合力育人。

第一，坚持全员全过程全方位育人。习近平总书记在全国高校思想政治工作会议上强调，“要坚持把立德树人作为中心环节，把思想政治工作贯穿教育教学全过程，实现全程育人、全方位育人，努力开创我国高等教育事业发展新局面。”③ 人是教育的出发点，也是教育的归宿。因而“育人”在

---

① 《习近平谈治国理政》第二卷，外文出版社 2017 年版，第 378 页。

② 《教育部等八部门关于加快构建高校思想政治工作体系的意见》，2020 年 4 月 22 日，见 http：//www.moe.gov.cn/srcsite/A12/moe_ 1407/s253/202005/t20200511_ 452697.html。

③ 《习近平谈治国理政》第二卷，外文出版社 2017 年版，第 376 页。

“三全育人”体系中应当处于中心位置，三个要素围绕“育人”这个核心点相互联系、相互依存，从而构成一个有机、有序、和谐、完整的整体。① 具体而言，全员育人要求通过调动所有力量参与高校思想政治工作，形成以党委为统一领导，各部门齐抓共管的高校思想政治工作格局，形成强大教育合力。全程育人要求通过全程跟进，并且抓住大学生成长成才的关键点进行有针对性的教育，这样既保证了育人时间的充足，又突出了重点，有的放矢，能更好地帮助学生顺利度过成长过程中的转折点，如入学适应期、离校就业期等，进而促进学生身心健康发展。全方位育人要求以实现人的全面发展为目标，通过调动全部人员参与，运用多种手段和途径，从多种渠道着手，全方位地开展思想政治工作，使大学生的思想道德素质、科学文化素质和专业素质等都得到提升。

第二，推进“五育并举”。“五育并举”最早是由蔡元培于 1912 年提出的，包括军国民教育、实利主义教育、公民道德教育、世界观教育和美感教育。这一理念是蔡元培教育思想的代表，也是指导我国近代高等教育发展的指南。新时代背景下的“五育并举”则指德、智、体、美、劳全面发展。具体来说，德育就是要注重培养学生的思想道德素质，有目的性、有针对性地进行教育引导，以期望学生形成与一定社会相适应的思想观念、政治规范和品德规范；智育就是要帮助学生形成系统科学的知识体系，引导学生独立思考，增强运用知识解决实际问题的能力；体育就是要引导学生加强日常锻炼，以达到促进全面发育、改善生活方式、提高身体素质与运动能力的目的；美育就是要加强对学生的艺术熏陶，培养学生正确的审美观念，发展他们对于美的鉴赏能力和创造能力；劳动教育就是要引导学生在劳动中体悟奉献精神，培养学生吃苦耐劳的优秀品质，锻炼学生劳动能力和劳动的积极主动性。“五育并举”要求坚持以德为先，把德育摆在首位，推动立德树人根

① 参见杨晓慧：《高等教育“三全育人”：理论意蕴、现实难题与实践路径》，《中国高等教育》2018 年第 18 期。

本任务的真正落实，同时把其他各部分放到整个育人体系中进行统筹考察，相互协调，多元互动，促进人的全面发展。

第三，健全人才培养体系。习近平总书记指出，要形成高水平的人才培养体系，首先必须发挥好高校思想政治工作体系在学科体系、教学体系、教材体系和管理体系中的贯通作用。这就要求我们在学科体系建设过程中，发挥马克思主义理论学科的引领作用，推动中国特色哲学社会科学学科繁荣发展，并努力挖掘包括自然科学在内的其他各学科的育人资源；在教学体系建设过程中，要把思想政治理论课教学放在高校所有课堂教学同心圆的中心位置，推动其他各类课程与思政课同向同行，共同致力于社会主义建设者和接班人的培养；在教材体系建设过程中，要把高校思政课教材打造成为马克思主义理论研究和建设工程的精品教材，并将社会主义核心价值观融入其他各类教材之中；在管理体系建设过程中，要在高校配齐建强兼具管理和育人功能的思想政治工作队伍，将思想政治要求落实到高校各项管理工作之中。

四、建设高素质专业化教师队伍

“人才培养，关键在教师。”① 教师是人类灵魂的工程师和人类文明的传承者，担负着传播思想和真理、塑造生命和灵魂的重任，在培养社会主义建设者和接班人的过程中起着关键作用。而高素质教师队伍是由一个个好老师组成的。

第一，把师德师风作为评价教师队伍素质的第一标准。教师思想政治状况和师德水平决定着人才培养的质量，关系着国家和民族的未来。“评价教师队伍素质的第一标准应该是师德师风”“要引导教师把教书育人和自我修

---

① 习近平：《在北京大学师生座谈会上的讲话》，人民出版社 2018 年版，第 7 页。

养结合起来，做到以德立身、以德立学、以德施教”。① 我们必须高度重视师德师风建设，把提高教师思想政治素质和职业道德水平摆在突出重要的位置，教育引导广大高校教师坚持教书和育人相统一，坚持言传和身教相统一，坚持潜心问道和关注社会相统一，坚持学术自由和学术规范相统一，培养一批又一批有理想信念、有道德情操、有扎实学识、有仁爱之心的好老师。要引导教师以家国情怀关注社会现实，积极参与社会实践，加深对党情、国情、社情的认识，把论文写在祖国大地上。要引导教师正确履行教师职责，谨遵学术规范，恪守学术道德，自觉维护公平正义和风清气正的学术环境。实行师德失范一票否决，对极少数道德败坏、贪赃枉法的害群之马，要清除出教师队伍，并依法惩处。

第二，健全中国特色教师教育体系。教师是立教之本、兴教之源，育人先育师。教师教育是教育事业的工作母机，要加强教师教育体系建设，不断提高教师培养培训的质量。2018 年 1 月 20 日，国务院等部门联合印发《关于全面深化新时代教师队伍建设改革的意见》，要求加大对教师教育的支持力度，支持师范院校建设，提高教师专业化水平。具体而言，要强化教师教育师资队伍建设，研究制定师范院校建设标准和师范类专业办学标准，重点建设一批师范教育基地，整体提升师范院校和师范专业办学水平。要加强教师实践锻炼和系统培训，强化职前教师培养和职后教师发展的有机衔接。要夯实教师专业发展体系，推动教师终身学习和专业自主发展。要发挥教学名师和优秀教师的示范带动作用，引导教师淡泊名利、潜心治学、苦练内功，引领青年教师快速成长。要推进教学改革与创新，形成教学特色和办学风格，营造教育家脱颖而出的制度环境。

第三，弘扬尊师重教的社会风尚。习近平总书记在全国教育大会上指出，“全党全社会要弘扬尊师重教的社会风尚，努力提高教师政治地位、社会地位、职业地位，让广大教师享有应有的社会声望，在教书育人岗位上为

---

① 习近平：《在北京大学师生座谈会上的讲话》，人民出版社 2018 年版，第 9 页。

党和人民事业作出新的更大的贡献。”① 要提高教师的政治地位，保障他们参与国家政治生活的权利和机会；提高教师的社会地位，使全社会形成尊师重教的社会氛围；提高教师的职业地位，使教师职业更具有成就感和吸引力。提升教师地位，要切实提高教师待遇，建立以增加知识价值为导向的高等学校教师收入分配机制，充分调动高校教师从教积极性。要建立教师国家荣誉制度，加大教师表彰力度，大力宣传教师中的“时代楷模”和“最美教师”，深入开展尊师活动。要优化教师管理服务，深化职称制度改革，完善岗位管理，进一步破解体制机制障碍和瓶颈问题，最大限度地激发教师的积极性、主动性、创造性。“各级党委和政府要满腔热情关心教师，让广大教师安心从教、热心从教、舒心从教、静心从教，让广大教师在岗位上有幸福感、事业上有成就感、社会上有荣誉感，让教师成为让人羡慕的职业。”② 另外，政府、社会、学校和家庭要形成教育合力，加强尊师教育，营造全社会尊师光荣的浓厚氛围。

---

① 《习近平在全国教育大会上强调 坚持中国特色社会主义教育发展道路 培养德智体美劳全面发展的社会主义建设者和接班人》，《人民日报》2018 年 9 月 11 日。

② 《习近平在北京市八一学校考察时强调 全面贯彻落实党的教育方针 努力把我国基础教育越办越好》，《人民日报》2016 年 9 月 10 日。

第五章

推动研究生教育适应党和国家事业发展需要

2020 年 7 月，习近平总书记对研究生教育工作作出重要指示，要求“各级党委和政府要高度重视研究生教育，推动研究生教育适应党和国家事业发展需要，坚持‘四为’方针，瞄准科技前沿和关键领域，深入推进学科专业调整，提升导师队伍水平，完善人才培养体系，加快培养国家急需的高层次人才，为坚持和发展中国特色社会主义、实现中华民族伟大复兴的中国梦作出贡献。”① 实现这些目标，离不开研究生思想政治工作。实际上，高校学生不仅只有本科生专科生，还有大量构成复杂、培养方式多样的研究生，一些学校的研究生数量甚至超过了本科生。研究生教育肩负着高层次人才培养和创新创造的重要使命。无须讳言，一段时间以来，我们对研究生的思想、道德、观念、心理等需要没有给予足够的关心关注和及时的教育引导。有效加强研究生思想政治工作是新时代高校思想政治工作必须扎实补齐的短板，要“坚持把立德树人作为研究生教育的中心环节，把思想政治工作贯穿研究生教育教学全过程。”②

---

① 《习近平对研究生教育工作作出重要指示强调　适应党和国家事业发展需要　培养造就大批德才兼备的高层次人才》，《人民日报》2020 年 7 月 30 日。

② 《教育部　国务院学位委员会关于印发〈学位与研究生教育发展“十三五”规划〉的通知》，2017 年 1 月 17 日，见 http：//www.moe.gov.cn/srcsite/A22/s7065/201701/t20170120_295344.html。

第一节 研究生思想政治工作的特殊性

研究生与本（专）科生共同构成了我国高校学生主体，与后者相比，研究生思想政治工作因其工作对象、主体、中介的特殊性及教育工作所面临的特殊问题而呈现出更为复杂的特点。

一、研究生群体的特殊性

（一）结构多元种类多样

研究生群体是指“获学士学位、第一专业学位、高等学校本科毕业证书，或具有同等学力，获准进入高等学校或科学研究机构进行进一步学习和研究，攻读更高级别学位或证书的学生。”① 从种类上来看，研究生包括硕士研究生和博士研究生，其中硕士研究生还可细分为学术型硕士和专业型硕士；另外，在我国，还有全日制研究生与非全日制研究生之分。由此可见，相对于本科生种类的单一，研究生的种类更为多样。

（二）个体特征复杂

与本科生相比，研究生群体的年龄普遍比较大并且年龄跨度大，由年龄差异引起的研究生个体特征的差异更加复杂多样。比如，从婚姻状态来看，有的研究生已经成家立业甚至为人父母，而有的研究生还是未婚青年，时时有着恋爱和结婚的困扰；从人生阅历来看，有的已经进入社会多年，有着丰富的社会经验，有的从未离开校园象牙塔、涉世未深；从经济状况来看，有

---

① 顾明远主编：《教育大辞典》，上海教育出版社 1998 年版，第 1858 页。

的已经通过多年工作积累了财富，拥有完全的经济自由，有的却还需要父母的资助；从学习动机来看，有的是对本专业怀有浓厚兴趣，立志学好专业以报效祖国，也有的是为了缓解工作压力，或是通过获取硕士、博士学位以便获得职务的晋升；等等。伴随着近年来研究生的大量扩招，我国研究生的数量屡创新高，相对于本科生通过统一考试选拔的方式进入大学，学习和能力水平相差无几，对于学校的认同感和归属感较强，研究生则来源于各行各业，生源质量参差不齐，他们的人生经历、社会关系、思想特点呈现多元化，对于学校的归属感不强。因此，在庞大的数量基础上兼顾其个体特征的差异性与复杂性，无疑加大了教育工作的挑战性。

（三）思想认知相对稳定

人的思想认知发展是阶段性的，不同的阶段发展水平不相同。研究生通过本科阶段接受的高等教育，已经形成了相对稳定的“三观”，接受认同机制强于本科生，思想较为成熟。研究生在面对事物时通常有自己的一套评判标准，会坚持自己的观点和判断，与本科生相比，不容易受到外界的干扰和影响；但另一方面，这种思想认知上的稳定性却也有可能对思想政治工作提出挑战，因为传统意义上以说教和灌输为主的思想政治工作方法很难被研究生所接受，甚至会使其产生抵触情绪。另外，虽然研究生群体思想上普遍比本科生成熟稳定，但他们承受着来自各方面的压力，存在各种各样的心理问题。从表象上看，这些心理问题的表现可能与本科生存在共性，但其问题成因却不尽相同。例如，本科生在学业上的压力主要来源于课程难度和考试排名，而研究生学业上的压力则可能来源于毕业论文、科研任务等；本科生在情感上的压力可能来源于班级、寝室关系，恋爱及分手，而研究生情感压力可能来源于导生关系、家庭、婚恋等方面。从以上分析和对比不难看出，本科生的种种压力大部分是短期的、比较容易通过自身的努力和改变得到解决，而研究生的压力则是长期且复杂的，研究生群体的思想和心理问题呈现高发的态势，因此研究生群体迫切需要思想政治工作的关注。

（四）学习方式更为自主

研究生在家庭、经济、人生规划等方面具有更高的自主决策权，在学习方式方面也不例外。本科生以班级或年级为单位，学习形式主要为集中授课，通过作业或考试的方式获取学分；而研究生则多以专业或师门为单位，课堂授课并不是主要的学习形式，更多的是参与师门的组会及科研任务，通过导师的指导和自身能动、创造性的学习，实现自主性的发展。学习方式的差异带来的是研究生与本科生在行为方式和交往范围方面的差异。本科生的交往范围主要是寝室、班级以及学生社团组织，行动较为集中；而研究生的人际交往淡化班级形式，行动较为分散，学生组织及学生活动较少，交往对象更多是寝室或师门同学，人员比较固定。由此可见，针对交往范围具体且行动较为集中的本科生，可以通过系统的、统一的思想政治工作方法进行教育，但对于学习方式自主、行为方式分散的研究生来讲，则需要采取多样化、个性化的教育手段和策略。

二、教育者构成的独特性

研究生思想政治工作的教育者是对研究生群体进行思想政治教育的承担者、发动者和实施者。《教育部关于进一步加强和改进研究生思想政治教育的若干意见》（教思政〔2010〕11号）中指出，“高等学校要根据研究生的特点和教育规律，建立起以研究生导师和辅导员为主体的研究生思想政治教育工作队伍。同时，要明确专门的党政干部和共青团干部负责组织协调研究生思想政治教育工作，充分发挥思想政治理论课和哲学社会科学课教师在研究生思想政治教育中的相应作用。”① 由此可知，相对于本科

① 《加强和改进大学生思想政治教育重要文献选编（1978—2014）》，知识产权出版社2015年版，第421页。

生思想政治工作，研究生思想政治教育者的独特性体现在以研究生导师和辅导员为主体，同时需要发挥党政干部组织协调作用及教职工的教书育人作用。

（一）导师是研究生思想政治工作的首要责任人

教育部等部门发布的文件中多次指出，要“充分发挥导师在研究生思想政治教育中首要责任人的作用”[①]，要“进一步强化导师的思想政治教育责任，充分发挥导师对研究生思想品德、科学伦理、学术研究的示范和教育作用。”[②] 要“提高研究生导师开展思想政治教育意识和能力。”[③] 研究生导师的“首要责任人”地位，是由其对研究生的深入了解及深刻影响决定的：研究生群体大部分与自己的导师联系比较密切，无论是围绕专业研究方向与导师探讨学术问题，还是根据自身心理状况向导师倾诉心声，甚至是在经济窘迫之时向导师求助，这些联系与交流都使得研究生导师对研究生个人的成长经历、学术水平、政治素质以及思想道德状况等有一个比较全面深入的了解；而且在大部分研究生心目中，导师都非常具有权威，导师的治学态度及个人品行会对他们产生很大的影响，这种潜移默化的影响甚至会持续人的一生。对于研究生来说，研究生导师不仅仅是授业解惑、传递知识的“经师”，更是传递正确价值观、促进学生全面发展的“人师”、是影响自己品格、品行、品位的“大先生”。正是这种集“经师”与“人师”、“传道”与“授业”、“教书”与“育人”、“言传”与“身教”于一身的特点，使得研究生导师能够有力担起研究生思想政治工作的首要责任。

---

① 《加强和改进大学生思想政治教育重要文献选编（1978—2014）》，知识产权出版社2015年版，第421页。

② 《教育部 国务院学位委员会关于印发〈学位与研究生教育发展“十三五”规划〉的通知》，2017年1月17日，见 http：//www.moe.gov.cn/srcsite/A22/s7065/201701/t20170120_295344.html。

③ 《教育部等八部门关于加快构建高校思想政治工作体系的意见》，2020年4月22日，见 http：//www.moe.gov.cn/srcsite/A12/moe_ 1407/s253/202005/t20200511_ 452697.html。

（二）辅导员是研究生思想政治工作的重要推进者

相对于高校本专科学生辅导员，研究生辅导员的出现时间比较晚。辅导员工作产生以来很长一段时期内，都是针对本（专）科学生而言，研究生思想政治工作的主体队伍建设处于缺弱状态，直到2006年教育部出台《普通高等学校辅导员队伍建设规定》才明确，“高等学校可以根据实际情况按一定比例配备研究生辅导员，从事研究生思想政治教育工作。”① 2010年，教育部11号文件明确了研究生辅导员队伍建设的目标和方向，即以专职为骨干、专兼结合。文件鼓励高等学校选聘一定数量的硕士学位以上优秀毕业生专职从事辅导员工作，同时鼓励充分利用青年教师资源作为重要补充。作为研究生思想政治工作的重要推进者，研究生辅导员主要在事务性工作中实现对研究生的教育引导。例如，在日常教育中，组织研究生学习政治理论，开展党的路线方针政策教育，引导研究生牢牢树立中国特色社会主义“四个自信”；在研究生党建方面，抓好研究生党支部建设；同时，协助学院抓好研究生学风建设，鼓励和支持研究生参加各种学术会议、学术讲座等，在参与学术活动的过程中培养研究生勇于探索、大胆创新的精神。

（三）党政干部和教职工是研究生思想政治工作顺利进行的重要保障

研究生思想政治工作需要建立一个党委统一领导的党政部门齐抓共管的领导体制，建设一支专兼职相结合的工作队伍，实行教育和研究生自我教育相结合的工作机制。在研究生思想政治工作中，大部分高校采用校—院（系）两级的管理体系，做到党政齐抓共管，责任层层压实。具体而言，在校级层面，高校党委设置专门的工作部门，与负责研究生培养和管理的行政

---

① 《加强和改进大学生思想政治教育重要文献选编（1978—2014）》，知识产权出版社2015年版，第345页。

领导和有关部门共抓思想政治工作。在机构设置上，研究生数量达到一定规模的高校，原则上要成立党委研究生工作部，研究生规模较小的高校，也应设立专门的研究生思想政治教育机构，并选派专人负责相关工作。在院（系）层面，院（系）党政干部要安排专人负责本院（系）的研究生思想政治工作。广大教职工也是研究生思想政治工作顺利进行的重要保障。思想政治理论课教师是推进研究生思想政治理论课教学改革的主要力量，可以发挥研究生思想政治理论课这一关键课程的立德树人作用；专业课教师通过挖掘课程内容中的思想政治教育因素，发挥课程思政的育人作用；其他教职工发挥管理育人和服务育人的作用。

三、教育中介的特殊性

教育中介是相对于教育主体与教育客体来说的，是连接教育主体与客体的桥梁和纽带，也是开展思想政治工作的必备条件，包括研究生思想政治工作的内容、方法及载体。基于研究生群体的思想稳定性、学习自主性等特征，研究生思想政治工作对教育中介的选择也具有很强的特殊性。

（一）内容的特殊性

与本科生相比，研究生思想政治工作的内容同样要坚持以理想信念教育为核心，以爱国主义教育为重点，以思想道德建设为基础，以研究生全面发展为目标；同样也包括思想教育、政治教育、道德教育、法制教育和心理教育等基本内容。但研究生群体相较于本科生拥有更为丰富的知识体系和更高的理论素养，拥有更为成熟稳定的世界观、人生观和价值观，对知识内容的接受和理解更为快速且深刻，对思想政治工作内容的深度及其本质规律的揭示也有着更高要求。因此，研究生思想政治工作内容的广度和深度，要根据研究生群体的认知接受能力和思想行为特点而进行有针对性的调整。

需要强调的是，研究是衡量研究生素质的基本指标，学术道德教育是研究生思想政治工作的一项重要内容。作为视学术科研为生命的高层次人才，研究生必须接受有关学术规范以及科研伦理的教育，特别是对毕业后继续从事学术事业的研究生来说，学术道德教育的重要性更加凸显。教育部 11 号文件中就明确指出，“要制订研究生学术道德规范，加强对研究生的学术道德教育，并将其纳入学校研究生教育培养体系。”① 面对近些年来屡见不鲜的学术不端现象，在校园阶段就加强对研究生群体的学术道德与学术诚信教育，使之坚守学术研究职业应有的正确态度和准则，有助于营造良好的学术风气、促进学术研究蓬勃发展。

（二）工作方法的特殊性

新时代的研究生思想政治工作，面临着与以往完全不同的时代背景和条件，面对着与本科生有着巨大差异的研究生行为活动特点与思想道德实际，应充分尊重工作对象的主体地位，重视通过研究生自我教育的方法使之获得自身思想政治素质的提高。强调自我教育的方法，一方面是因为研究生群体的年龄偏大，与研究生辅导员的年龄差距较小，有些甚至比辅导员更年长，因此传统意义上教育者依靠自己的人生阅历及权威，居高临下地对受教育者进行说教和灌输的方法对研究生群体来讲并不适用。另一方面是因为研究生群体的文化水平普遍都比较高，自我管理的意识和能力也比较强，对自身水平有着比较清晰的认识和定位，因此在提高自身思想政治素质、促进自身全面发展的过程中，更容易发挥自己的主体性和自觉性，实现自我教育。当然，在实际工作中，还要注意不同教育方法的有机结合。例如，在团学活动中，就可以综合运用理论教育法、典型教育法、激励感染法及批评与自我批评的方法等，以提高工作的实效。

---

① 《加强和改进大学生思想政治教育重要文献选编（1978—2014）》，知识产权出版社 2015 年版，第 420 页。

（三）工作载体的特殊性

工作载体是能够承载和传递研究生思想政治工作的内容或信息，并能为教育主体所运用，进而促使研究生思想政治工作主客体之间相互作用的活动形式或物质实体。研究生思想政治工作的主要载体包括思想政治理论课、党团活动和社团活动等。研究生思想政治工作要特别注重发挥学术活动的载体作用，例如通过论文大赛、学术节或者学术会议等，将研究生思想政治工作融入各种学术活动之中，以此促进研究生学术科研能力和思想道德素质的同步提高。

四、研究生思想政治工作所面临的特殊问题

研究生思想政治工作的特殊性不仅体现在教育者、教育对象及教育中介的特殊性，更体现在研究生教育活动中所表现出来的特殊问题，这些问题进一步揭示出研究生群体思想政治工作的必要性与紧迫性。

（一）研究生成长遇到的特殊问题

一是思想道德问题。在知识经济时代，人们对知识和技能的需求比以往任何时候都更加强烈，高层次人才对于经济和社会发展的推动作用越来越显著。许多研究生培养单位却因此只看到了“育才”的重要性，即根据市场效益取向来确定人才培养的方向和重点，片面追求研究生知识和技能的提高，而忽略了研究生思想觉悟和道德素质的重要性，“育德”逐渐受到轻视，对社会产生了不良影响。

二是心理健康问题。近年来，由于招生规模的日益扩大，研究生在社会中的地位逐渐从“人中龙凤”变为“泯然众人”，研究生随之产生巨大的心理落差，滋生自卑、倦怠等一系列心理问题。比较常见的问题有：其一，自卑心理。当今社会，研究生一般被视为青年中的“精英分子”，生活中他们

对自身的期望也比较高，而在面对无法完成的科研工作以及难以处理的各种关系时，研究生往往难以平衡心理落差，容易产生深度的自我怀疑，进而形成自卑心理。其二，自负心理。自负心理也叫盲目自大，即过高地估计个人能力，失去自知之明。部分研究生存在自负心理，他们在学习、生活以及人际交往中往往以自我为中心，很少替他人考虑，缺乏大局意识和团队精神，只看重个人利益，对公共事务及公共利益则漠不关心。其三，倦怠心理。倦怠心理也称“心理疲劳”，是在脑力劳动繁复、神经系统过度紧张，或是长时间从事单调的工作而产生的精神疲惫现象。研究生的倦怠心理主要有学业倦怠与生活倦怠，具体体现为长时间的心绪不安、动力丧失，对生活中的大部分事物提不起兴趣，工作时注意力不集中、工作效率低下，严重者会产生极度焦虑、绝望的情绪，甚至出现轻生的念头。其四，社交恐惧心理。与本科阶段相比，研究生入学后的社会交往范围变得更加广泛，交往的对象也更具多样性和复杂性，而一部分研究生无法适应这种变化，在社会交往中往往感到恐惧和不安，或是因不知怎样与人交往而迷茫失措，或是因交往失败的经历而备受打击，导致他们对社交产生恐惧和回避的心理。

三是导生关系疏离甚至异化问题。导师与研究生之间的关系是研究生教育过程中最基础也是最重要的一组关系，和谐的导生关系是研究生教育得以顺利进行的保障，也是研究生思想政治工作发挥实效性的基本前提。总体来看，当前我国高校导生关系状况良好，但随着社会主义市场经济的深入发展，导生之间闪现着“雇佣关系”等异化现象。个别研究生导师把本应情谊浓浓的师生关系变成“老板与雇员”的劳资关系。同时，部分研究生在与导师进行交流时，缺乏一定的沟通能力和交往艺术，遇到问题后与导师沟通不畅，双方之间的隔阂和误会不断累积，容易导致师生矛盾激化，甚至引发心理危机和生命危险。

（二）研究生思想政治工作所展现出的特殊矛盾

一方面，对研究生思想政治工作极端重要性的认识并不到位，甚至存在偏差。一些人认为“不需要”对研究生进行思想政治教育，认为研究生的主要任务就是学习专业知识、钻研学术问题、进行科学研究，因此要把注意力放在对研究生的专业知识教育上面，工作重心聚焦提高研究生学术水平和学术能力，有意无意忽视了研究生思想政治素质和道德品质的要求，导致研究生业务素质培养和思想政治素质培养不平衡；一些人认为“不能”对研究生进行思想政治教育。也有一些人进而认为，研究生思想政治教育主要应该通过自我教育来实现，外力的影响和干预已经不起作用。实质上，思想政治品德作为一种社会意识形态，是对一定社会存在的反映。无论研究生群体所受教育程度如何，思想观念发展变化如何，其思想政治素质与社会要求之间总是存在着一定的差距，正是这种基本矛盾的运动，使研究生思想政治工作一直存在、不可或缺。另一方面，研究生思想政治工作未能形成一个健全的工作体制机制。主要表现在：一是校级职能部门工作体制尚未形成，研究生思想政治工作的组织形式与成熟的本科生教育管理体制相比仍然存在较大的差距。有些高校将研究生思想政治工作直接纳入本科生思想政治工作系统之中，由党委学生工作部（处）作为全校学生思想政治工作的职能部门，负责统一协调组织本科生和研究生的思想政治教育和管理工作。二是研究生思想政治工作合力育人机制尚未建立，各项资源没能得到有效整合，仍处于各自为战的状态。三是研究生思想政治教育贯通衔接机制尚未解决，研究生思想政治教育在与本科生思想政治教育的衔接、硕士研究生和博士研究生思想政治教育的衔接等方面没有取得较好的成效。四是研究生思想政治工作队伍考核机制不健全，导师作为研究生思想政治教育的首位责任人，在遴选上仍旧存在重科研轻德育的现象。① 以上种种造成现行研究生思想政治工作缺乏针对性和实效性，加剧了研究生教育“重育才、轻育德”的倾向。

---

① 参见刘志、侯振中：《新时代研究生思想政治教育改革创新的意义、瓶颈及挑战》，《思想理论教育导刊》2019 年第 1 期。

第二节 提高新时代研究生思想政治工作实效的关键举措

在校研究生将成为引领国家经济社会发展的“新动力人群”和担当民族复兴大任的时代新人。当下，我们要充分认识研究生思想政治工作的重大意义，并自觉抓好几个关键点位，补齐研究生思想政治工作的短板。

一、发挥研究生导师立德树人首要责任人作用

人才培养，关键在教师。研究生导师作为我国研究生培养的关键力量，是研究生教育和培养质量的第一责任人，同时也是研究生思想政治工作的首要责任人。发挥研究生导师首要责任人作用，需要明确其育人职责，提升其育人能力。

（一）研究生导师需要明确三维育人职责

教育部2018年颁布的《关于全面落实研究生导师立德树人职责的意见》指出，要“全面贯彻党的教育方针，把立德树人作为研究生导师的首要职责”①，并明确了研究生导师立德树人的七项具体职责。我们认为，可以从三个维度理解研究生导师的育人职责。

第一个维度是提升研究生思想道德素质。主要包括：提升研究生思想政治素质，引导研究生做到“四个正确认识”，树立正确三观，坚定理想信念，成为全面发展的高层次专门人才；增强研究生社会责任感，向学生讲明

---

① 《教育部关于全面落实研究生导师立德树人职责的意见》，2018年1月17日，见http：//www.moe.gov.cn/srcsite/A22/s7065/201802/t20180209_ 327164.html。

白社会责任感对个人发展进步、国家富强和民族复兴的重要意义，更要鼓励和支持研究生参与各种社会实践和志愿服务活动，在服务人民与奉献社会的过程中实现自己的人生价值；指导研究生恪守学术道德规范，研究生导师要率先垂范，以身作则，做学术道德规范的坚定践行者。此外，在研究生培养的各个阶段和节点，都要有意识地强化学术规范训练，要求研究生尊重他人劳动成果，提高保护知识产权意识，进而提高学术道德涵养。

第二个维度是培养研究生的创新能力。"创新能力是研究生教育的核心，是研究生教育培养目标的归属和最终指向，是区别于本科生教育的主要特征。"① 一方面，要培养研究生学术创新能力。受特定环境和主体的影响，研究生的学术成果主要是学术论文，因此研究生的学术创新能力主要体现在学术论文的选题、研究方法、资料运用、论证过程以及研究结果等方面是否具有创新性。研究生导师要按照因材施教和个性化培养理念，建立与研究生的定期沟通机制，基于对学生学术研究的过程性指导，引导他们跟踪学科前沿，开拓学术视野，提高问题意识，在破解理论难题中实现学术研究创新。另一方面，要培养研究生实践创新能力。研究生成长要认真读好两本书，一本是"有字书"，另一本是"无字书"。社会实践是研究生成长成才必读的"无字书"。研究生导师要鼓励学生积极参加国内外学术交流和专业实践活动，探索将科研成果转化为应用，推动产学研用紧密结合，提升研究生实践创新能力。

第三个维度是优化育人环境与方法。要优化研究生培养条件。研究生导师不仅要不断提高自己的学术水平和育人能力，而且要为研究生培养创造一个良好的外部环境，并结合研究生实际，利用多种有效方法和载体，实现对研究生的教育和引导。目前尤其要重视利用网络和新媒体技术的优势，例如，通过搭建网络学术交流平台，使研究生能够突破时空的限制，通过线上

---

① 刘宁宁：《本硕阶段学生创新能力培养体系衔接现状及其成效研究——基于 1464 名学术型硕士生的分析》，《现代教育管理》2019 年第 1 期。

学术交流来实现思想的碰撞，进而提高育人实效性。要注重对研究生的人文关怀，尊重他们的主体地位，关心他们的内心感受，帮助他们解决学习科研、社会交往和职业规划等各方面的实际问题，引导研究生正确对待自己、他人和社会，正确对待困难、挫折和荣誉，促进身心健康发展。

（二）提升研究生导师的育人能力

育人能力是确保研究生导师开展人才培养活动的前提，也是研究生导师发挥首要责任人作用的关键。提升研究生导师的育人能力可以从严格选拔评价与科学组织培训两个方面下功夫。

要将师德师风作为研究生导师选拔和评价的首要标准。师德师风是新时代教师队伍建设的第一标准。以德育德、潜移默化、润物无声是思想政治教育的最高境界，因此，研究生导师的遴选必须关注教师的理想信念、道德情操情况，在遴选环节和后续的评价环节都要严格落实“师德一票否决”制度。要把育人能力作为研究生导师选拔和评价的重要标准。现实中，有的教师虽然自身专业水平和科研能力很高，但育人能力比较欠缺，不善于将学问和知识传递给学生，不了解如何才能更有效地指导学生，因此并不能完全胜任研究生导师的角色。研究生导师只有充分掌握指导技术，了解并遵循育人规律，根据研究生群体的思想认知实际以及不同研究生的特点，用耐心与爱心对研究生进行有针对性的教育培养，才能达到有效的指导和高水平的育人。因此，在对研究生导师进行选拔和评价时，要改变单一的科研导向，将育人能力作为重要的参考标准，促使研究生导师重视自身指导水平和育人能力的提升。要重视研究生导师育人能力的培训。组织培训是提升研究生导师育人能力的有效方法，但目前的导师培训活动不同程度地存在培训内容实用性不强、培训方式不灵活以及培训缺乏针对性的问题。因此，在培训内容上，不能只注重政策文件的解读和专业知识的灌输，还应关注研究生导师的育人理念和能力，针对育人能力不足的导师进行强化培训指导。在培训方式上，要在现有的培训班、进修班等形式的基础之上，结合网络和新媒体技术，设置更为灵活且更具时代性的培训课程和形式，如网上培训、导师论坛、微信公众平台等，从而提高研究生导师的积极性和主动性，提升培训效果。

二、构建和谐导生关系

新时代构建和谐导生关系，要着力深化内涵体认、明确责任主体、加强外部保障。

（一）深化导生关系内涵体认

导生关系内涵体认主要是指对导师和研究生之间关系的生成过程及内在属性的认知与体会，“准确把握导生关系的内涵和基本范畴是构建和谐导生关系的前提和内在动力”①。邓小平针对师生关系曾指出：“我们提倡学生尊敬师长，同时也提倡师长爱护学生。尊师爱生，教学相长，这是师生之间革命的同志式的关系。”② 新时代背景下，和谐的导生关系不仅是一种“革命的同志式的关系”，更是导师与研究生双方在平等互信的基础上，通过共同协作，从而达到教学相长的一种良性的发展的关系。首先，平等互信是和谐导生关系的基础。导师与研究生作为人格独立的个体，双方之间的交往应建立在平等互信、互相尊重与理解的基础之上。和谐的导生关系不是功利化的“雇佣关系”和教师权威下的“从属关系”，也不是不平等的“我和它”的关系，而是一种主体间平等交流对话的“我和你”的关系。③ 其次，共同协作是和谐导生关系的载体。导师吸纳研究生参与到自己的科研活动之中，通

① 刘志：《研究生教育中和谐导生关系何以可能?》，《学位与研究生教育》2018 年第 10 期。

② 《邓小平论教育》，人民教育出版社 2004 年版，第 71 页。

③ 德国哲学家马丁 · 布伯认为，世界按照人的态度一般可以分为两种：“被利用的世界”和“相遇的世界”。布伯用“我和它”公式来称呼前者，用“我和你”公式来称呼后者。其中，“它”是物性的，“我和它”象征着一种不平等的关系，即我把他人、他物都当作供我使用的“物”；而“你”是人性的，“我和你”之间是一种平等的主体间的关系，即我把他人、他物都当成了和我一样具有独立自由性的主体。

过科研实践锻炼研究生的专业素养和科研能力，这是研究生导师培养学生的重要手段和常态化表现。在此过程中，双方通过共同协作推动教育和学习任务的高质量完成，同时也凸显导生之间关系的和谐共生。最后，教学相长是和谐导生关系的目标。教学相长体现的是导师与研究生之间的相互促进与共同发展。研究生在参加导师的科研项目时，充分发挥自身精力充沛、思路活跃的长处，在科研实践中增长才干；导师在指导研究生的过程中完成自身的科研和教学任务，在与研究生交流切磋的过程中拓宽自己的专业视野，厚实自己的理论深度，从而深化导生之间的互依互存，推动导生关系不断向前发展。

（二）明确导生双方责任主体

构建和谐导生关系，必须明确导师和研究生这两个责任主体，充分发挥二者的主体作用。一方面，要全面加强导师对研究生的教育引导。导师要积极引导研究生"完成从知识的消费者到知识的生产者的角色转换，了解学科知识的边界、锻炼批判性思维方式、培养学术品位与志趣。"① 导师可以通过形式多样的校园活动、社会实践活动等增进与研究生之间的情感交流，提高师生之间的信任感和熟悉度，以师者之仁爱建立起一种不同于且不亚于亲情的师生情谊联结，逐步消除导生之间的心理疏远和情感疏离，培育"师生情感共同体"。另一方面，要切实提升研究生自身的主体意识。不可否认的是，一直以来，导师在构建和谐导生关系中的责任和作用被放大，而研究生在此过程中的主体责任和作用在一定程度上受到忽略。因此，必须切实提升研究生自身的主体意识，发挥研究生的能动作用。要主动与导师沟通，建立信任与理解关系。尽可能地理解导师，并以一个更加积极主动的姿态增加与导师的沟通交流。正确认识与导师的科研合作，积极调整心态，正视与导师的科研合作对于促进自身进步发展的重要意义，积极调整自身的行为方式。

---

① 杨斌：《"导学思政"凝聚三全育人合力》，《中国教育报》2020 年 6 月 8 日。

（三）加强导生关系外部保障

首先，要健全制度规范。高校要根据教育部等相关部门关于师德师风的具体规范要求，制定或修订本校研究生导师师德师风规范实施细则，在研究生导师职称评审、职务晋升的过程中实行“师德一票否决”制度，让研究生导师管理“有法可依”。通过制度规范，使研究生导师树立底线思维，以良好的师德师风感化学生，从而有效防止导生关系失范的现象发生。其次，要完善监督调节机制。高校要设立专门对师生关系进行监督和调节的第三方机构，定时开展导生关系样态调研，并将调研数据和评估报告反馈给学校有关部门，依据调研结果对导生关系进行有效的规范和引导。需要注意的是，在人员构成上，要广泛吸纳教师、学生、学校行政人员、家长等作为监督主体，提升人员构成的代表性；在监督过程中，要注意日常证据的积累和证据链的组合，提升监督流程、标准的规范严谨性及科学动态性，① 以此确保监督调节工作的信度和效度。最后，要优化社会舆论生态。要努力营造良性社会舆论生态，多树立宣传正面典型，对负面案例报道要客观公正准确，并及时发声引导和规范不良社会舆论，促进全社会形成尊师重教的良好风尚，从而更好地推动和谐导生关系的构建。

三、构建全员全过程全方位育人格局

全员全过程全方位育人简称“三全育人”，是基于提升思想政治工作实效性而提出的一个工作理念和工作模式，旨在调动各方力量，通过齐抓共管和共同协作，形成强大的育人合力。“三全育人”工作理念“体现了立德树人的内在要求，顺应了人才培养的发展趋势，契合了思政工作的发

① 参见刘志：《高校师生，和谐关系收获更高质量教育》，《光明日报》2020 年 6 月 16 日。

展规律”,① 对于研究生思想政治工作具有很强的指导意义。构建全员全过程全方位的育人格局，要着重从以下三方面下功夫。

（一）统筹协调导师与研究生思想政治工作队伍之间的关系

“对研究生思想政治工作而言，坚持全员育人，核心就是要有机协调研究生导师和研究生思想政治工作队伍之间的关系，明确责任分工，发挥各自优势，最终形成全程全方位育人的良好格局。”② 虽然从理论上讲，导师负有研究生培养的首要责任，但不是全部责任。以辅导员为代表的研究生思想政治工作队伍是从事和负责研究生思想政治工作的专门人员，也是研究生思想政治工作的主要组织者和实施者。因此，统筹协调研究生导师与研究生思想政治工作队伍之间的关系，推动形成强大的育人合力。

一方面，要明确各自职责。导师与研究生思想政治工作队伍的职责各有侧重，例如，导师主要负责研究生的学术能力培养、毕业论文指导、学位申请等工作，党团干部负责研究生思想政治工作的组织与实施、管理与服务等各个方面和环节，思政课教师和其他哲学社会科学课教师根据各自学科和课程的内容和特点负责对研究生进行思想理论教育、道德品质教育和人文素质教育等，研究生辅导员的主要职责则包括研究生奖惩与资助、学生骨干培养、班级建设、宿舍及生活区管理等事务，以上职责划分都比较明晰。然而，在涉及研究生世界观、人生观、价值观的培养、道德观念的养成以及心理健康教育等思想政治工作时，导师与研究生思想政治工作队伍都要负责，根据各自特点和优势主动工作，不能互相推诿。

另一方面，要加强沟通交流。在实际工作中，导师与研究生思想政治工作队伍之间的沟通交流机会并不多，尤其是党团干部、辅导员等育人主体与

---

① 杨晓慧：《高等教育“三全育人”：理论意蕴、现实难题与实践路径》，《中国高等教育》2018 年第 18 期。

② 杨晓慧：《论研究生思想政治工作的“五个统筹协调”》，《思想理论教育导刊》2018 年第 5 期。

研究生导师相比有着不同的工作职责、关注方向和价值追求，这些都给彼此之间的沟通交流带来了障碍，同时也制约了育人合力的发挥。因此，要努力探索导师与研究生思想政治工作队伍之间的沟通渠道，拓宽合作路径。例如，鼓励研究生导师参与到由辅导员主要负责并组织的学生党团活动、班级建设、评先评优、社会实践等活动中来，并尝试让辅导员参与到研究生学术研讨、实验室技能培训等过程中去。再如，鼓励导师旁听研究生思想政治理论课，并寻找自身学科知识与思政课讲授内容之间的契合点，积极与学生以及思政课老师进行讨论。总之，要努力在研究生培养的各个环节深化导师与研究生思想政治工作队伍之间的融合与交流，进而促进各育人主体之间合力的形成。

（二）着力实现研究生思想政治工作全程的有效衔接

全程育人之“全程”，首先是指研究生从入学到毕业的全过程，这是研究生思想政治工作的中间过程，也是全过程的主体。在这一过程中的研究生思想政治工作中，要注意分阶段、分层次，不断深入对研究生的思想政治教育。在入学阶段，应重点进行以理想信念教育为主的系列入学教育，包括爱国主义教育、集体主义教育、校纪校规学习、职业生涯规划、安全常识宣教以及心理健康指导等内容；在培养阶段，应当以思想道德养成教育为主，培养研究生的集体荣誉感和良好的道德修养。在这一过程中，要重视环境的涵濡浸染，发挥优良的校风学风、和谐美丽的校园环境的潜移默化作用；要强调道德实践的作用，在学好“有字书”的同时，也要引导他们通过社会实践读好社会这本“无字书”，深入了解国情和社会，增强辨别是非的能力，养成良好的道德行为习惯；在毕业就业阶段，要重点培养研究生形成良好的职业道德和创业意识，提高社会适应能力。

另外，研究生思想政治工作与本科生思想政治工作相互照应、形成对接，也是“全程育人”的内在要求。一段时间以来，我国高等教育领域内普遍存在着研究生思想政治工作“本科化”的现象，主要表现为研究生思想政治工作照搬本科生思想政治工作的模式，导致教育内容和方法的重复，研究生群体的特殊性遭到忽视。这实际上是没有认识到不同教育阶段应该尊重教育对象的身心发展规律和年龄特点，在相互衔接的基础上各有侧重。“不同学段的思想政治教育本质属性相同，但在要求和层次上存在明显差异，是一个由接受道德教育逐渐向发现、体验与构建转变的过程。”① 因此，研究生思想政治工作应注重在本科阶段基础上的创新发展，例如在教育内容上更加注重知识结构的整体架构和不断深化，在教育方法上更加注重研究生自我教育，以此提升研究生思想政治工作的针对性和实效性，进而推动与本科生思想政治工作的相互照应和对接，顺利实现全程育人。

（三）全方位构建研究生思想政治工作体系

“全方位育人”要求研究生思想政治工作将显性教育与隐性教育相结合，通过多种载体和方法，将思想政治教育渗入到研究生学习和生活的各个环节和各个方面，构建起全方位的工作体系，从而更好促进研究生的全面发展。其中，尤其要注重发挥科研育人、思政课程、研究生会和社会实践在研究生思想政治工作中的重要作用。

其一，要发挥科研育人的重要作用。根本是要构建“集教育、预防、监督、惩治于一体的学术诚信体系”②，引导研究生在进行学术科研活动的过程中保持科学严谨的态度，坚持诚信的道德规范。关键是要提升研究生导师开展思想政治教育的意识和能力，鼓励导师充分挖掘科研过程各环节的育人因素。重点在于加强宣传警示教育，一方面，通过“共和国的脊梁——科学大师名校宣传工程”等活动，引导研究生厚植爱国之情、砥砺强国之

① 王占仁：《高校思想政治教育如何实现全程、全方位育人》，《教育研究》2017 年第 8 期。

② 《教育部等八部门关于加快构建高校思想政治工作体系的意见》，2020 年 4 月 22 日，见 http：//www.moe.gov.cn/srcsite/A12/moe_ 1407/s253/202005/t20200511_ 452697.html。

志、实践报国之行；另一方面，通过学术不端典型案例，加强对研究生的警示教育，使之恪守学术规范，坚守学术良知。

其二，要发挥研究生思想政治理论课的主渠道作用。引导研究生形成坚定信念、理性头脑、高尚人格和科学的思维方式，并能够有效处理来自学习、科研以及个人生活等多方面的压力。

其三，要发挥研究生会的同辈引领作用。研究生会作为自发形成的群众性组织，是实现研究生思想政治工作"全方位育人"的重要依靠力量。要加强研究生会干部队伍建设，发挥同辈示范引领作用；要健全研究生会组织机构和管理制度，通过开展丰富多彩的主题教育活动，实现研究生的自我教育。

其四，要发挥社会实践的育人作用。理论教育和实践教育相结合是研究生思想政治工作的根本原则。要努力构建社会实践长效机制，使研究生通过社会实践加深对现实社会及自身的认识，提升自己的实践本领，实现知行合一，促进全面发展。

四、提高研究生心理健康教育实效

高校学生心理问题的日益严重引起了国家的高度重视，相关部门通过出台一系列法规和指导意见来进一步加强大学生心理健康教育。2017 年 12 月，中共教育部党组在《高校思想政治工作质量提升工程实施纲要》（教党〔2017〕62 号）中指出要切实构建十大育人体系，"心理育人"是其中之一。解决研究生培养过程中多发的心理健康问题，要做好以下工作。

（一）探索建立独立的研究生心理健康教育体系

当今绝大多数高校都已经建立起完善的大学生心理健康教育体系，但这种体系主要针对的是本科生，专门针对研究生思想特点和年龄特点的心理健康咨询服务机构并不多见，研究生心理健康教育体系滞后或从属于本科生心理健康教育体系，很大程度上影响了研究生心理健康教育的针对性和实效性。要深入构建教育教学、实践活动、咨询服务、预防干预、平台保障“五位一体”的心理健康教育工作格局，着力培育研究生理性平和、积极向上的健康心态，促进心理健康素质与思想道德素质、科学文化素质协调发展。

（二）有针对性探索研究生心理健康教育方式方法

当前大部分高校的研究生心理健康教育仍是通过开展心理咨询、开设心理健康教育课程等传统形式来进行，形式单一，内容缺乏针对性。心理咨询主要接受学生主动咨询，忽略了大多数发展正常但却有潜在心理危机的学生；心理健康教育课程覆盖面比较广，但是研究生相对于本科生所面临的心理问题类型有所不同，因此课程内容缺乏针对性，导致研究生心理健康教育效果不佳。要主动筛查，早期干预，动员专业教师、同辈群体、家庭等多方面力量，拓展多种路径，共同维护研究生心理健康。

（三）加强研究生心理健康教育工作队伍建设

当前研究生心理健康教育普遍存在工作人员数量缺乏、专业性不强的问题。部分高校的心理健康教育工作者由辅导员兼任，有些高校虽然安排了专门的教师负责研究生心理健康教育，但数量严重不足，对研究生心理健康教育的覆盖面和深化度不够。另外，心理健康教育的专业性很强，工作人员需要掌握系统的心理学知识和科学的心理调适技能，然而当前的研究生心理健康教育工作中，思想教育引导居多，专业的心理学指导并不多见，这进一步制约了研究生心理健康教育的实效性。要根据《关于加快构建高校思想政治工作体系的意见》，把心理健康教育课程纳入整体教学计划，并按师生比不低于1∶4000比例配备专业教师，努力配齐建强研究生心理健康教育教师队伍。

第六章

以思想认识新飞跃打开工作新局面

“理念是行动的先导，一定的发展实践都是由一定的发展理念来引领的。”① 作为形上范畴，理念是经过长期的理性思考以及实践所形成的观念体系和理性追求。习近平总书记十分关注发展理念问题，并明确指出“理念创新，就是要保持思想的敏锐性和开放度，打破传统思维定式，努力以思想认识新飞跃打开工作新局面”②。在《关于新时代加强和改进思想政治工作的意见》中进一步指出，“推进理念创新、手段创新、基层工作创新，使新时代思想政治工作始终保持生机活力”③。党的十八大以来，习近平总书记特别重视高校思想政治工作理念创新问题，多次强调“大思政”“大宣传”“三势”“三因”“协同创新”“四因”等理念，凝结了新时代高校思想政治工作的本质规定、价值原则、独特使命等理性观念与内在精神，指引并贯穿高校思想政治工作理论建构和实践发展全过程。

---

① 《习近平谈治国理政》第二卷，外文出版社 2017 年版，第 197 页。

② 《习近平关于全面深化改革论述摘编》，中央文献出版社 2014 年版，第 84 页。

③ 《中共中央　国务院印发〈关于新时代加强和改进思想政治工作的意见〉》，《人民日报》2021 年 7 月 13 日。

第一节 高校思想政治工作理念的内在规定

高校思想政治工作理念作为高校思想政治工作理论深化和实践突破的思想依据与精神实质，深刻反映了高校思想政治工作对自身现实状态的理性审思，以及对自身理想状态的自觉构建。通过追溯“理念”这一核心词在不同语境中的概念表征，厘清高校思想政治工作理念的基本内涵和内在规定性，有助于更好、更深入地把握新时代高校思想政治工作的现实样貌和发展势态，为高校思想政治工作的有效落实提供理论指导。

一、理念的多维审视

学界对理念的认识经历了一个发展过程，古今中外不同学科领域对理念的理解也各有主张，这为我们多维认识理念的概念内涵提供了丰富滋养。

（一）西方哲学视域中的理念

理念被西方哲学家们赋予极为崇高的地位，其概念内涵在西方哲学知识谱系中得到不断丰富和发展。“理念”一词源自古希腊，最早可理解为“形式”“外观”等含义，古希腊著名哲学家苏格拉底赋予理念以“观念”“本性”等形上含义，其后，经由柏拉图、亚里士多德、黑格尔等哲学大家的发展，理念拥有了丰富的思想内涵。

在西方思想史中，一些哲学家关于理念的认识和理解颇具代表性。苏格拉底最早将理念视为哲学术语提出，并认为“每个理念只是我们心中的一个思想（noema）”①，作为“心中的思想”存在于“自然”（事物）之中。

---

① 颜一：《流变、理念与实体——希腊本体论的三个方向》，中国人民大学出版社 1997 年版，第 94 页。

柏拉图在苏格拉底的认知基础上，提出理念作为世界的本源，是与具体事物相分离的观念实体。自此，理念便被纳入哲学语境中加以探讨。在相当长一段时间内，人们在唯心主义哲学视域中探讨理念问题。近代笛卡尔在《第一哲学沉思集》中提出“观念理念”的理解，认为“在所有这些观念之中，除了给我表象我自己的那个观念在这里不可能有任何问题以外，还有一个观念给我表象一个上帝，另外的一些观念给我表象物体性的、无生命的东西”①。洛克在此基础上提出了“经验理念”说，提出“人心在自身所直接观察到的任何东西，或知觉、思想、理解等等的任何直接对象，我叫它们做观念”②。康德则是把理念上升为纯粹理性的高度，认为“把理念（即纯粹理性概念）同范畴（即纯粹理智概念）区别开来作为在种类上、来源上和使用上完全不同的知识，这对于建立一种应该包括所有这些先天知识的体系的科学来说是十分重要的”③。黑格尔确立“绝对理念”哲学体系，主张“绝对理念”在不断发展和完善之中呈现出理念与物质的统一，凝结为真理、辩证法和永恒的精神实体。概言之，在西方传统哲学中，理念是一个起着普遍作用的概念，它标志着人以概念的方式把握自身思维认知过程，并将理念纳入世界观、人生观和价值观的思考领域，探究理念与物质、理念与观念、理念与理性的关系，尤其使理念在形而上学意义上获得更大的发展空间。

（二）中国哲学视域中的理念

中国传统哲学虽然不同于西方传统哲学以概念分析、抽象思辨的方式追问世界本体，但同样追思人和世界的关系，同样在追求终极观照中寻求安身立命之本，提出了与理念同一层面的思想维度与规定方式的表述。例如，孔子认为“仁”是人之为人的根本，是人修己、安人、知天命的依据，是人

---

① ［法］笛卡尔：《第一哲学沉思集》，庞景仁译，商务印书馆 2017 年版，第 46 页。

② ［英］洛克：《人类理解论》上册，关文运译，商务印书馆 2009 年版，第 107 页。

③ ［德］康德：《任何一种能够作为科学出现的未来形而上学导论》，庞景仁译，商务印书馆 1982 年版，第 105 页。

修身齐家的最高道德准则，是君子博物通达的理念。老子在思考天人之际中“万物之所以是万物”问题过程中，将“道”视为宇宙万物的本源，在思维高度上类似于黑格尔的“绝对理念”。宋明时期，面对外来文化的侵袭，如何在扬弃佛道思想中解决中国人的现实关怀与精神诉求，哲学家们提出的“心即理”以及“发明本心”成为基本理念。近代以来，李大钊最早使用“理念”一词，将其纳入精神范畴，同“圣神”“德化”等概念类比理解。之后，中国学者往往因“理念”所具有的形上唯心色彩而较少提及。总的看来，中国传统哲学视域中“理念”同西方所强调的“绝对理念”“先验理念”有所不同，是一个人文主义的价值理性与现实主义的社会理性双重交织的概念，是思想、政治、道德紧密结合的产物，蕴含着更多的道德理想、思想境界、人格修养等价值内涵。

（三）马克思主义视域中的理念

面对黑格尔建立的“绝对理念”庞大的哲学体系，马克思恩格斯借用理念的贬义用法，直指其唯心主义的浓重色彩，立足于历史唯物主义立场，批判理念是脱离客观世界、抛弃经验事实的纯粹性哲学概念，并在批判过程中实现了“理念问题”的彻底改造，并赋予理念以科学内涵。对黑格尔等前辈思辨哲学家的理念观，马克思曾一语道破其本质：“当思辨在其他一切场合谈到人的时候，它指的都不是具体的东西，而是抽象的东西，即观念、精神等等。”① 马克思在批判的过程中，匡正了唯心主义哲学家对于“理念问题”的颠倒性研究，强调理念问题的实质是人如何理解自己存在发展的问题，要将现实个人的感性活动确定为研究起点，“不是从观念出发来解释实践，而是从物质实践出发来解释各种观念形态”。② 于是，马克思吸收阐扬黑格尔理念哲学中的合理辩证因素，创造性地提出并运用历史唯物主义对

---

① 《马克思恩格斯文集》第1卷，人民出版社2009年版，第265页。
② 《马克思恩格斯文集》第1卷，人民出版社2009年版，第544页。

理念问题进行根本改造，敞开理念问题新视域，从本体论、认识论和价值论三个维度建构起马克思主义理念观。

在本体论上，马克思并非对理念持有绝对否定的态度，而是基于人类客观世界和实践活动所开展的对理念属性、普遍规定、精神诉求、终极关怀等问题的追思，在消弭理念抽象性的前提下，强调立足革命实践基础上理念所具有的实践指向性、普遍规定性和客观规律性，认为“人的思维是否具有客观的真理性，这不是一个理论的问题，而是一个实践的问题。人应该在实践中证明自己思维的真理性，即自己思维的现实性和力量，自己思维的此岸性”。① 在认识论上，马克思强调运用变革的思维方式，即辩证唯物主义和历史唯物主义的思维方式实现对理念的改造，并将这一思维方式贯穿于概念系统、逻辑体系和理论框架之中，成为建构理念相关体系的确定性思维规定。因而，这一确定性思维规定也可以理解为实践的思维范式。在价值论上，马克思主义视域中，理念体现着自我规定和普遍规定的价值准则。“对实践的唯物主义者即共产主义者来说，全部问题都在于使现存世界革命化，实际地反对并改变现存的事物。”② “共产主义对我们来说不是应当确立的状况，不是现实应当与之相适应的理想。我们所称为共产主义的是那种消灭现存状况的现实的运动。”③ 马克思还明确指出，共产主义将代替存在着阶级和阶级对立的资产阶级旧社会。在共产主义社会，每个人的自由发展是一切人的自由发展的条件。可见，建立共产主义社会，实现人的自由全面发展是马克思主义“理念”的价值诉求和终极目标，指明了马克思主义理论建设发展和实践的根本价值落脚点。总的说来，马克思主义视域中的理念融涵现实需求、思维方式、价值旨向等内容，是人们理解自身发展问题、开展实践活动的理性观念体系，对于人们的理论建构和社会实践具有普遍规定性、价值指向性和实践导向性。

---

① 《马克思恩格斯文集》第1卷，人民出版社2009年版，第500页。
② 《马克思恩格斯文集》第1卷，人民出版社2009年版，第527页。
③ 《马克思恩格斯文集》第1卷，人民出版社2009年版，第539页。

总之，理念是对事物的内在属性、现实存在以及发展趋势的概念性系统化表述，包含着当代人们对超越现象经验的理性思考和抽象概括。在与时代碰触、现实融合的过程中，这种思考和概括彰显出鲜明的时代特色和现实需要，也为自身内涵的丰富注入生命力，进而体现了理念的时代魅力和现实价值。

在哲学高度以及大众和生活化情境中使用时，理念可分为宏观、中观、微观三个层面：从顶层设计高度来看，譬如党的十八大以来为破解经济新常态问题所提出的创新、协调、绿色、开放、共享的“新发展理念”，为“十四五”总体布局的规划构建、新时代社会主义市场经济的有效运行指明发展思路和改革方向。具体至相关领域，人们理解和使用“理念”是基于该领域的理性认知所形成的概念性表述，并以理念创新为先导调整各个领域的工作目标或任务，譬如“企业理念”“教育理念”“大学理念”等，可以说是兼具现实性与理想性的观念体系。从工作落实角度来看，聚焦至具体领域的实践活动，理念指导并推动具体实践活动的发生，譬如教育领域中的“教学理念”，是基于对教学活动的充分认知所形成的教学活动看法和教学态度，是从事教学活动的信念。但我们需要认识到，理念从本质上看属于意识范畴，其是否具有真理性不能靠主观判断，只能通过实践加以证明，取决于能否转化为指导人们认识世界和改变世界的现实力量。

二、高校思想政治工作理念的基本内涵

学界关于思想政治工作理念的研究始于21世纪初，论文《确立现代化的思想政治教育理念》（李作民，2001），以及《适应学习型社会要求　创新思想政治教育理念》（陈家付，2003）是该研究领域最早的探索。此后随着《中共中央宣传部教育部关于进一步加强和改进高等学校思想政治理论课的意见》实施方案的公布，研究成果呈现逐年递增态势。在中国知网（CNKI）以“高校思想政治工作”并含“理念”进行主题精确搜索（截至2023年4月），高校思想政治工作理念研究方面的论文1081篇，其中与

"以人为本"相关的论文117篇，与"立德树人"相关的论文54篇。相关书籍近20本，例如骆郁廷主编的《当代大学生思想政治教育》一书第三章"当代大学生思想政治教育的科学理念"集中论述了"以人为本、全面发展、整体育德、开放育人"理念的内涵、遵循原则以及实践路径；钟启东的《思想政治教育理念创新逻辑论》从内涵、理论、历史、现实、发展五个逻辑向度对思想政治教育理念进行系统论证。此外，一些著作间接讨论思想政治工作理念问题，例如孙其昂在《思想政治教育学前沿研究》一书中，基于对思想政治教育基本精神的认识和提炼，提出"思想政治教育只要存在，只要开展思想政治教育，就应当存在着思想政治教育的基本精神，就应当体现思想政治教育的基本精神。只要是思想政治教育文化和活动，包括最简单的思想政治教育元素，乃至一举一动、一词一句、一言一行，必然含有思想政治教育基本精神"。①

整体来看，大多数学者强调高校思想政治工作理念是对高校思想政治工作本质规律的根本认识，其中具有代表性的观点为："思想政治教育理念，是指人们在教育实践过程中形成的关于思想政治教育基本问题的本质和规律的理性认识，是人们从事思想政治教育实践活动的根本指导思想和行为准则，也是人们对未来思想政治教育发展的一种理想期望，是对其他思想政治教育观念起统领作用和统摄意义的核心观念"。② 还有学者将思想政治工作价值、目的、任务、原则、规律等基本要素理解为思想政治工作理念，例如将"立德树人"这一根本任务作为思想政治工作的时代理念。③

纵观学界对于高校思想政治工作理念的研究成果，可以发现学者们从不同维度、不同视角界说了高校思想政治工作理念的基本内涵。但现有成果对于高校思想政治工作理念的直接研究成果数量少、也不够系统，一些学术研

---

① 孙其昂：《思想政治教育学前沿研究》，人民出版社2013年版，第209页。

② 吴琼：《改革开放以来高校思想政治教育理念创新历程及其启示》，《北京教育（德育）》2010年第1期。

③ 参见王新皓：《立德树人：大学生思想政治教育的时代理念》，《西南农业大学学报》（社会科学版）2013年第6期。

究成果主要是从价值、目的、任务、原则、规律等维度进行研究，实质上并未将思想政治工作理念作为一个整体概念进行研究，进而使得思想政治工作理念无法形成对思想政治工作理念的整体性理解和系统研究。此外，我们需要思考一个前提性问题：思想政治工作理念与思想政治工作本质是否可以画上等号？虽然两个概念都在根本性上回答了思想政治工作“是什么”这一问题，但是我们应当看到思想政治工作理念在回答这一问题时，还从更为广阔的研究视野探寻思想政治工作“应当是什么”的问题。二者不能简单等同，否则在理论研究中可能发生“用观点之争遮蔽理念创新”，从而导致思想政治工作研究式微。同时，也不能简单从思想政治工作价值、目的、任务、原则、规律等“点位式”要素探讨思想政治工作理念内涵，而是应当在这一类探讨基础上，在更普遍、更本质的整体性和前提性审视中理解思想政治工作理念。

基于学界已有研究，我们尝试将高校思想政治工作理念内涵进行如下界定：高校思想政治工作理念是在实践过程中形成的关于高校思想政治工作本质、价值、目的、任务、原则、规律等基本问题的理性认识，是高校思想政治工作实践的根本指导思想和行为准则，也是对未来高校思想政治工作发展的一种蓝图擘画，是对高校其他思想政治工作观念起统领作用的核心观念。高校思想政治工作理念作为高校在特定社会历史阶段理解和开展思想政治工作的理论精神与实践结晶，是每一时期高校思想政治工作进行自我创新理解、深化理论构建、推动实践发展的思想前提和精神规定，在回答了高校思想政治工作“是什么”“应当是什么”根本问题的基础上，依据高校思想政治工作形势变化，回答高校思想政治工作“为何发展”“如何发展”这一基础性命题，具有较强的解释力。

三、高校思想政治工作理念的内在规定性

作为理论精神与实践结晶的高校思想政治工作理念有着自身的内在理论

规定性，这一规定性既有概念系统的容涵性，也有观照现实的实践性，还有发展形态的相对稳定性，为更好地开展高校思想政治工作提供了观念指导和实践指向。

（一）概念系统的容涵性

理念作为形而上的概念范畴，是高校思想政治工作发展实践的精神动力和方向引领。任何一种可以称之为“理念”的概念系统，都不可或缺地应当具备一个特性：容涵性。概念系统的容涵性具体体现在对于自身体系、思维方式和价值追求的容涵性。

首先，体现在对于自身体系的容涵性。思想政治工作理念并不是单独存在，而是一个理性观念体系。这便给予理念内涵极大的解释空间。思想政治工作理念作为思想政治工作实践活动的思想核心和精神原则，既有观念的抽象，譬如思想政治工作本质，也有观念的具体，例如一定时期思想政治工作的具体落实理念。但无论是对理论创新还是实践发展，思想政治工作理念自身体系的容涵性都有着重要价值。具体来说，这种容涵性的理论价值在于它昭示思想政治工作理念不是凝固的理念形态，而是由内而外、由上而下根据一定逻辑次序统合构成的理性观念体系，其现实价值在于自身体系的容涵性能够指导思想政治工作的现实运动既能够落细落小落实，也能为思想政治工作发展指明方向。其次，体现在对于思维方式的容涵性。所谓思维方式，“是一定时代人们的理性认识方式，是人的各种思维要素及其结合按一定的方法和程序表现出来的相对稳定的定型化的思维样式，是主体观念的把握客体，即认识的发动、运行和转换的内在机制和过程。”① 思想政治工作理念通过对思想政治工作的研究范式、话语体系、实践方式的系统凝练，挖掘思维规律，并上升为具有普遍规定性的思维范式，用于指导思想政治工作的有

① 李秀林等主编：《辩证唯物主义和历史唯物主义原理》，中国人民大学出版社 1990 年版，第 267—268 页。

效开展。再次，体现在对于价值追求的容涵性。思想政治工作理念所蕴含的价值旨向，指的是对于思想政治工作理论和实践活动的理想性预设。这种理想性预设，不仅仅是目标层面对于思想政治工作任务的设定，更是思想政治工作在一定时期所承担和表征的精神意义与价值规范。

（二）观照现实的实践性

实践性是高校思想政治工作理念的根本规定性。高校思想政治工作理念虽然是超越感性现实的理性抽象观念体系，但这并不意味着理念抛弃了对于现实问题的观照。每一时期的思想政治工作理念都肇始于对现实问题的反思，基于思想政治教育理论建设和实践发展解决时代问题的致思路径，并指导着高校思想政治工作能够有效地应对各种风险挑战、不断突破工作瓶颈、圆满完成时代使命、实现自身创新发展。在开展高校思想政治工作的过程中，要实现“形而上”（发展理念）与“形而下”（实践活动）相结合，以思想政治工作实践活动为桥梁，根据时代要求与工作需求，依循发展理念的指导去澄清认识、解决困难、把握方向和规划蓝图。列宁曾指出：“实践高于（理论的）认识，因为它不仅具有普遍性的品格，而且还具有直接现实性的品格。”① 实践性是高校思想政治工作理念的本质特征、现实诉求和检验标准。思想政治工作理念的科学性和指导性是由思想政治工作的现实性和实践性决定的。恩格斯强调，“我们的理论是发展着的理论，而不是必须背得烂熟并机械地加以重复的教条。越少从外面把这种理论硬灌输给美国人，而越多由他们通过自己亲身的经验（在德国人的帮助下）去检验它，它就越会深入他们的心坎。”② 这强调思想政治工作理念并不是形而上的“空中楼阁”，其生命力在于集中体现时代精神、发展走向和创新实践，推动高校思想政治工作在改革创新的过程中破解自身难题。因此，实践性是高校思想

---

① 《列宁全集》第 55 卷，人民出版社 2017 年版，第 183 页。

② 《马克思恩格斯文集》第 10 卷，人民出版社 2009 年版，第 562 页。

政治工作理念最为根本的规定，要用实践去活化思想政治工作理念，用思想政治工作理念去观照指导实践活动。

（三）发展形态的相对稳定性

思想政治工作理念的发展并不是脱离现实的变无常形，而是具有相对稳定形态的发展。从时空角度来看思想政治工作理念在总体上和根本上是不断运动变化发展的，但从时间的连续性上思想政治工作理念又是相对稳定性。思想政治工作理念是从总体上对人们理解和开展思想政治工作做出的整体框定，这种整体框定是人们依据事物发展规律做出的具有一定预见性的科学规定。即使时代发展、环境变化，有些最为根本性和前提性的思想政治工作理念始终发挥着作用，只是会在不同的历史时期呈现出新的命题形式和时代使命，但其作为思想精髓的地位和作用是不变的。例如，“思想政治工作从根本上是做人的工作”，“以人为本”“实现人的全面发展”既是作为一种理念指导，又是高校思想政治工作的根本目的和根本动力，要始终坚持和落实尊重人、理解人、关心人、激励人、促进和实现人的全面发展等。

第二节　新理念引领高校思想政治工作新发展

聚焦新时代高校思想政治工作发展需要，以习近平同志为核心的党中央已经形成了指导高校思想政治工作的科学理念，即“大思政”理念、“三势”“三因”理念①、“同向同行”“协同创新”理念、“四因”理念。不同理念的境界层级不同，可以划分为“道”“术”两个层面。道是思想，用于

---

① “三势”指因势而谋、应势而动、顺势而为，“三因”指因事而化、因时而进、因势而新。

解决原理问题、战略问题和系统问题；术是方法，用于解决技术、当前和局部问题。道为体，术为用。《孙子兵法》云，道为术之灵，术为道之体；以道统术，以术得道。术道合一，方为正道。基于此，我们可将高校思想政治工作理念划分为“道”层面的统领工作的“大思政”理念、“术”层面的落实工作的“三势”“三因”“同向同行”理念、“四因”理念。

一、统领工作的“大思政”理念

高校思想政治工作是高校传播马克思主义、弘扬民族精神和时代精神的重要渠道，也是维护国家意识形态安全的一项重要工作。新媒体的出现、社会思潮的多样化、世界格局的变化对于传统的高校思想政治工作提出全新的挑战和全新的要求。高校思想政治工作需要与时俱进，构建经纬交错、纵横衔接、科学立体的“大思政”格局。

（一）“大思政”理念的形成

“大思政”理念的产生有着深厚的历史基础。在党的历史上，有关调动党内积极因素、全党全社会齐抓共管的思想论述，都给大思政理念的形成提供了思想资源和实践基础。刘少奇在 1951 年 5 月召开的第一次全国宣传工作会议上做总结报告时指出：“我们党从最初建立起，就是全党作宣传的。所以，我们的宣传工作做出了这样大的成绩，革命得到了胜利，广大人民信服共产党的主张，信服马列主义。以后，更要这样做。”① 毛泽东也要求全党全社会都应该关心青年学生的健康成长，要求各教育主体主动工作，发挥各自优势。他强调，关于学校思想政治工作，“共产党应该管，青年团应该管，政府主管部门应该管，学校的校长教师更应该管。”② 这一思想一脉相

---

① 《刘少奇选集》下卷，人民出版社 1985 年版，第 83 页。

② 《毛泽东文集》第七卷，人民出版社 1999 年版，第 226 页。

承，在高校思想政治工作中不断丰富创新。在改革开放新时期，党中央专门以文件的形式要求发动全社会力量，共同为高校思想政治工作发展服务，中共中央在 1987 年颁布《关于改进和加强高等学校思想政治工作的决定》的第六部分明确指出全党全社会都应该关心青年学生的健康成长。一方面要使宣传、理论、文艺等社会各界多与学校沟通交流，了解大学生在校的思想实际和思想需要，创作出有助于青年成长成才的高质量精神产品；另一方面要求地方农业、工业和商业等各部门和人民解放军应主动为大学生提供社会实践的条件。该文件可以说是对“大思政”格局的初次实践。2004 年，《中共中央国务院关于进一步加强和改进大学生思想政治教育的意见》在延续了社会各界都承担做好思想政治工作责任基础上，细化了工作要求，为各部门有效执行工作提供了明晰的方向。该文件特别强调学校要建立与大学生家庭沟通联络机制，自觉认识到了家庭也是加强高校思想政治工作的重要力量，校内外思想政治工作多种力量相互协作，使高校思想政治工作在格局建构上更为合理。

党的十八大以来，面对百年未有之大变局的世情，面对中华民族伟大复兴战略全局的国情，新时代中国特色社会主义事业的建设和发展需要人民群众坚定理想信念，树立“四个自信”，以强大的精神凝聚力推动中国梦的实现。应当看到，习近平总书记在 2016 年全国高校思政工作会议上强调高校思想政治工作的构建问题，正式提出并系统阐释了构建高校思想政治工作大格局的具体要求。他指出，“高校思想政治工作关系高校培养什么样的人、如何培养人以及为谁培养人这个根本问题。要坚持把立德树人作为中心环节，把思想政治工作贯穿教育教学全过程，实现全程育人、全方位育人，努力开创我国高等教育事业发展新局面”①。中共中央颁布的 31 号文件对“大思政”格局的构成、领导和运行机制提供了基本指导，明确了党委的领导职能及高校思想政治工作的主体力量，即除了党委部门要履职尽责，行政部

① 《习近平谈治国理政》第二卷，外文出版社 2017 年版，第 376 页。

门、各职能部门都有参与工作和组织协调的责任，社会各方也应该参与；明确了学校、家庭和社会“三结合”机制，要求建立相互配合、协同育人的工作机制等。在《关于新时代加强和改进思想政治工作的意见》中再次强调，要构建共同推进思想政治工作的大格局，“完善领导体制和工作机制，完善党委统一领导、党政齐抓共管、宣传部门组织协调、有关部门和人民团体分工负责、全党全社会共同参与的思想政治工作大格局”。① 至此，实现了对高校思想政治工作的顶层设计，开创了我国高校思想政治工作的新阶段。

（二）“大思政”理念的基本要求

1. 高站位

“大思政”理念要求正确认识新时代高校思想政治工作的战略地位。关于高校思想政治工作的价值作用，习近平总书记用“五个如何”来概括。关于新时代高校思想政治工作的战略地位，中共中央、国务院印发的《关于加强和改进新形势下高校思想政治工作的意见》用“三个事关”进行了诠释，即“加强和改进高校思想政治工作事关办什么样的大学、怎样办大学的根本问题，事关党对高校的领导，事关中国特色社会主义事业后继有人，是一项重大的政治任务和战略工程。”② “三个事关”是“生命线”理论在高等教育领域的具体应用与逻辑展开，明确了新时代高校思想政治工作关乎旗帜、道路、方向，是一项重大的政治任务和战略工程，不能有丝毫含糊，更不能停滞，必须积极作为。必须全面加强和改进党对高校思想政治工作的领导，提高政治站位，立足于党的长期执政，切实履行管党治党、办学治校主体责任，加强组织领导和工作指导。定期研究解决重大问题，抓好顶层设计，完善制度建设，全面统筹学校资源和力量，系统设计项目布局、队

---

① 《中共中央　国务院印发〈关于新时代加强和改进思想政治工作的意见〉》，《人民日报》2021 年 7 月 13 日。

② 《中华人民共和国学校思想政治理论课重要文献选编》下册，人民出版社 2022 年版，第 1419 页。

伍建设、条件保障，建立完善全员、全程、全方位育人的体制机制。

2. 大格局

大格局就是指高校思想政治工作的整体布局和顶层规划，应统筹思想政治工作系统的各要素优势，形成全员、全程、全方位的育人合力，加快构建思政课程、学科思政、日常思政、文化思政、网络思政、教师思政一体的思想政治工作新格局，全面提升高校思想政治工作质量。

其一，转变传统的高校思想政治工作主体观、时空观，建立全员、全程、全方位育人的体制机制。转变只靠思想政治理论课教师和专职负责宣传思想工作的政工人员来进行思想政治工作的观念，跳出工作部门职能“条块状”分割的局限，打破工作主体壁垒，实现全员育人。深入挖掘并充分激活学校中的各个教育主体力量，强调建立一支由党委领导的各级党员干部、思想理论工作者、宣传工作者、专任教师、学生辅导员等全员参与的高素质思想政治工作队伍大格局。同时要联结校外各种育人力量，使学生的“拔节孕穗期”获得充足的“阳光”和“水分”。全员育人方面，还需要充分考虑到教育对象的全员，统筹教师和学生两大群体。教师和学生作为学校的两大主要群体，他们是高校思想政治工作的主体和客体的统一，因此高校思想政治工作不仅要关注学生，也不能忽略对教师群体的关心和引领。与高校学生思想政治工作相比，教师思想政治工作相对薄弱，存在工作短板。而在学生思想政治工作中，研究生思想政治工作又是薄弱链条。今天我们必须像抓本科生思想政治工作那样，有针对性地做好研究生思想政治工作。要引导广大教师坚持习总书记提出的“四个相统一”，做党和人民满意的好老师，做好学生成长发展路上的引路人。人的成长是一个过程，大学生成长中出现的问题，其根源并非都在大学，一些问题可以解决在基础教育阶段。因此，要主动建立大中小学段的联系以及高校和社会的联系，结合不同阶段学生的身心发展特点、教育教学特点将思想政治工作的育人功能发挥到最大功效，在时间上不再局限于大学阶段，以实现全过程育人。建构大中小一体化的思政课程和日常思政教育引导，形成各学段的合力。对于在校大学生，注重成长阶段及个体差异，科学划分出不同的发展阶段，建构一个螺旋式上升、层次性递进的思想政治工作体系；构建分阶段分类别的教育模式，根据大学生不同阶段的成长成才特点，安排有针对性的教育内容，诸如一年级侧重实施适应性和生涯规划教育、典范朋辈教育，二、三年级侧重科研实践教育、成长反思教育，四年级侧重职业理想教育、社会责任感教育等。每一个学生都是一个生动个体，其成长空间是复杂多样的，高校思想政治工作突破传统教育空间，开发拓展教育路径、载体、资源，实现全方位育人。统筹学校、家庭、社会实践等多种载体，实现校内校外、课上课下、网上网下，教学、科研和学科建设，思政课程和课程思政，校园文化和管理服务等协同合力育人，培养又红又专、全面发展的中国特色社会主义建设者和接班人。

其二，善用“大思政课”，建设思政课程、课程思政、日常思政、网络思政、文化思政、教师思政一体的思想政治工作新格局。① 抓好关键课程，思想政治理论课是落实立德树人根本任务的关键课程，是大学思想政治教育主渠道。发挥其主渠道和关键课程作用，要自觉推动思想政治理论课建设内涵式发展，抓住教材体系、学生期待、教师队伍、教学方法等环节，合力推进思想政治理论课改革创新，把思想政治理论课变成学生受益终生的“精神大餐”；建设学科思政，打破学科壁垒，巩固马克思主义理论学科的领航地位。建设一批有助于提高学生思想道德品质、人文素质、科学精神和认知能力的学科基础课程。例如，“理学、工学类专业课程要注重科学思维方法的训练和科技伦理的教育，培养学生探索未知、追求真理、勇攀科学高峰的责任感和使命感，培养学生精益求精的大国工匠精神。农学类专业课程要注重培养学生的大国‘三农’情怀，引导学生‘懂农业、爱农村、爱农民’。医学类专业课程要注重加强医德医风教育，注重加强医者仁心教育，教育引导学生尊重患者，学会沟通，提升综合素养。艺术

① 杨晓慧：《深入推进高校思想政治工作体系建设》，2020 年 5 月 28 日，见 http：//politics.rmlt.com.cn/2020/0528/581843.shtml。

学类专业课程要教育引导学生树立正确的艺术观和创作观，积极弘扬中华美育精神”①；夯实日常思政，以学生成长成才为根本，聚焦学生价值导向、发展取向和需求指向，遵循学生在思想、学习、交往、心理、网络活动等方面的基本规律，构建实施活动式教育模式，把思想政治教育持续渗透延伸到第二课堂，切实有效增强大学生日常思想政治教育的亲和力与感染性；建设文化思政，突出文化的浸润性、渗透性。重视校本文化，重视身边人、身边事、身边文化对人的影响。建设校本文化、传承红色文化、厚植学术文化、弘扬特色文化，使师生通过对学校自身传统和价值的认同，进而实现对社会主义核心价值观的认同；提升网络思政功效，依托互联网技术和新兴信息技术，立足正面教育引领，聚焦内容策划、方式创新、阵地建设等重点领域，以提升主流思想话语权和引领力，不断占领网络空间的思想政治教育方式。以师生喜闻乐见、高效便捷的方式弘扬主旋律，传播正能量，对错误观点要敢于亮剑，勇于发声；深化教师思政。教育者先受教育，抓好教师思想政治教育工作，是落实办学育人主题的关键。新时代加强师德师风建设是教师思政的一个重要内容和载体，建立健全师德师风建设长效机制，通过制度化的开展关于师德师风的基本规范和要求的宣传、教育和培训，以及处罚师德失范行为等，保障教师知法守法。挖掘和表彰师德典型，坚持用身边人、身边事教育身边人，引导教师做“四有”好老师。

3. 一体化

“大思政”理念要求高校思想政治工作要坚持办学育人一体思考一体落实，探索思想政治教育大中小一体化建设。

其一，办学育人一体化。育人是办学的出发点和归宿，办学育人之间脉脉相通、息息相关。高校思想政治工作围绕中心服务中心，必须要把办学育人联系起来一体化思考，保障高校坚持社会主义办学方向，培养德智体美劳

---

① 《教育部等八部门关于加快构建高校思想政治工作体系的意见》，2020 年 4 月 22 日，见 http：//www.gov.cn/zhengce/zhengceku/2020-05/15/content_ 5511831.htm。

全面发展的社会主义建设者和接班人。关于办学育人的一体化，习近平总书记进行了深入思考，提出了明确要求。首先，办学方向、人才培养之间的辅车相依，一所学校一旦在办学方向上走错了，在培养人的问题上走偏了，那就像一株歪脖子树，无论如何也长不成参天大树。其次，作为一种社会机构，教育必须服务国家发展，培养社会发展所需要的人，如此方能发展壮大，“每个国家都是按照自己的政治要求来培养人的，世界一流大学都是在服务自己国家发展中成长起来的。”① 为此，要“扎根中国大地办大学，走出一条建设中国特色、世界一流大学的新路。”② 第三，立德树人的成效是检验学校一切工作的根本标准，也是我国教育是否具有世界地位、是否有话语权的标准，因此，我们在培养社会主义建设者和接班人上必须有作为、有成效。第四，学校应该培养什么样的人？关于这个问题，习近平总书记斩钉截铁给出了“一个明确答案”，那就是培养德智体美劳全面发展的社会主义建设者和接班人。培养“社会发展、知识积累、文化传承、国家存续、制度运行所要求的人”③。“培养一代又一代拥护中国共产党领导和我国社会主义制度、立志为中国特色社会主义奋斗终身的有用人才。”④ 培养担当民族复兴大任的时代新人。办学育人一体要求使坚持社会主义办学方向任务更明确，工作有抓手，落实有载体，效果能评价，为新时代坚持社会主义办学方向提供了有效操作路径，可以有效保障落地落实，避免其流于形式或口号，牵住了新时代教育发展的“牛鼻子”。坚持社会主义办学方向，实现育人育才相统一，就要坚持党对教育领域全面领导、走中国特色社会主义教育道路、办人民满意的教育、深化教育改革发展创新、把教师队伍作为基础工作等要求，在具体工作上要“抓好马克思主义理论教育，为学生一生成长奠

① 习近平：《在北京大学师生座谈会上的讲话》，人民出版社 2018 年版，第 6 页。

② 《习近平在中国人民大学考察时强调 坚持党的领导传承红色基因扎根中国大地 走出一条建设中国特色世界一流大学新路》，《人民日报》2022 年 4 月 26 日。

③ 习近平：《在北京大学师生座谈会上的讲话》，人民出版社 2018 年版，第 5 页。

④ 习近平：《论党的宣传思想工作》，中央文献出版社 2020 年版，第 343 页。

定科学的思想基础”[①]“发展具有中国特色、世界水平的现代教育”[②]，培养又红又专的人才。

其二，推动大中小学思想政治教育一体化。党的二十大报告明确提出了“完善思想政治工作体系，推进大中小学思想政治教育一体化建设”[③]的要求，这一要求是新时代新征程全面贯彻落实立德树人根本任务的重要抓手，也是构建完善德智体美劳全面培养的教育体系的战略安排。习近平总书记指出，“青少年思想政治教育是一个接续的过程，要针对青少年成长的不同阶段，有针对性地开展思想政治教育”[④]，要“把统筹推进大中小学思政课一体化建设作为一项重要工程。”[⑤]大中小思政课一体化建设的工程是“大思政”理念在教育教学中的具体实践形式。在明晰各学段学生的心理需求的差异性，掌握实际学情和教情的特殊性基础上，准确规范思想政治工作目标和内容，科学设置思想政治理论课，设计思想政治教育工作实践，推进各学段思想政治教育的有效衔接。首先，要整体规划，形成共识。大中小学思政课教育应是不可分割、环环相扣的，提升高校思政课的实效性，实现高校思政课的守正创新，不能仅仅局限于高校，还需要对思政课课程目标、内容、方法进行宏观上、整体性、系统性的规划。统一研究、统一布局是避免重复、断层和倒置的保证，是整体规划的现实体现，是一体化的必然要求。无论教学大纲、课程标准还是教学内容，都该如此。统一研究整体规划不是没有分段研究，但必须在明确整体任务的前提下进行分段研究，并且在分段研究之后再进行统一整合。在整体规划的过程中，要按照小学、中学、大学的逆向逻辑展开。其次要聚焦培养目标，设置课程内容。要根据不同学段学生

---

① 《习近平谈治国理政》第二卷，外文出版社 2017 年版，第 377 页。

② 习近平：《做党和人民满意的好老师——同北京师范大学师生代表座谈时的讲话》，人民出版社 2014 年版，第 3—4 页。

③ 《习近平著作选读》第一卷，人民出版社 2023 年版，第 36 页。

④ 《习近平在中国人民大学考察时强调　坚持党的领导传承红色基因扎根中国大地　走出一条建设中国特色世界一流大学新路》，《人民日报》2022 年 4 月 26 日。

⑤ 《习近平谈治国理政》第三卷，外文出版社 2020 年版，第 331—332 页。

的特点，制定相应的培养目标、设置课程内容。在小学阶段，注重启蒙道德情感，开展启蒙性学习，“引导学生形成爱党、爱国、爱社会主义、爱人民、爱集体的情感，具有做社会主义建设者和接班人的美好愿望”；在初中阶段，注重打牢思想基础，开展体验性学习，形成朴素的感性认知，“引导学生把党、祖国、人民装在心中，强化做社会主义建设者和接班人的思想意识”；在高中阶段，注重提升政治素养，开展常识性学习，“引导学生衷心拥护党的领导和我国社会主义制度，形成做社会主义建设者和接班人的政治认同”；在大学阶段，注重增强学生使命担当，开展理论性学习，讲清理论的历史逻辑、理论逻辑与实践逻辑，“引导学生矢志不渝听党话跟党走，争做社会主义合格建设者和可靠接班人。”① 最后，统筹高校和中小学校的教师队伍力量，加强教师交流互动，实现常态化协作，共同关注学生成长成才的全过程，做好不同阶段思想政治工作的有效衔接，实现育人一体化。思政课教师的职责特殊，在教学中起着主导作用，为促进不同学段的思政课教师拓宽知识视野，加大大中小学教师的合作力度，可以通过共同备课、合作项目研究等方式，让不同学段的思政课教师在共同探讨、相互启迪的过程中，找准不同学段相似教学内容的共鸣点、交融点，了解其他学段的教育诉求和内容，做好“导引”和“起承转合”，提高教育教学实效。

二、落实工作的“三势”“三因”“同向同行”理念

（一）“三势”“三因”理念的内涵和要求

第一，“三势”“三因”内涵。习近平总书记在2013年宣传思想工作会议上提出了“胸怀大局、把握大势、着眼大事，做到因势而谋、应势而动、顺势而为”的要求，形成了指导新时代宣传思想工作的“三势”理念。

① 《中华人民共和国学校思想政治理论课重要文献选编》下册，人民出版社2022年版，第1530—1531页。

2016年，在全国高校思想政治工作会议上，习近平总书记对于思想政治工作提出了“因事而化、因时而进、因势而新”的要求，成为新时代指导高校思想政治工作的“三因”理念。众所周知，宣传工作和思想政治工作紧密联系，不可分割。“党的宣传工作始终要求把思想政治工作放在第一位”①，“加强和改进新形势下的思想政治工作是全党的一件大事，是宣传思想工作的重中之重”。② 因此，“三势”“三因”理念共同构成了新时代指导高校思想政治工作的基本理念。

“因势而谋”强调要提高对国际国内形势的洞察力，形成工作经验和方法，深入探寻工作规律和方法，并及时根据形势的发生、发展、变化对工作做好谋划，对于趋势性问题，要增强敏锐性和预判研判能力；“应势而动”强调要提高对形势的应变能力和行动能力，做到既不缩手缩脚、故步自封，也不横冲直撞、贸然行事；“顺势而为”强调要主动适应舆论形势和传媒技术的发展与变化，提高对形势的掌控力，不仅要有所作为，还要争取有效作为。“因事而化”即有的放矢，体现了尊重事物运行发展客观性规律；“因时而进”即与时俱进，“变法者因时而化”，随着时代情况的变化而变化之意，要求认清时代特征、抓住时代机遇、肩负时代使命，用发展的观点看问题，勇立时代潮头，引领思想发展；“因势而新”即创新发展，要求随着形势和局势的变化不断创新工作的方式方法和思想认知，要抓住重要契机发展，不能因循守旧、墨守成规。

“三因”理念是“三势”理念的具体化，以把握大局、大势和大事为前提，将“三因”理念贯穿于高校思想政治工作的实践中。从“因势而谋、应势而动、顺势而为”到“因事而化、因时而进、因势而新”，体现了新时代我国高校思想政治工作理念内涵的丰富和深入。

第二，“三势”“三因”理念的本质要求。高校思想政治工作中落实

---

① 中央宣传部办公厅：《党的宣传工作会议概况和文献（1951—1992）》，中共中央党校出版社1994年版，第344页。

② 《胡锦涛文选》第一卷，人民出版社2016年版，第392页。

“三势”“三因”理念，应重点把握以下内容。

其一，遵循规律，坚持一切从实际出发。高校思想政治工作科学化的基本前提是要遵循思想政治工作规律、教书育人规律、学生成长规律。这是“三势”“三因”理念的实践要求。唯有坚持一切从实际出发，在三大规律的科学指导下，高校思想政治工作方能在理论和实践不断创新发展的过程中做到因事而化、因时而进、因势而新。作为学校各项工作的生命线，思想政治工作规律的核心是毫不动摇坚持和加强党的全面领导，当前的任务关键在于落细落小落实社会主义核心价值观。育人是高校最重要、最根本的社会属性，因此，教书育人规律的核心在于坚持育人为本、德育为先，关键在于教师做到“有理想信念、有道德情操、有扎实学识、有仁爱之心”，这是新时代党和国家对教师提出的素质要求和角色期待。“青年是祖国的未来、民族的希望，也是我们党的未来和希望。”① 学生成长规律是对学生成长的自然过程和社会化过程中内在本质必然联系的揭示，规律的核心在于要坚信当代大学生可爱、可信、可贵、可为，关键在于要确保大学生自我发展与教育引导互动促进。思想政治工作规律、教书育人规律、学生成长规律三大规律，相互影响、相互作用，共同构成新形势下高校思想政治工作需要遵循的系统性和整体性规律。思想政治工作规律旨在保障教书育人规律和学生成长规律的作用方向；教书育人规律是思想政治工作在高等教育中发挥作用的基本遵循，为高校思想政治工作奠定了牢固基础；学生成长规律是实现思想政治工作规律和教书育人规律的根本出发点和落脚点，极大增强了高校思想政治工作的针对性和立德树人的实效性。三大规律虽揭示的具体内容各不相同、各有侧重，但最终均统一于高校的立德树人实践中，体现着高校思想政治工作一切从实际出发，在开展工作时因事而化、因时而进、因势而新的本质要求。

其二，把握时机，迎接新挑战。尊新必威，守旧必亡。高校思想政治工

① 习近平：《论中国共产党历史》，中央文献出版社 2021 年版，第 137 页。

作在依循规律的基础上，要立足当下，把握住工作的“现在进行时”，守正出新，立破并举，在改进中加强思想政治工作，这是“三势”“三因”理念的现实要求。高校作为意识形态的前沿阵地，唯有通过强有力的思想政治工作才能牢牢把握主流意识形态工作的领导权、管理权和话语权，不断克服党面临的“四个考验”和“四个危险”。在开展思想政治工作的过程中，要抓住“网络”这一最大变量，直面社会问题以释疑解惑，做到有理、讲理、说理。高校要加强关注社会问题的意识，抓住时机，思考如何利用各种宣传教育工具推出与网络化信息化时代相适应的新手段、新途径和新方法，变疏导为预防，变我说你听、我演你看为对话参与、自我教育，提高教育对象的主动性和自觉性。

其三，胸怀大局，顺应历史发展潮流。做好高校思想政治工作，并不意味着故步自封，而是要胸怀大局，顺应历史发展潮流，向着未来而发展。这是“三势”“三因”理念的时代要求。面对世界百年未有之大变局，面对多元社会思潮交融交锋交汇的严峻形势，高校思想政治工作不仅要观当下，还要“向后看”“向外看”“向前看”。所谓“向后看”是指要实现高校思想政治工作的改革创新，必须借鉴高校思想政治工作的有益历史经验，始终发挥思想政治工作在学校各项工作中的“生命线”作用，绝不能忽视其重要地位；“向外看”是指高校思想政治工作不能闭关自守，要拓宽学科视野，积极借鉴政治学、心理学、教育学、传播学等学科知识以达到融合创新推动自身发展的目的，要拓宽国际视野，主动了解国外思想政治工作现状，吸收国外思想政治工作的有益经验；“向前看”是指要从全局和战略高度深刻认识高校思想政治工作的重要性，坚持以立德树人为根本任务，以培养堪当民族复兴大任的时代新人为目标。

（二）“同向同行”理念的内涵和要求

深刻把握高校思想政治工作“大思政”理念，将高校思想政治工作落实落细落小，增强针对性和实效性，需要以“同向同行”方法论为指导，协同创新，构建经纬交错、纵横衔接、科学立体的协同育人机制。

第一，“同向同行”理念的内涵。在全国高校思想政治工作会议上，习近平总书记指出，做好高校思想政治工作，“要用好课堂教学这个主渠道，思想政治理论课要坚持在改进中加强，提升思想政治教育亲和力和针对性，满足学生成长发展需求和期待，其他各门课都要守好一段渠、种好责任田，使各类课程与思想政治理论课同向同行，形成协同效应。”① 同向同行、协同创新也给新时代高校思想政治工作提供了重要的方法论指导。

“同向同行”要求方向正确。方向是旗帜，方向决定道路，决定成败。“同向”强调高等教育的使命要同中国特色社会主义事业同一方向、一同前行，这要求高校要坚持正确的政治方向，扎根中国大地，办好中国特色社会主义大学，为党育人为国育才。可以说“同向同行”首先就要回答好高校“为谁办学育人、怎样办学育人，办什么样的学育什么样的人”这一根本问题。在此基础上，则要求高校思想政治工作的所有各要素之间能够同向同行、协同创新，合力促进高校思想政治工作体系的高效运转，完成好办学育人的根本任务，培养合格建设者和可靠接班人。

“同向同行”要实现协同创新。“同向同行”并非简单向着同一个方向一起走，而是要求打破各要素之间的壁垒，优势互补，实现协同创新，最大限度提高教育实效。恩格斯强调：“许多人协作，许多力量融合为一个总的力量，用马克思的话来说，就产生‘新力量’，这种力量和它的单个力量的总和有本质的差别。”② 所以，高校思想政治工作教学、环境、方法、教师角色、体制机制以及队伍建设等各层次各要素，既要最大程度上发挥各自效能，还要打破各要素之间的壁垒，相互补充、支撑、嵌入、耦合，通过整合效应、放大效应、感染效应等提升高校思想政治工作实效性，推动高校思想政治工作整个系统的创新发展。协同不是简单的相互合作，它将突破双方或

① 《习近平谈治国理政》第二卷，外文出版社 2017 年版，第 378 页。

② 《马克思恩格斯文集》第 9 卷，人民出版社 2009 年版，第 133—134 页。

者合作要素之间的限制，注重要素间的积极参与，通过在共同目标的指导下开展各项工作。除此之外，协同还具有结构整合的功能。面对一个复杂多变的外部环境，处于内外部因素不断变化的动态发展结构，高校思想政治工作需要整合资源，以实现系统整体结构绩效的提高。因此，高校思想政治工作同向同行，不是简单的叠加，而是在目标、方式、功能和效果上进行有机整合，形成“1+1>2”的协同效应，凝聚起高校思想政治工作创新发展的内生动力和外部推动力。

第二，“同向同行”理念的要求。概括来说，高校思想政治工作包含六个要素维度同向同行。① 一是教学的同向同行，即发挥好课堂教学的主渠道作用。思想政治理论课要始终坚持在改进中加强，提升课程本身亲和力和针对性，以满足学生成长发展实际需要和心理期待。与此同时，其他各门课都要守好一段渠、种好责任田，时刻与思想政治理论课同向同行，协同发展。二是工作环境的同向同行，即在高校思想政治工作中坚持不懈培育优良校风和学风，更加注重以文化人、以文育人，使高校发展做到治理有方、管理到位、风清气正。三是工作方法的同向同行，即把思想政治工作的优良传统与高新技术充分融合，发挥出新媒体技术在网络时代的重要作用，将工作搞“活”，使得网上的舆论引导和网下的思想工作结合起来，既会“键对键”，又能“面对面”，使高校思想政治工作做到“包装新颖”。四是教师自身角色的同向同行，即高校教师要坚持教育者先受教育，传播先进的思想文化，紧紧拥护在党的坚强领导下，引领学生走上健康成长成才的道路。五是机制运行的同向同行，即各级党委务必高度重视高校思想政治工作所凸显的战略地位，为形成党委统一领导、各部门各方面齐抓共管的工作格局提供方向性和集中性的指导。六是队伍建设的同向同行，即要整体推进高校党政干部和共青团干部、思想政治理论课教师和哲学社会科学课教师、辅导员班主任和

---

① 参见冯培：《把握高校思想政治教育同向同行格局的思考》，《思想理论教育》2017 年第 10 期。

心理咨询师等队伍建设，选优配齐一支值得信赖的高校思想政治工作队伍。

落实“同向同行”理念，重点要加强协同联动。思想政治教育工作是一项复杂的系统工程，新时代高校思想政治工作并非“单兵作战”，而是要贯穿到教育教学全过程，充分运用各种有效的资源和方法，充分搭建各种有效的社会教育网络，凝聚高校思想政治工作多元积极元素，推动实践过程的有效发展。具体而言，高校思想政治工作要素协同可分为四类：一是主体的同向协同。从思想政治工作主体来看，主要包括家庭、学校、社会三大要素。家庭是微观的社会环境，奠定受教育者基本的思想观念、政治倾向、道德素养；学校是有组织地进行系统教育的环境，对于受教育者的世界观、人生观、价值观的培养起着十分重要的作用；社会是受教育者生活的宏观环境，对其思想政治状况起着潜移默化的作用。学校教育外的教育要素，相对于社会环境的复杂多变难于调控，家庭因其固有的血缘影响在学生思想政治教育中具有不可或缺的重要作用。良好的家风家教是思想政治教育的重要资源，对于大学生的思想政治工作也要主动建立家校之间的联系，通过实现校家联动提高思想政治工作实效。二是学段的一体化协同。从学习阶段来看，高校思想政治工作提高实效性的一个有效措施在于精准发力，实现大中小思想政治教育一体化。以问题为导向，针对不同年龄段学生，在大中小不同阶段设计思想政治工作目标、内容、途径、手段、方法，以循序渐进、螺旋上升的方式使教育层层深入、内容有效衔接，推进社会主义核心价值观内化于心、外化于行。三是学校内各部门之间的协同。不仅包括主渠道思想政治理论课和主阵地日常思想政治教育的协同，还包括学校思想政治工作相关部门之间的合力协同。高校日常思想政治教育涉及众多部门工作，包括党委宣传部、组织部、学工部、团委、教务、人事、科研、后勤、各个学院等多个部门，引导和激励这些部门自觉打破传统的教学、科研、管理的工作分工壁垒，破除部门本位、学科本位和院系本位的思维定式，找到本职工作与立德树人的有效对接点，既做到守土有责、守土负责、守土尽责，还要通过联席会议等制度机制建设，加强各部门、各项具体育人工作间的沟通合作，形成协同联动效应，实现教书育人、管理育人、服务育人、科研育人、文化育人、实践育人、组织育人的全方位全过程协同育人系统。四是加强纵向联动的协同。学校思想政治工作体系包括丰富的层级，从学校到院系、班级，从校党委行政到各职能部门，从专业教师、职员、辅导员到学生干部等，都需要统一思想，协同联动。校外思想政治工作各层级的协同联动也要加强。无论是从中央到地方，还是从部委到学校，都需要在相关立德树人政策制定、文件落实、问题聚焦以及难题解决等方面加强协同联动，为学校思想政治工作治理提供与时俱进、遵循规律和科学有效的政策支持与制度保障。

三、创新工作的“四因”理念

2021 年 7 月，中共中央、国务院印发《关于新时代加强和改进思想政治工作的意见》，要求坚持遵循思想政治工作规律，把显性教育与隐性教育、解决思想问题与解决实际问题、广泛覆盖与分类指导结合起来，因地、因人、因事、因时制宜开展工作。“四因”的提出既是思想政治工作方针原则的创新，也对于高校思想政治工作具有理念创新意义和实践指导价值。

“因地”包含虚与实的两层意蕴，一是高校思想政治工作要立足地域环境和地理位置的现实差异，采取和制定不同的工作方式、内容、方法等。中国共产党在领导革命、建设、改革的长期实践中，高度重视革命老区、民族地区、边疆地区、贫困地区发展。党的高校思想政治工作在革命老区、民族地区、边疆地区、贫困地区也有不同的发展方式和侧重点。二是高校思想政治工作要准确识别思想舆论“地带”的差异，坚持和巩固党对意识形态工作的领导、巩固马克思主义在意识形态领域的指导地位。2015 年 12 月，习近平总书记在全国党校工作会议上的讲话中再次指出，“思想舆论领域大致有红色、黑色、灰色‘三个地带’。红色地带是我们的主阵地，一定要守住；黑色地带主要是负面的东西，要敢于亮剑，大大压缩其地盘；灰色地带要大张旗鼓争取，使其转化为红色地带”。① 高校思想政治工作守住红色地带，“宣传党的主张，有针对性地批驳各种歪理邪说，当好党的创新理论的积极宣讲者、马克思主义在意识形态领域指导地位的坚定维护者、用党的意识形态引导社会思潮的可靠排头兵”。② 压缩黑色地带，要旗帜鲜明地反对危害我国意识形态安全和中国特色社会主义事业的社会思潮。争取灰色地带，拓展高校思想政治工作的世界视野，依托各种国际交流与合作的机会，多层次、全方位、立体式开展对外宣传工作，“讲好中国故事、传播好中国声音，展现可信、可爱、可敬的中国形象”。③

“因人”是指高校思想政治工作要以明晰对象差异为前提，遵循学生成长规律、教书育人规律，引导广大师生立大志、明大德、成大才、担大任，在为祖国、为民族、为人民、为人类的不懈奋斗中实现人生价值。其一，把握新时代大学生的时代特征及其不同群体的工作要求，锚定高校思想政治工作的前进方向。就整体而言，高校思想政治工作要在增强大学生爱国爱民，做中国人的志气、骨气、底气方面久久为功。坚持通过党史学习教育，筑牢大学生马克思主义信仰、中国特色社会主义信念、中国式现代化信心的思想基础；坚持中华优秀传统文化、革命文化、社会主义先进文化凝心铸魂，加强大学生的道德修养，引导大学生明辨是非曲直，积极追求更有高度、更有境界、更有品位的人生。就把握大学生不同群体的差异来看，一方面高校思想政治工作要关注学生从义务教育阶段步入本科教育阶段以后，面临的大学适应、课程学习、人际关系、自我实现等挑战。坚持学风建设和学业引导、营造社交文化与交流氛围、培育抗逆力等举措，从学业系统、社交系统和自我效能等维度，提升本科生的心理素质、端正学习态度、提升生活管理的成熟程度。另一方面，坚持系统思维和问题导向，统筹把握研究生思想政治工

① 《习近平谈治国理政》第二卷，外文出版社 2017 年版，第 328 页。

② 习近平：《在中央党校建校 90 周年庆祝大会暨 2023 年春季学期开学典礼上的讲话》，《求是》2023 年第 7 期。

③ 《习近平著作选读》第一卷，人民出版社 2023 年版，第 38 页。

作的核心要素与关键环节，做好“育德”与“育才”、“导师思政”与“政工思政”、“学校主导”与“院系主体”、“自我教育”与“规范引领”、“借鉴本科”与“彰显特质”的统筹协调①，从而增强工作的系统性、科学性和亲和力。其二，把握新时代教师的价值定位，确定高校思想政治工作的关键点位。习近平总书记强调，“教师是教育工作的中坚力量”②。大学教师对学生承担着传授知识、培养能力、塑造正确人生观的职责，没有高水平的师资队伍就没有高水平的创新人才，没有为学、为事、为人的示范就难以促进学生的全面发展。

“因事”是指高校思想政治工作要关注民族复兴全局的大事、聚焦自身创新发展遇到的新事，也要关心学生成长成才遇到的急事。其一，关注民族复兴全局的大事。高校思想政治工作要准确识变主动应变科学求变，结合民族复兴面临的重大挑战、重大风险、重大阻力、重大矛盾，于危机中育新机、变局中开新局。紧紧围绕“育人根本在于立德”，教育引导大学生立足国情、放眼世界，在洞察全球风云、把握世界潮流中认清发展大势，增强大学生的责任感、使命感，培育实现中华民族伟大复兴的先锋力量。其二，聚焦自身创新发展遇到的新事。全面贯彻党的教育方针，落实好立德树人根本任务，培养德智体美劳全面发展的社会主义建设者和接班人，要求高校思想政治工作在坚持正确方向、继承优良传统的基础上持续开拓创新。例如，在高校思想政治工作创新发展过程中，要在坚持用党的创新理论武装头脑，如何确保理论宣传以理服人、以情动人、入脑入心，如何确保自身的学科优势、学术优势、话语优势的充分发挥；如何以通俗易懂的语言讲鲜活、讲彻底新时代中国特色社会主义思想的时代背景、科学体系、精神实质、实践要求、原创性贡献及其中的道理学理哲理。再如，在高校思想政治工作创新发

---

① 参见杨晓慧：《论研究生思想政治工作的“五个统筹协调”》，《思想教育研究》2018年第5期。

② 《习近平在清华大学考察时强调　坚持中国特色世界一流大学建设目标方向　为服务国家富强民族复兴人民幸福贡献力量》，《人民日报》2021年4月20日。

展过程中，要突出“三全育人”，汇聚育人合力，如何在推进“双一流”建设、推动高校治理水平现代化过程中，把培养人的事情摆在核心位置，围绕育人加强顶层设计；如何充分发掘并把握德育、智育、体育、美育、劳育之间的有机联系，形成“五育”协同的局面；等等。上述问题都是高校思想政治工作创新发展必然遇到的、难以回避的新事。其三，关心学生成长成才遇到的急事。新冠疫情背景下高校大学生更加重视职业稳定性，更注重个人的发展前景，不再追求表面的名利和声望，体现了择业的实用主义思维。但是，大学生就业动机模糊、职业定位混乱，就业认知滞后、就业价值偏重实用主义，轻视社会的整体需求等问题随之呈现。高校思想政治工作要教育引导大学生多角度、多方向审视自身的职业选择，以多元化的就业选择破除传统就业观念的思想藩篱；以弘扬劳动精神、劳模精神、工匠精神，以教学支持、经济支持、政策支持和信息支持等诸多资源配置，为大学生就业提供更好条件、更新方向。

“因时”是指高校思想政治工作要立足推进中国式现代化、全面建设社会主义现代化国家的“时势”，把握好党的学习教育活动提供的“时机”，利用好学生成长成才的“时间”，提升自身发展的创新性、科学性和时代性。其一，立足推进中国式现代化、全面建设社会主义现代化国家的“时势”，为中国式现代化提供更加强大的思想政治保障。中国式现代化发展宏伟蓝图为新时代高校思想政治工作创新发展赋予新使命、提出新要求、创造新机遇。我们应当立足全局视野，从中国式现代化和社会主义现代化强国建设全局审视和推进新时代思想政治工作，加强对高校思想政治工作的统筹领导、整体谋划和系统推进。依据社会主要矛盾的深刻变化、全面深化改革的新特征、人民群众的新期待，明确新时代高校思想政治工作的目标定位、使命任务及其深度参与现代化建设实践的方式，承担起举旗帜、聚民心、育新人、兴文化、展形象的职责使命，充分调动一切积极因素、团结一切可以团结的力量，引导高校师生增强战略自主意识，增强历史主动精神。其二，把握好党的学习教育活动提供的“时机”，提高党对于高校的治理水平和领导水平。党的十八大以来，党中央先后组织开展了五次集中性学习教育活动，学习贯彻习近平新时代中国特色社会主义思想主题教育坚持不划阶段、不分环节，将理论学习、调查研究、推动发展、检视整改贯通起来，有机融合、一体推进，是当前高校思想政治工作创新发展的重要机遇。习近平总书记在这次主题教育工作会议上的讲话中指出："我们要以这次主题教育为契机，加强党的创新理论武装，不断提高全党马克思主义水平，不断提高党的执政能力和领导水平"①。高校思想政治工作要牢牢把握"学思想、强党性、重实践、建新功"的总要求，引导广大师生全面学习领会新时代中国特色社会主义思想，全面系统掌握这一思想的基本观点、科学体系，把握好这一思想的世界观、方法论，坚持好、运用好贯穿其中的立场观点方法，不断增进对党的创新理论的政治认同、思想认同、理论认同、情感认同，真正把马克思主义看家本领学到手，自觉用新时代中国特色社会主义思想指导各项工作。其三，利用好成长成才的"时间"，引导大学生珍惜韶华、树立人生目标，培育具有坚定理想信念和远大抱负的新时代青年。把握新生入学、专业分化、考研或择业等时间链条，抓住良好学习方式、学习习惯、价值观念的养成期，鼓励大学生通过亲身收集、分析和处理信息，来实际感受和体验知识的生产过程，进而了解社会、学会学习，逐渐养成自主性学习、研究性学习、合作性学习的习惯。高校思想政治工作还可以依据学生的个性特点、兴趣爱好、家庭背景、职业理想等，进行个性化指导，引导学生更清晰、更全面地认识社会发展环境，掌握就业形势、考研趋势，为后续发展做足准备。

---

① 《学习贯彻习近平新时代中国特色社会主义思想主题教育工作会议在京召开，习近平发表重要讲话强调　扎实抓好主题教育　为奋进新征程凝心聚力》，《人民日报》2023 年 4 月 4 日。

第七章

思政课是落实立德树人根本任务的关键课程

高校思想政治理论课是大学生思想政治教育的主渠道，是落实立德树人根本任务的关键课程。党的十八大以来，习近平总书记将加强和改进学校思政课建设摆在教育发展改革的突出位置，尤其是 2019 年 3 月 18 日学校思政课教师座谈会的召开，习近平总书记从党和国家事业长远发展的战略高度出发，紧紧围绕“培养人”这一教育根本问题，深刻阐述了学校思政课的重大意义，科学分析了思政课教师的关键作用，明确提出了推动思政课改革创新的基本要求，为办好新时代学校思政课提供了基本价值遵循，对我们重新认识学校思政课的地位作用、突出问题、推进路径等具有重要指导意义。

第一节　思想政治理论课是关键课程

高校思想政治理论课承担着对大学生进行马克思主义理论教育的任务，是对大学生进行思想政治教育的主渠道，是高校意识形态建设的主阵地，是高校党建和思想政治工作的重要组成部分。2019 年，习近平总书记在学校思想政治理论课教师座谈会上明确指出：“思政课是落实立德树人根本任务的关键课程”①，并提出推动思政课改革创新要坚持“八个统一”。同年，教育部关于印发《新时代高校思想政治理论课教学工作基本要求》的通知强调：“思想政治理论课承担着对大学生进行系统的马克思主义理论教育的任务，是巩固马克思主义在高校意识形态领域指导地位、坚持社会主义办学方向的重要阵地，是全面贯彻党的教育方针、落实立德树人根本任务的主干渠道和核心课程，是加强和改进高校思想政治工作、实现高等教育内涵式发展的灵魂课程。”② 概言之，办好高校思想政治理论课意义重大，关系“为谁办学育人、办什么样的大学育什么样的人以及怎样办学育人”的关键性根本性问题，要从坚持和发展中国特色社会主义、建设社会主义现代化国家、以中国式现代化推进中华民族伟大复兴的战略高度来对待。

一、办好思政课是坚持社会主义办学方向的必然要求

办学总是与国家的政治要求紧密相连，也总是在服务自己国家发展中形成和壮大的。我国具有独特的历史、文化和国情，这些都决定了我国不能照抄西方模式，必须走适合中国国情发展、满足中国人民需要的高等教育发展道路。习近平总书记多次强调，我们的高校是党领导下的高校，是中国特色社会主义高校，要坚持“为人民服务，为中国共产党治国理政服务，为巩固和发展中国特色社会主义制度服务，为改革开放和社会主义现代化建设服务”③。坚持社会主义办学方向是新时代坚持和发展中国特色社会主义教育的根本要求，为我国高等教育事业的发展提供了基本遵循，也为思政课建设提供了价值指向。

习近平总书记在党的二十大报告中指出：“当前，世界百年未有之大变

① 习近平：《论党的宣传思想工作》，中央文献出版社 2020 年版，第 373 页。

② 《中华人民共和国学校思想政治理论课重要文献选编》下册，人民出版社 2022 年版，第 1483 页。

③ 《习近平谈治国理政》第二卷，外文出版社 2017 年版，第 377 页。

局加速演进，新一轮科技革命和产业变革深入发展，国际力量对比深刻调整，我国发展面临新的战略机遇。同时，世纪疫情影响深远，逆全球化思潮抬头，单边主义、保护主义明显上升，世界经济复苏乏力，局部冲突和动荡频发，全球性问题加剧，世界进入新的动荡变革期。”① 在和平、发展、合作、共赢的时代潮流中，和平赤字、发展赤字、安全赤字、治理赤字等暗流也在不断涌动，社会主义主流意识形态仍面临各种各样的风险和挑战。在此境遇下，高校思政课通过讲授马克思主义基本原理及其中国化的理论成果，讲授党的路线、方针和政策，用习近平新时代中国特色社会主义思想铸魂育人，同时主动同错误思潮作斗争，理直气壮地讲好、讲透中国特色社会主义的必然性、特殊性和科学性，对于坚定拥护“两个确立”、坚决做到“两个维护”、牢牢把握“两个巩固”、牢固树立“四个意识”、坚定“四个自信”具有特殊重要性。一言以蔽之，高校思想政治理论课彰显了党对高等教育的坚强领导，体现了社会主义教育与资本主义教育最本质的区别，其鲜明的政治属性与服务功能，是其他任何课程都不具备也不能取代的。

二、办好思政课是加强高校育人工作的重要渠道

教育是培养人的社会实践活动，为谁培养人、培养什么样的人、如何培养人，取决于社会关系而非教育本身。中国的高校是党领导下的社会主义高校，高校的使命任务就是要培养中国特色社会主义事业的建设者和接班人。办好学校思政课是解决好“培养人”这个教育根本问题的关键，事关中华民族千秋伟业，事关中国共产党长期执政，事关中国特色社会主义事业后继有人，必须态度鲜明、立场坚定。

党的十八大以来，以习近平同志为核心的党中央对教育工作高度重视，从实现中华民族伟大复兴迫切需要优质教育、卓越人才和优秀教师的战略高

① 《习近平著作选读》第一卷，人民出版社 2023 年版，第 21—22 页。

度，围绕培养什么人、怎样培养人、为谁培养人这一根本问题，对教育培养人才的目标和规格给予明确回答，即“我国是中国共产党领导的社会主义国家，这就决定了我们的教育必须把培养社会主义建设者和接班人作为根本任务，培养一代又一代拥护中国共产党领导和我国社会主义制度、立志为中国特色社会主义奋斗终身的有用之才”。[①] 这一重要论述为新时代教育工作的根本任务和教育现代化的方向目标提供了价值依循。而“办好思政课，最根本的是要全面贯彻党的教育方针，解决好培养什么人、怎样培养人、为谁培养人这个根本问题。”[②] 这将培养人的历史使命蕴含于新时代学校思政课根本目的的时代内涵之中。换言之，思政课就是为了实现培养人这一教育根本目的而选择的教育内容及教育进程的总称，它包括思政课教师所教授的学科专业知识、传递的思想价值态度和有目的有计划的教育活动，是更具有基础性和系统性的教育渠道，对助力解决好学生成人成长成才的思想与思维、情感与情怀、知识与见识、想法与办法等问题具有重要启迪意义，是一门“宏观上是回答为谁培养人、培养什么样的人、怎样培养人的问题，微观上是为学生解答人生应该在哪用力、对谁用情、如何用心、做什么样的人”[③] 的铸魂课程，必须要“坚持不懈传播马克思主义科学理论，抓好马克思主义理论教育，为学生一生成长奠定科学的思想基础”[④]。

在党的二十大报告中，习近平总书记再次强调，“全面贯彻党的教育方针，落实立德树人根本任务，培养德智体美劳全面发展的社会主义建设者和接班人”[⑤]，明确了新时代新征程人才培养的方向与目标。办好新时代学校思政课要紧紧抓住为党育人、为国造才这一根本价值取向，不管什么时候，方向不能动摇，立场不能改变。高校思政课要充分发挥主渠道、关键课程和灵魂课程的作用，全面推动党的创新理论“三进”，坚持以科学的理论武装

① 习近平：《论党的宣传思想工作》，中央文献出版社 2020 年版，第 343 页。
② 习近平：《论党的宣传思想工作》，中央文献出版社 2020 年版，第 377—378 页。
③ 《习近平首次点评“95 后”大学生》，《人民日报》2017 年 1 月 3 日。
④ 《习近平谈治国理政》第二卷，外文出版社 2017 年版，第 377 页。
⑤ 《习近平著作选读》第一卷，人民出版社 2023 年版，第 28 页。

学生，以高尚的精神塑造学生，以优秀的文化激励学生，以鲜活的实践磨炼学生，引导学生牢固树立正确的世界观、人生观、价值观，从而筑牢思想之基、补足精神之钙，树牢主心骨、把准定盘星，不断增强做中国人的志气、骨气、底气，成为实现中华民族伟大复兴的先锋力量、有用之才。

三、办好思政课是党领导大学的优良传统

中国共产党历来重视在高校的思想政治理论课建设，无论是在战火纷飞的革命年代，还是在新中国建设时期、改革开放时期，或是社会主义现代化建设的今天，都把办好思想政治理论课，进行马克思主义理论教育作为办学育人的重要手段和载体。在中国共产党建立初期，我们党都在高校自觉进行马克思主义理论的宣传教育，早期的共产党人李大钊、陈独秀等也都亲自作为教师授课。例如，李大钊在北京大学等高校开设的《社会主义与社会运动》《社会主义》等马克思主义理论类课程。陈独秀、沈雁冰、李达、陈望道等人均曾在共产党人主持或创办的高校进行过马克思主义理论教育宣传。党在革命根据地的新民主主义高等教育实践中，例如抗日军政大学、延安大学等，都重视开设相应课程，对学员进行系统的马克思主义理论教育。新中国成立后，高校有计划有步骤地改革旧的教育制度、教育内容和教育方法，肃清封建的、买办的、法西斯主义的思想。1949 年 12 月 23 日召开的全国教育工作会议明确提出："新民主主义教育是一种新的教育体系，它是作为反映新政治经济，巩固与发展人民民主专政的一种工具"①，新区学校安顿后的主要工作是实行政治与思想教育。1950 年 6 月召开的第一届全国高等教育会议，号召在高等教育体系中开设一批既具有坚实的理论基础，又能适应国家实际情况的课程。在这些思想指导下，各高校彻底废除旧社会高校的反

---

① 《中华人民共和国学校思想政治理论课重要文献选编》上册，人民出版社 2022 年版，第 44 页。

动思想教育课程，纷纷开始设立马列主义政治理论课。例如，华北各高校主要设置了辩证唯物论与历史唯物论（包括社会发展史）、新民主主义论和政治经济学三门课，这可以说是新中国高等学校思想政治理论课程建设的发端。

新中国成立以来，党始终重视高校思想政治理论课建设，从 1953 年开始，结合中国革命建设和改革的实际，对思想政治理论课进行了多次调整，先后制定了“53 方案”“56 方案”“61 方案”“85 方案”“98 方案”“05 方案”等六个方案，形成了不同时期的高校思想政治理论课程体系，详见表 7-1—表 7-6①。

表 7-1　思想政治理论课程设置的“53 方案”

学校类型	新民主主义论	马列主义基础	政治经济学	辩证唯物主义与历史唯物主义	总学时
综合性大学；师范院校	100	136	136	100	472
理工农医等专门学院	100	136	136		372
三年制专科学校	100	136	136		372
二年制专科学校	100	136	136		372
一年制专科学校	100				100

注：自 1953 年 6 月起“新民主主义论”课程名称一律改为“中国革命史”。

资料来源：《中国教育年鉴（1949—1981）》，中国大百科全书出版社 1984 年版，第 422 页。

表 7-2　思想政治理论课程设置的“56 方案”

学校类型	马列主义基础	中国革命史	政治经济学	辩证唯物主义与历史唯物主义	学时	备注
综合性大学； 师范院校文科	102 102	136 136	136（部分专业 4 年制不开）	102 102	340—476	外国语与 理科同
理工农医 等专门学院	68	102	90 90	102 102	260—396	
艺术院校 体育院校 外交院校	68 68 102	136 136 136	4 年制不开 90 90	102 102 102	306—430	

资料来源：《中国教育年鉴（1949—1981）》，中国大百科全书出版社 1984 年版，第 422 页。

① 参见莫岳云、陈敏：《新中国成立以来党对高校思想政治理论课的指导》，《中共党史研究》2009 年第 8 期。

表 7-3 思想政治理论课程设置的“61 方案”

学校类型	哲学	政治经济学	中共党史	形势与任务	总学时
综合性大学； 师范院校文科	80 80	80 80	80 80	不定	240
理工农医等专门学院	72	72	72	不定	216
艺术院校 体育院校 外交院校	80 80 80	80 80 80	80 80 80	不定	240

注：原定理、工、农、医、艺术、体育院校一般开设两门，即中共党史和马克思列宁主义概论，在马克思列宁主义概论教材尚未编出之前，先开哲学和政治经济学。

根据《中国教育年鉴（1949—1981）》第 423 页及相关资料整理。

表 7-4 思想政治理论课程设置的“85 方案”

（专业） 类型	文科 （本科）	理工农医等学科 （本科）	文科 （专科）	理工农医等学科 （专科）
马克思主义原理	72	72	48	48
中国革命史	72	72	48	48
中国社会主义建设	72	72	48	48
当代世界政治经济与国际关系	48	48		
大学生思想道德修养	48	32	32	32
法律基础	48	32		
形势与政策	不定时	不定时	不定时	不定时

根据《普通高校思想政治理论课文献选编（1949—2008）》第 219 页及相关资料整理。

表 7-5 思想政治理论课程设置的“98 方案”

（专业） 类型	文科 （本科）	理工农医等学科 （本科）	文科 （专科）	理工农医等学科 （专科）
马克思主义哲学原理	54	54	二年制 36 三年制 50	二年制 36 三年制 50
马克思主义政治经济学原理	36	40	不开	不开
毛泽东思想概论	54	36	二年制不开 三年制 40	二年制不开 三年制 40

续表

（专业）类型	文科（本科）	理工农医等学科（本科）	文科（专科）	理工农医等学科（专科）
邓小平理论概论	70	70	二年制 64 三年制 60	二年制 64 三年制 60
当代世界经济与政治	36		选修	选修
思想道德修养	51	51	40	40
法律基础	34	34	28	28
形势与政策	1/周	1/周	1/周	1/周

资料来源：《普通高校思想政治理论课文献选编（1949—2008）》，中国人民大学出版社 2008 年版，第 182—184 页。

表 7-6　思想政治理论课程设置的“05 方案”

（专业）类型	（本科）	专科
马克思主义基本原理	3 学分	
毛泽东思想、邓小平理论与“三个代表”重要思想概论	6 学分	4 学分
中国近现代史纲要	2 学分	
思想道德修养与法律基础	3 学分	3 学分
当代世界经济与政治	选修	
形势与政策	2 学分	1 学分

资料来源：《普通高校思想政治理论课文献选编（1949—2008）》，中国人民大学出版社 2008 年版，第 219 页。

回顾这段历史，我们会注意到，中国共产党把指导高校思想政治理论课的课程设置和调整作为一项重要工作。改革开放以来，高校思想政治理论课课程设置的三次大调整中，除了“85 方案”外，“98 方案”和“05 方案”都是由中共中央政治局讨论后作出的决策。同时，中宣部、教育部还制定了系列文件，对思想政治理论课教育教学改革给予直接指导。自 1978 年 4 月教育部办公厅发布《关于加强高等学校马列主义理论教育的意见》作为改革开放后中央部委针对高校思想政治理论课的第一份指导文件，40 多年来，以中共中央、中宣部、教育部等名义发布的有关指导性文件超过 50 个，这些文件对高校思想政治理论课的指导思想、总体要求、领导体制、学科建设、课程设置、教学内容、学时安排、教材建设、教学方式与方法、师资队伍建设及教学研讨等，都有明确要求和具体部署。

新中国成立以来，高等学校思想政治理论课作为新中国高等教育的重要组成部分，为办学治校、育人育才发挥了巨大作用。在新的历史起点上，高校更要理直气壮办好思想政治理论课，帮助广大师生加强理论武装，筑牢信仰基石，为中华民族的伟大复兴培养一代代有用之才。

第二节 关键课程建设的现实境遇

中国特色社会主义进入新时代，党和国家的高度重视为思政课建设提供了根本保障，围绕教材、课程、方法等方面取得的突出成绩为思政课建设夯实了发展基础。当然，我们也要看到，面临新时代国内外复杂环境的变化发展，高校思政课建设仍然面临一些新挑战新问题和新任务。

一、新时代党和国家对思政课建设高度重视

高度重视高校思想政治理论课的建设，是我们党的优良传统，也是中国特色社会主义大学的重要特征。党的十八大以来，党和国家秉持这一优良传统，因应时代的呼唤，守正创新、持续用力，推动思政课建设进入了朝气蓬勃的新阶段。习近平总书记称思政课建设是自己“非常关心的一件事”，是自己“必须更多强调”的工作，多次作出重要批示和指示，对思想政治理论课建设深刻阐论、精心部署；在赴地方和学校考察调研的过程中，进课堂、会师生、听意见，反复叮嘱、殷殷期勉一定要切实办好思想政治理论课。党和国家陆续颁布政策文件、召开相关会议，对新时代如何加强思政课教师队伍建设、教材体系建设，如何增强思政课的实效性等方面作出了

详细具体的规定，为思政课改革创新、勇担使命指明了方向，注入了强大动力。

面对新时代新起点上发展不平衡不充分的问题，党和国家深化思政课改革，补齐短板、提升质量，走内涵式发展道路。2015 年，中央宣传部、教育部印发《普通高校思想政治理论课建设体系创新计划》，确立了构建重点突出、载体丰富、协同创新的思政课建设体系的目标。随后，教育部印发《高等学校思想政治理论课建设标准》，从组织、队伍、教学管理及学科建设等方面列出 39 项具体指标，为提升课程建设水平提供了对照标准。2016 年，习近平总书记在全国高校思想政治工作会议上强调，要用好课堂教学主渠道，使各类课程与思政课同向同行，为思政课一体化建设和协同性发展指明了方向，中共中央进一步下发指导意见，明确了高校思政课质量提升工作的具体目标和要求。教育部将 2017 年确定为“高校思政课教学质量年”，在全国高校打响了一场质量提升攻坚战，提出建设十大育人体系，并将课程育人置于首位，推进“思政课程”与“课程思政”同向同行，构建起思政课一体化建设大格局。这些文件及举措使思政课质量提升既有了顶层设计，又有了路线图，课程建设的整体性和针对性显著增强。

党的十九大召开后，面对新形势新任务新挑战，党中央加强战略谋划，将改革创新作为思政课建设的关键。2019 年，习近平总书记在学校思想政治理论课教师座谈会上提出的“思政课是落实立德树人根本任务的关键课程”① 和“八个相统一原则”，为新时代思政课守正创新提供了理论基础和逻辑遵循。《关于深化新时代学校思想政治理论课改革创新的若干意见》是新时代加强思政课建设的重要指导性文件。同年，党中央启动“新时代高校思想政治理论课创优行动”，围绕大中小思政课一体化建设和学校、家庭与社会合力建设，建好建强高校马克思主义学院、构建“三全”育人格局以及加强教师队伍建设等问题精准施策。为进一步推进思政课改革创新，党

① 习近平：《论党的宣传思想工作》，中央文献出版社 2020 年版，第 373 页。

和国家打出政策落地见效“组合拳”。2020年，《关于加快构建高校思想政治工作体系的意见》《高等学校课程思政建设指导纲要》等文件相继发布实施。2021年，中共中央、国务院印发《关于新时代加强和改进思想政治工作的意见》。2022年7月，教育部、中宣部等十部委聚焦“大思政课”，印发《全面推进“大思政课”建设的工作方案》。这一系列政策文件筑牢了思政课改革创新“四梁八柱”。

党的二十大立足以中国式现代化全面推进中华民族伟大复兴的中心任务，对新时代新征程思想政治工作作出了重要战略部署，对思政课建设寄予厚望。在党的二十大精神的指引下，教育部发布《进一步加强新时代中小学思政课建设的意见》，教育部办公厅组织开展大中小学思政课一体化共同体建设，引领新征程思政课建设迈上新台阶、展现新气象。

二、当前高校思政课建设的新成就

课程建设是一个系统工程，涉及教师、学生、教材、教法、教学组织管理、教学评估等多重要素，是一个多要素统筹协同、合力推进的过程。同样，高校思政课建设也是这样一个多元要素协同推进、发展创新的过程。进入新时代，高校思政课建设不断发展创新，教材建设取得了重大突破、教学方法推陈出新、学科建设和马克思主义学院建设为主体的课程支撑系统迈上新台阶，取得了一系列可圈可点的成就。

（一）教材建设取得重大突破

习近平总书记指出，要抓好教材体系建设。从根本上讲，建设什么样的教材体系，核心教材传授什么内容、倡导什么价值，体现国家意志，是国家事权。思政课作为立德树人的关键课程，其教材建设自2005年起纳入马克思主义理论研究和建设工程重点教材建设，其内容“坚持马克思主义的指导地位，体现马克思主义中国化要求，体现中国和中华民族风格，体现党和国家对教育的基本要求，体现国家和民族基本价值观，体现人类文化知识积累和创新成果。”①

应该说，改革开放以来，高校思想政治理论课教材建设经历了各省各高校自编教材、教育部推荐示范教材，再到中央统编教材的发展过程。“85 方案”前，基本上是各省、各高校自编教材，没有统一教材。“85 方案”后，中央决定成立全国马克思主义理论课教材编审委员会，统筹规划、组织编写了几套供理、工、农、医和文科等不同类型院校使用的新教材。“98 方案”实施后，由教育部组织编写各门课程的示范教材，向全国推荐使用。同时，允许有条件的省（自治区、直辖市）每门课程可以编写一本推荐教材，各高校都不再自编“两课”教材。该举措有利于解决校编教材遍地开花、良莠不齐的问题。“05 方案”则明确提出，中央决定将高校思想政治理论课教材纳入“马工程”系列，中宣部、教育部负责组织由学术带头人任首席专家的编写组进行集中编写。教材大纲和教材稿都经中共中央政治局常委审定。这种教材集中编写、严格审定的模式在新中国成立以来的教材建设史上的影响具有里程碑式意义。2006 年 1 月中宣部、教育部、新闻出版总署还专门印发了《关于高校思想政治理论课教材出版管理的通知》，指出：“为确保高校思想政治理论课教材的科学性、权威性和严肃性，未经中宣部、教育部、新闻出版总署批准，任何部门、单位和个人不得再自行组织编写、出版发行各种名义的高校思想政治理论课教材。”② 2015 年 9 月教育部印发了《高等学校思想政治理论课建设标准》（修订版），强调各高校必须使用“马工程”重点教材思政课最新版本统编教材。至此，高校思政课教材建设全面实现了全国使用一本统编教材的阶段，各省各高校不被允许自行组织编写和出版思政课教材。“各高校及教师编写的校内讲义，只限本校使用，不得

---

① 郑富芝：《尺寸教材　悠悠国事——全面落实教材建设国家事权》，《光明日报》2020 年 1 月 21 日。

② 《中华人民共和国学校思想政治理论课重要文献选编》下册，人民出版社 2022 年版，第 1196 页。

公开出版、上市销售。"① 党的十八大以来，高校思想政治理论课教材经历了2013年、2015年、2018年、2021年和2023年五次修订，认真贯彻了党的十八大、十九大、二十大精神，集中体现了习近平新时代中国特色社会主义思想，凸显了高校思政课教材的严肃性、权威性和科学性。2020年，中共教育部党组关于印发《习近平总书记教育重要论述讲义》的通知，提出了"高校要面向教育学学科本科生、研究生，马克思主义理论学科研究生和全体师范生，开设'习近平总书记关于教育的重要论述研究'必修课；面向全体大学生，开好'形势与政策'课，把《讲义》作为必修教材，深入讲解、系统掌握。"② 2022年教育部、中央宣传部、中央网信办等十部门印发《全面推进"大思政课"建设的工作方案》，强调"及时修订思政课统编教材，将党的创新理论最新成果有机融入各门思政课。编写马克思、恩格斯、列宁关于哲学社会科学及各学科重要论述摘编。持续推进新时代马克思主义理论研究和建设工程重点教材建设"③，不断提升思政课教材的政治性、时代性和可读性。

贯彻"05方案"，思政课教材载体形式与时俱进，融入新媒体技术，实现了教材体系立体化建设的突破。例如，教育部在组织教材编写的同时，还组织编写和制作了"教师参考用书""学生辅学读本""重点难点解析"和"精彩课件""精彩教案""精彩一课"、多媒体课件等辅助性教材系列。从而使思政课教材不仅仅是一本基本教材，还包括配套教材和电子音像类教材等，形成了一个内容丰富、形式多样的立体化教材体系。

贯彻"05方案"，提供及时权威的教材培训。2018年版本的教材修订

---

① 《中华人民共和国学校思想政治理论课重要文献选编》下册，人民出版社2022年版，第1198页。

② 中共教育部党组：《关于印发〈习近平总书记教育重要论述讲义〉的通知》，2020年7月15日，见 http://www.moe.gov.cn/srcsite/A26/s8001/202007/t20200716_473173.html。

③ 教育部等十部门：《关于印发〈全面推进"大思政课"建设的工作方案〉的通知》，2022年8月10日，见 http://www.moe.gov.cn/srcsite/A13/moe_772/202208/t20220818_653672.html。

完成后，为帮助任课教师进一步提高驾驭新教材的能力，确保用好新教材，在中宣部指导下，教育部依托高等教育出版社网络培训平台组织实施了新教材培训。培训在北京设主会场，在各省（区、市）和新疆生产建设兵团以及 1833 所高校设分会场。历时 6 天，由教材编写修订组首席专家和主要成员组成的培训专家组，采取现场培训和视频同步直播相结合的形式，完成了对全国 66365 名教师的四门课程 2018 版教材的集中培训。及时权威的培训有助于思政课教师全面深入理解和领会教材思想，提高教育教学质量。

2019 年中共中央办公厅、国务院办公厅印发《关于深化新时代学校思想政治理论课改革创新的若干意见》，再次提出了课程教材体系完善问题，指出：要“研究编制习近平新时代中国特色社会主义思想进课程教材指导纲要，研究编制中华优秀传统文化、革命文化、社会主义先进文化、科技创新文化及总体国家安全观等进课程教材指南，编制中华民族古代历史和革命建设改革时期英雄人物、先进模范进课程教材图谱，分课程组织编写高校思政课专题教学指南，组织专家编写深度解读教材体系的示范教案，实施思政课优秀讲义出版工程，开列马克思主义经典著作、当代中国马克思主义理论著作、中华优秀传统文化典籍书单，建设思政课网络教学资源库。”① 2021 年，国家教材委员会印发《习近平新时代中国特色社会主义思想进课程教材指南》的通知，明确“进什么”，规划“如何进”，引导“怎么教”。这就从政策层面推动了中国特色社会主义理论体系进教材进课堂进头脑，一方面繁荣发展了中国特色社会主义哲学社会科学体系；另一方面巩固了马克思主义在意识形态领域指导地位，推动了课程思政和思政课程的同向同行、合力育人。2023 年，中共中央发出关于学习《习近平著作选读》第一卷、第二卷的通知，强调“各高等学校要把《习近平著作选读》作为师生理

① 《中办国办印发〈意见〉：深化新时代学校思想政治理论课改革创新》，《人民日报》2019 年 8 月 15 日。

论学习教材，更好推动习近平新时代中国特色社会主义思想进教材、进课堂、进头脑”[①]，引导学生深刻领会习近平新时代中国特色社会主义思想的真理力量和实践伟力。

（二）课程支撑能力进一步提高

马克思主义理论学科建设及其课程支撑水平明显增强。一方面，马克思主义理论一级学科的规模进一步扩大，学科布局更为合理，马克思主义理论学科领航计划逐步深入。国务院学位委员会于2005年增设马克思主义理论一级学科时，确定由6个二级学科构成。2017年，根据社会需要增设了党的建设二级学科后，马克思主义理论一级学科共包含7个二级学科。2022年9月，在中国共产党成立一百周年之际，“中共党史党建学”被正式设立为一级学科。马克思主义理论学科与中共党史党建学科的设立和丰富发展，为高校思想政治理论课建设提供了有力的双学科支撑，使思想政治理论课及相关专业课教师的科学研究热情得以激发，学科建设、科学研究成为提升思想政治理论课教育教学效果和人才培养质量的重要内生动力。马克思主义理论一级学科的博士点和硕士点各达到80余家和近300家，在数量和质量上都已经相当可观，为思想政治理论课建设提供了大批后备人才。随着马克思主义理论学科体系不断成熟，学科实力明显增强，服务课程建设能力不断提升，为提高课程教学实效、增强课程说服力感染力亲和力、加强课程建设和发展提供了丰厚的理论基础和思想资源。

重点马克思主义学院建设也发挥了对课程建设支撑和发展领航作用。重点马克思主义学院是集马克思主义理论学习教育、研究宣传、人才培养于一体的高水平马克思主义学院，是办好高校思想政治理论课的坚强战斗堡垒。目前，国家分三批次在全国建设了37所重点马克思主义学院，在领航全国

---

① 《中共中央发出关于学习〈习近平著作选读〉第一卷、第二卷的通知》，《人民日报》2023年4月11日。

马院的发展与建设、带头推进高校思政课质量提升方面发挥着巨大的优势作用。

（三）高校思政课教育品牌初步形成

党的十八大以来，高校思政课教育教学因事而化、因时而进、因势而新，在打造思政课资源平台、构建协同育人体系方面重点突破，形成了以上海和北京为代表的高校思政课教育品牌。

上海着力打造资源平台，聚焦课程思政体系建设，构建一体化研究服务体系。围绕大中小学学科德育的衔接贯通及课程思政建设和改革工作，上海市大手笔推动机构建设，取得了显著实效。例如，建设“全国大中小学课程德育研究协同创新中心”和“上海市课程德育研究发展中心”，重点突破思政课程一体化建设难题。在课程思政建设方面，上海市依托复旦大学、华东师范大学等高校，建立了 8 个市级课程德育研究基地，以政治、历史等德育相关学科为重点深入挖掘课程思政资源，双线并举，推进学科德育和课程思政的建设改革，把育人要求贯穿所有课堂教学，在价值传播中厚植知识底蕴，在知识传播中强化价值引领，实现全员全程全方位育人。在协同育人资源整合层面，高度重视思政课一体化建设，“牢固确立开门办思政的理念，推进家庭教育、学校教育、社会教育联动，协同多方资源为思政课建设提供有力支撑。梳理各类校外教育资源、场地场馆资源、经济社会发展重大项目等资源，积极探索校外教育共同体，推动校外教育立法，以制度化、系统化、一体化推动育人资源向大中小学思政课建设开放，利用上海作为党的诞生地优势，将城市红色基因融入课堂教学之中，推进以爱国主义为核心的民族精神教育；依托上海作为改革开放前沿阵地优势，开展以改革创新为核心的时代精神教育。”①

---

① 李昕：《统筹推进大中小学一体化　推动思政课建设内涵式发展》，《中国高等教育》2019 年第 7 期。

为了推动高校思政课的创新发展，北京市依托中国人民大学成立北京高校思政课高精尖创新中心。该中心旨在构建系统完整的马克思主义理论研究和文献支撑平台、丰富优质的思政课教学资源共享平台、高效便捷的思政课数字化教学平台、科学权威的大学生思想政治教育质量评估平台、及时全面的大学生思想动态调查分析平台，打造高校思政课建设的“资源库”。这也标志着新时代高校思政课教育品牌的形成和发展。北京高校思政课高精尖创新中心从教学资源拓展、备课平台搭建、名师名家对话等方面多管齐下，推动高校思政课教学质量提升，并取得了阶段性成效。例如，在教学资源整合方面，高校思政课高精尖创新中心搭建的资源平台，像一个思政课“大超市”，汇集海量的教学素材和资源，实现思政课教学的开放共享，使思政课教师实现烹制“美食”，按需取材即可。创新中心所制作的 VR 精品课件“辉煌七十载，共筑中国梦”不仅带领老师和学生身临其境地感受这些年来祖国在经济、社会、教育、科技等多个领域日新月异的发展变化，更让越来越多的思政教师认识到原来思政课堂教学有如此之多的“打开方式”。在备课平台打造方面，思政课高精尖创新中心搭建的“全国高校思政课教师网络集体备课平台”，将思政课备课从线下移到网上，从“散兵游勇”升格为“集团作战”，不仅将全国思政课教师紧密联系起来，更实现了教学相长的目的。目前，该集体备课平台已汇聚了 300 多万条文献资源、4 万余册电子图书、5000 多个微视频，成了全国思政课老师的“加油站”，变成了备课的“充电宝”。在教师交流促进方面，思政课高精尖中心专为思政课青年教师搭建“青椒论坛”，青年思政课教师可以通过平台上的讲座和直播形式，分享教学心得，提升教师素养。同时，创新中心还创设“思政课名师讲坛”“周末理论大讲堂”“学习大家谈”等交流平台，为全国思政课教师以及思政课后备人才提供“理论大餐”。

（四）高校思政课教学方法除旧布新

近年来，高校思政课教学不断地推陈出新、除旧布新，教学方法改革成效显著。

其一，由重视理论教学向理论与实践教学并重转变，实践体验教学法广泛应用。高校思政课实践教学是连通实践教学与学生课外活动的渠道，旨在通过专题社会调研、主题作品创作等主要形式，培养学生关注国家大事、社会问题和百姓生活的意识，通过实践锻炼完成对党的理论路线、方针政策从感性认识到理性认识，进而实现内化于心、外化于行。例如，教育部持续组织开展中国国际“互联网+”大学生创新创业大赛青年红色筑梦之旅、习近平新时代中国特色社会主义思想大学习领航计划、“小我融入大我，青春献给祖国”主题社会实践、“技能成才，强国有我”主题教育等活动。井冈山大学组织开展了以“白天与农民同劳动，晚上听农民讲故事”形式的学生寒暑假社会实践，开展了“井冈山的红色传说”“红色歌谣采风”“毛泽东在井冈山地区社会调查的循踪调查”等主题采风活动；清华大学开展了“冬奥青年讲”系列活动；延安大学开展了“延医学子心向党，同心共筑乡村梦”的实践活动；西南交通大学开展了“星火汇”校企思政专项计划；等等。这些活动通过社会调研、志愿服务、实习实践、亲身体验等形式，整合各类资源，融入社会实践“大课堂”，让学生多走多看、常思深悟，教育学生立志做有理想、敢担当、能吃苦、肯奋斗的新时代好青年。2022年教育部等八部门联合设立首批“大思政课”实践教学基地，“是落实教育部等十部门《全面推进‘大思政课’建设的工作方案》的一项重要举措，是增强思政课实践教学育人效果的有力支撑，是帮助学生深刻感悟习近平新时代中国特色社会主义思想真理魅力和实践伟力的有效途径。”①

其二，由关注线下教学向线下与线上教学并举转变，网络思想政治教育发展迅速。随着信息化时代的到来、科学技术的迅猛发展，高校思政课教学方式也伴随着新媒体的发展“因时而进”“因势而新”。一方面，思政课教

① 中华人民共和国教育部：《教育部等八部门联合设立首批“大思政课”实践教学基地》，2022年8月26日，见 http：//www.moe.gov.cn/jyb_xwfb/gzdt_gzdt/s5987/202208/t20220826_655603.html？from=singlemessage&isappinstalled=0。

师改进原有教学方法，以在线课程教学、线上线下混合式教学突破传统的课堂教学模式；另一方面，善于运用互联网，高校思政课教师积极采用新媒体技术和新科技手段辅助教学，将新媒体优势有效运用到课堂教学和课下辅导中。例如，武汉大学将思政课在国家级慕课平台“爱课程”网中国大学MOOC发布，通过“MOOC+课堂”形式让高校思政课活起来。学生们不仅可以通过网络平台上思政课，更是可以通过慕课讨论区向教师随时在线提问、同其他学生随时在线互动，使同学们感受到“移动的思政课”“身边的思政课”。天津大学开展虚拟仿真教学方式，将马克思主义基本原理与VR眼镜相结合，让课程中的人物“动”起来、事件“亮”起来、理论“活”起来，增强了课程的亲和力，提高了学生的兴趣。

其三，由聚焦讲解教学向讲解与解惑并行转变，“问题链教学法”成效显著。高校思政课教学的关键是启迪思想、触动学生心灵，能回应和解答学生的思想问题、人生困惑。高校思政课教学运用“问题链教学法”顺应大学生成长的阶段性特征，以大学生困惑的问题为起点，以环环相扣的“问题链”引导大学生思考问题、探寻真知、习得方法。“问题链教学法”以问题为导向指引教学，使学生不仅知其然，更知其所以然，在掌握客观的基础上更获得了分析问题与解决问题的能力，极大地提升思想政治教育的亲和力和针对性。中央财经大学“问题链”教学方法等别具新意的“包装”，老师以问题出发牵引着学生探寻真知。例如，在讲授“人生价值”的课堂上，老师首先抛出“既然人都是要死的，那为什么还要活着”这一大问题，以此引发学生思考讨论，然后再通过一个又一个与之相关的问题引导学生层层递进探讨人生的意义和价值，最后得出关于人生意义的真谛。这样从具体到抽象、从指尖到心间的教学方法，不仅让学生在高校思政课堂上感到有意思、都爱听、真相信，也切实增强高校思政课的时代感和吸引力。

（五）高校思政课教师队伍培养初见成效

为实施好“新时代高校思政课创优行动”，加强思政课教师队伍建设，教育部印发《普通高等学校思政课教师队伍培养规划（2019—2023年）》，作出系列部署，旨在搭建国家、省（区、市）、学校三级联动的培养体系，努力培养造就出一批高校思政课名师大家、领军人才和教学骨干，不断提升思政课教师的整体水平。

在专题理论轮训计划方面，创设培训平台，丰富培养资源。重点开设“周末理论大讲堂”，请名师每周开设一讲，利用全国高校思政课教师网络直播平台进行现场直播和远程教学，拓宽思政课教师及后备人才的学术视野，设立一年多来已指导学习习近平总书记最新重要讲话和在《求是》发表的重要文章30余篇，累计培训超160万人次；开设“思政课青椒论坛”，让年轻教师在教学和学术交流中擦出新的思想火花；基于“教育部高校思政课教师研修基地”“新时代高校思政课教师研学基地”开展专题培训，这些研修基地多设在港口、高铁等国家基础设施建设和潜海、航空航天等重大科技成果取得世界领先成就的单位，极大促进了思政课教师认识国情、开阔视野，实现全方位、多层次、宽领域的发展；深入践行“一线规则”，组织开展优秀思政课示范巡讲、思政课建设优秀成果巡礼、思政课建设巡查活动，让教师成为宣传会议精神的主力军，把课堂作为落实会议精神的主阵地。参加座谈会的优秀思政课教师成立“百人巡讲团”，累计巡讲示范课1350多场次。

在示范培训计划方面，优化培养模式，创新培养举措。80个马克思主义理论一级学科博士点承担的“高校思政课教师队伍后备人才培养专项计划”已累计增加6070个博硕士招生指标，本硕博一体化人才培养体系基本形成。深入精准实施“思政课教师队伍后备人才培养专项支持计划”，推动马克思主义理论本、硕、博一体化人才培养。实施“骨干研修项目”“思政课教师省校协作培训项目”“思政课教师校际协作项目”等，遴选高校思政课拔尖教师进行培训，进一步提升了思政课教师的获得感和幸福感。

在项目资助计划方面，实施“择优支持”项目，压实培养责任。国家社科基金、教育部人文社科研究项目分别设立思政课研究专项，为思政课教师开辟科研“绿色通道”；深入实施全国高校思政课教学科研团队“择优支持”项目，聚焦思政课建设重大理论和实践课题进行团队攻关；实施“思政课教师名师工作室”项目、“优秀中青年思政课教师择优资助”项目、教学方法改革“择优推广”项目、“西部项目”等教学科研项目；越来越多的地方和高校落实思政课教师岗位津贴制度，不断提高高校思政课教师教学和科研的积极性。

三、高校思想政治理论课面临的新挑战

新时代高校思政课建设取得了一系列的新成就，但在改革创新的过程中仍然存在一些难点、堵点，出现一些新挑战，应予以高度重视。

（一）教师队伍既要配齐也要建强

没有规模，思政课教师队伍建设就缺乏基本的人力支撑；没有质量，思政课教师队伍建设的规模就失去了意义。切实配齐建强师资队伍，是加强新时代高校思政课建设的重要前提和基本要求。2019 年 8 月，中共中央办公厅、国务院办公厅印发了《关于深化新时代学校思政课改革创新的若干意见》，要求加快壮大学校思政课教师队伍，“各地在核定编制时要充分考虑思政课教师配备要求，高校要严格按照师生比不低于 1∶350 的比例核定专职思政课教师岗位，在编制内配足，且不得挪作他用，并尽快配备到位。”①思政课教师数量的“供给差”是制约课程发展的短板因素，容易导致身心疲惫、激情不够、职业倦怠等问题，加大力度配齐思政课教师，是完成课程教学工作量的总体需求和质量提升的现实要求，是高校思想政治理论课内涵式发展必须解决的现实问题，也是当前全国高校要着力解决的重大课题。在

① 《中办国办印发〈意见〉：深化新时代学校思想政治理论课改革创新》，《人民日报》2019 年 8 月 15 日。

配齐高校思政课教师的过程中，也要注意“配齐”与“建强”相脱离的问题。不能为达标，盲目追求数量而牺牲质量，不能降低教师准入门槛。

一些思政课教师核心素养还须加强，要增强“四个自信”，以及对错误思潮批判和与之斗争的意志力，敢于在大是大非的意识形态问题上发声、剖析和“亮剑”。教师需要在弘扬主旋律方面有更大的作为，主动关注学生心理成长规律和内心情感需求，提升课程的思想性、理论性和亲和力、针对性，始终抱持对“引路人”职业理想的追求。

（二）正确处理思政课“有理”和“有趣”的关系

高校思政课教学方法改革创新方兴未艾，但不能一味追求课堂的戏剧性、故事性，忽视了课程的思想性和理论性。

高校思政课要坚持创新，但创新不是哗众取宠，而是在守正基础上的创新，是形式的变革而非理论的“虚无”。马克思曾指出，“批判的武器当然不能代替武器的批判，物质力量只能用物质力量来摧毁；但是理论一经掌握群众，也会变成物质力量。理论只要说服人，就能掌握群众；而理论只要彻底，就能说服人。”① 高校思政课教学一旦缺少了正确理论的指导，人们就很难形成对社会主义主流意识形态的持久的稳固的认同。“管好自己的责任田，守好自己的一段渠”②，只有坚守正道，坚持马克思主义指导，把握事物本质和遵循客观规律，才能不让教师和学生走向“外围地带”，才能保证思政课教育内容的有根有脉。长久来看，唯有这样才能真正提高高校思政课内涵发展之“正道”。

高校思政课是政治课而不是其他什么课，政治性、社会主义意识形态性是其安身立命的根本、不可丢失的灵魂。习近平总书记也特别突出强调要让有信仰的人讲信仰，要坚持政治性和学理性相统一，这既是办好新时代中国

---

① 《马克思恩格斯文集》第 1 卷，人民出版社 2009 年版，第 11 页。

② 肖贵清：《新时代高校思想政治理论课的守正与创新》，《思想教育研究》2019 年第 3 期。

特色社会主义教育的内在要求，也是实现立德树人根本任务的关键所在，更是提升学校思政课教学实效的必然选择。从教育性质来看，讲政治是中国特色社会主义教育的灵魂和主题。独特的国情决定了我国教育在培养人上必然要打上社会主义烙印。从教育主体上看，教师的思想政治素质和道德情操对青年学生具有很强的影响力和感染力，思政课教师承担着塑造灵魂、塑造生命、塑造新人的时代使命，必须要锻造一支信仰坚定的思政课教师队伍，让有信仰的教师讲信仰，在讲政治上旗帜鲜明、毫不含糊，正确处理学术研究与理论宣传、言论自由与政治纪律的关系，始终保持为党和国家育人、育才的初心与立场，不能“我的地盘我做主”。从教育规律上讲，学校思政课是培养社会主义建设者和接班人的关键课程，让有信仰的教师讲思政课，更能回应学生、说服学生和引导学生，这是因为有信仰的教师不仅是真学、真懂、有道、明道的教师，还是真信、真用、信道、传道的教师，这样的教师更能以透彻的学理分析、彻底的思想理论和真理的强大力量来教育感染学生。基于此，高校思政课的改革创新不能抛弃根本、丢失灵魂。思政课的改革创新决不能削弱政治性、淡化价值性，必须坚持政治性和学理性相统一、价值性和知识性相统一。

（三）科学认识思政课程与“课程思政”的关系

各类课程与思政课同向同行，课程思政和思政课程形成协同效应，思政课程与“课程思政”有着内在契合性，但二者又有不同侧重。一方面，思政课程与“课程思政”在本质任务上都是立德树人，都具有思想政治教育功能，无论是思政课程中的思想政治理论内容，还是其他课程中的思想政治教育元素，都是思想政治教育内容体系的重要组成部分，具有内在的契合性。另一方面，二者侧重有所不同。高校思政课是大学生思想政治教育的主渠道，承担着对大学生进行系统的马克思主义理论教育的任务。“课程思政”是新时代加强高校思想政治工作的新要求，侧重于在各类各门课程中增强立德树人自觉，进行价值引领。高校课程育人的功效发挥不能仅仅归结为思政课的问题，它要求各学科各专业课程的相互配合、协同作战，不能各吹各的号，各唱各的调，要吹响新时代课程育人“集结号”，奏好课程育人“大合唱”。在思政课程传播马克思主义理论和党的创新理论的同时，挖掘其他课程的思想政治元素，使课程思政以“盐溶于水”的方式推动教学改革，将铸魂育人的“盐”有机融入课程体系的“汤”中，有机地嵌入课程的知识体系和教学体系中，将马克思主义理论、社会主义核心价值观内容、大学生成长成才困惑等巧妙融入各类课堂中，使学生在思政课、通识课、创新创业教育课以及专业课课堂都能受到正确世界观、人生观、价值观的引导和求真向善尚美的熏陶，发挥各类课程的协同效应。二者有机结合进而弥补高校思政课在学分、课时上的不足，释放“课程思政”的隐性教育功能，实现学生知识体系向价值体系的转化，实现课程内在教育价值的升华，让立德树人“润物无声”。

2020 年 4 月，教育部等八部门印发《关于加快构建高校思想政治工作体系的意见》，对于课程思政的建设作出了科学明确的指导，如“理学、工学类专业课程要注重科学思维方法的训练和科技伦理的教育，培养学生探索未知、追求真理、勇攀科学高峰的责任感和使命感，培养学生精益求精的大国工匠精神。农学类专业课程要注重培养学生的大国‘三农’情怀，引导学生‘懂农业、爱农村、爱农民’。医学类专业课程要注重加强医德医风教育，注重加强医者仁心教育，教育引导学生尊重患者，学会沟通，提升综合素养。艺术学类专业课程要教育引导学生树立正确的艺术观和创作观，积极弘扬中华美育精神。”①

第三节　推动高校思想政治理论课内涵式发展

发挥思政课的关键课程作用，必须不断推进思政课改革创新，提高教学

① 《教育部等八部门关于加快构建高校思想政治工作体系的意见》，2020 年 4 月 22 日，见 http：//www.moe.gov.cn/srcsite/A12/moe_ 1407/s253/202005/t20200511_ 452697.html。

实效。习近平总书记在学校思想政治理论课教师座谈会上提出：“推动思政课建设内涵式发展”①。这一科学论断为高校思政课建设提出了更高要求。所谓内涵式发展，即从聚焦数量的扩张转变为聚焦质量的提升，通过要素结构的调整，激发课程建设的内生动力，从而实现从追求规模增长向追求规模、结构、质量、效益“四位一体”协同增长的转变。当前，推动思政课内涵式发展，要从满足学生成长需要与期待、提升科研对教学的支撑作用、促进教学方式方法的守正创新与统筹思政课教师队伍建设上着力，推动思政课建设迈上新台阶、展现新气象，打造更多高含金量、高获得感、高质量的思政课。

一、在满足学生成长需求与期待上谋新篇

（一）贴近学生生活实际

思想政治教育与大学生生活实际和成长需求具有高度耦合性，在耦合点上下功夫是提高思想政治教育实效的根本动力，可以有效解决高校思政课吸引力不足、学生获得感不强、教学内容与学生实际需求相异等现实问题。一方面，要从教学内容上寻找二者的交汇处和耦合点。高校思政课教师要从大学生的角度阐释思想政治教育的相关内容，重点突出和把握教育目标和大学生实际需求的内在一致性问题。联系社会热点、贴近大学生生活实际，推出一批理论讲得透、学生听得懂、实践用得上的教学内容，使教学内容“接地气”。另一方面，要从教学方法上寻找二者的突破口。新时代的大学生兴趣广泛，具有强烈的好奇心、旺盛的求知欲，他们反对简单说教，希望思政课教学生动活泼、说理透彻。高校思政课教学，可以多使用案例，寓道理于事例之中、熔思想性、知识性、趣味性于一炉，就事论理。要好讲故事、讲

① 习近平：《论党的宣传思想工作》，中央文献出版社 2020 年版，第 389 页。

好故事，用新颖的故事吸引学生，用身边的故事感染学生，用精当的故事启发学生，用真实的故事打动学生，使学生以生动活泼的方式系统了解和掌握新思想，并最终实现融会贯通的教育效果。

（二）契合学生成长需求

当代大学生群体的复杂程度高，不仅包括院校层次、学科之间差异，还包括成长的微观环境以及原有道德认知水平的不同，这对于高校思政课的建设提出更高要求，如何满足不同层次的学生需求是高校思政课建设需要思考和解决的问题。一方面，高校思政课教学应积极关注学生发展需求，充分认识青年学生成长发展需求与思想政治教育发展不平衡不充分之间的矛盾，持续完善思想政治教育制度设计、机制运行和质量评价，学会利用大数据、云计算技术进行数据收集与分析，坚持量化分析和感性描述相结合的方式，为发现大学生的成长需求提供理论和技术支持，使思想政治教育视野从关注知识走向关注学生，聚焦个人全面发展，不断契合学生的成长成才愿景。另一方面，对于不同年级层次、不同学科类别学生的教学应遵循学生成长规律和教育规律，因时制宜、因材施教，避免“填鸭说教”的方式。好的“思政工作应该像盐，最好的方式是将盐溶解到各种食物中自然而然吸收。”① 高校思政课教学要善于从学生成长成才的角度出发，用深刻的洞见增强思想性，以广阔的视野增强吸引力，只有这样才能把课程讲好，最终收获润物无声的效果。

（三）直面学生现实困惑

当代大学生思想特点、心理特质、行为特征日益呈现出复杂化趋势。他们的角色和心理冲突的多样性，加大了思政课教学的难度。“思政课的本质

---

① 魏建周：《把思政课讲得有滋有味》，《人民日报》2019 年 4 月 8 日。

是讲道理”①，要想解决学生的问题，就要“对症下药”，做到敢于讲政治，敢于直面错误思潮，直面学生现实困惑，把道理讲深讲透讲活。一方面，要遵循道理的逻辑体系和思维的逻辑顺序，善于循序渐进，以理服人，以情动人。比如，讲中华民族伟大复兴，不妨先让学生了解近代以来中国“失去的二百年”；讲马克思主义的真理性，不妨从西方世界为何强调“回到马克思”出发，讲讲“马克思为什么是对的”。然后抽丝剥茧、由表及里，循序渐进、螺旋上升，努力把“大道理”讲得深入浅出。另一方面，要直面各种错误观点和思潮，敢于亮剑、勇于发声，寓价值观引导于知识传授之中，把道理讲清讲透，引导学生树立正确的理想信念、全面客观地认识中国和世界。要把思政小课堂同社会大课堂结合起来，为学生点亮理想的灯、照亮前行的路，引导学生立鸿鹄志，做奋斗者。要发挥学生主体性作用，引导学生发现问题、分析问题、思考问题、解决问题，使思想政治教育内容和方式真正做到“解渴”。

二、在科研支撑教学推动内涵式发展上下功夫

一段时间以来，高校思想政治理论课走过了一个总体数量与规模的积累与扩张的发展道路，如马克思主义学院等教学与科研机构的组建扩建、课程门数的合并与增加、教育内容与知识面的扩展、教师队伍数量的增长、课堂教学的时空延伸等，大大提高了思想政治理论课建设的水平。未来，实现高校思想政治理论课守正创新，持续发展，要从科研支撑教学，激发内生动力，走内涵式发展道路上下功夫。

（一）加强学科建设，提高学科反哺教学的能力

“思想政治理论课教学有着很高的‘学术含金量’，但思想政治理论课

① 《习近平在中国人民大学考察时强调　坚持党的领导传承红色基因扎根中国大地　走出一条建设中国特色世界一流大学新路》，《人民日报》2022 年 4 月 26 日。

的‘非学术’看法影响很大。要消除思想政治理论课的‘非学术’影响……必须加强马克思主义理论学科建设。”① 马克思主义理论学科从建立之日起，就具有支撑思想政治理论课教学的功能。7 个二级学科的建设已经从顶层设计、建设布局、科学研究、人才培养等方面给思想政治理论教学提供了有力的学术支撑和人才支持。面向未来，马克思主义理论学科的进一步发展将进入凸显特色、内涵发展阶段。这个阶段要坚持问题导向，聚焦研究和解决服务国家社会发展的重大理论和实践课题，提高社会服务能力；要帮助学生回答理论难点和热点问题，解决成长成才中遇到的人生困惑和冲突，提升立德树人成效；要加强对马克思主义经典著作研究，以马克思主义指导重大基础理论的研究，凝练形成与思想政治理论课程紧密相关的科研方向，深入研究课程教学重点难点问题和教学方法改革创新，聚焦问题、分析问题、解决问题，既是促进学科发展的内生动力，也将有力支撑思想政治理论课发展创新。

（二）提高科学研究能力和水平，提高思政课的科学性和思想性

高校思想政治理论课是具有思想性、政治性的理论课程，课程的主要功能是对大学生进行理论武装和思想教育，培养符合国家和社会需求的人才。实现课程建设的内涵发展，关键在于以理服人。然而，当前的思想政治理论课教学仍然存在着政策解读多，而联系实际不足，照本宣科多，而说理不够透彻的问题。此外，尽管全国范围内从事马克思主义理论学科教学研究的人数较多，但是理论话语权不足，在中国特色哲学社会科学体系构建进程中，能够产生重大影响的理论成果不多。为此，广大思政课教师必须自觉开展科学研究工作，在思想的沉淀中持续提升理论的思想阐释力、现实解释力和理论说服力，“加强对新时代中国特色社会主义思想的研究阐释工作，在体系

① 张雷声：《新时代马克思主义理论学科建设（笔谈）》，《理论与改革》2019 年第 3 期。

化、学理化上下功夫，把党的创新理论的时代背景、科学体系、精神实质、实践要求、原创性贡献研究深、阐释透，用通俗易懂的语言将其中的道理学理哲理讲得令人信服，切实把鲜活的思想讲鲜活，把彻底的理论讲彻底，有力推动党的创新理论深入人心”①，帮助学生真正掌握马克思主义“这一伟大的认识工具”，自觉把马克思主义中国化的理论成果转化为坚定的政治信念和科学的思维方法。

（三）以科学研究促进教师队伍建设

教师是实现思想政治理论课关键课程作用的关键群体。在高校，思想政治理论课教师集马克思主义理论学科研究和教学于一身，是学科建设的重要依靠力量。一方面，思想政治理论课教师的能力和素质直接影响和制约马克思主义理论学科建设的程度和水平，另一方面，马克思主义理论学科建设和科学研究工作的加强，也会提升思想政治理论课教师队伍建设整体水平，有助于集聚一批有深厚马克思主义理论素养、学贯中西的思想家和理论家，培养一批理论功底扎实、勇于开拓创新的学科带头人，储备一批年富力强、锐意进取的中青年学术骨干，推动思想政治理论课建设内涵式发展，落实高校立德树人根本任务。

三、在增强方式方法的针对性与现实感上见实效

（一）善用“双主体”，将理论灌输式教学与启发探究式教学相结合

新时代高校思政课的教学关系由教师主体向以学生为中心的教学多元主体转变，教学形式由学生被动接受向师生互动、学生主动参与转变，因此在

① 习近平：《在中央党校建校90周年庆祝大会暨2023年春季学期开学典礼上的讲话》，《求是》2023年第7期。

方式方法应用上必须注重“双主体”的地位。一方面，突出思政课的科学灌输方法。教师既要坚守立场，在知识讲授中注重学理性和政治性、理论性和实践性、价值性和知识性、建设性和批判性等相统一，满足学生思想发展过程中整体性、普遍性的理论需求，实现“大水漫灌”；又要关注学生的获得感、满足感、认同感，以饱满的政治热情、教学激情讲授先进理论，用科学的理论疏导教育对象的不良情绪反应，实现“精准滴灌”。另一方面，创新思政课的互动教学方法。将学生作为课程教学中心，使其从单纯接受者的角色转变为学习过程的主体。以情景创设法让学生在设疑、思考、探索中寻求答案，加深对知识的理解，学会学习，培养创造能力，掌握处理各种生活矛盾的基本原则与恰当方式；以多维思辨法让学生在争论中明辨是非，在明辨中寻找最优答案，提升对新情况、新问题的分析能力；以主题研讨法让学生在合作中探索结论、取长补短，在培养自主学习能力的基础上提升合作学习能力和团队协作精神，提升学生的综合素质。

（二）善用“大思政课”，将学校“小课堂”与社会“大课堂”相结合

社会实践是人们形成正确世界观、人生观、价值观的根本途径，实践育人是高校立德树人的重要环节。为此，高校要全面推进“大思政课”建设。一方面，将思政课程植根于社会生活的沃土。“大思政课”要求思政课程植根于社会生活的沃土，把学生带出去，积极面向社会，努力扩大校外社会活动的规模，深入开展校外社会实践活动，使学生在实践中深化理论认知、陶冶情操情怀、增强信仰信念。社会生活是丰富多样的，“大思政课”实践活动也应该丰富多彩。要根据教学目的，选取代表性的教育资源，如开展广泛的社会调查，对话劳动模范、道德模范等先进人物，深入社区讲思政课等。让学生主动探究现实生活中的问题，运用所学理论知识，分析和解决现实问题，增长见识，砥砺品性。另一方面，构建实践教学课程体系，推进实践教学规范化建设。社会实践要坚持长抓细抓，构建大学生社会实践长效机制，

把思政课实践教学作为一门课程，结合各地的实际情况，因地制宜制定实践教学大纲，纳入培养方案、严格课时要求、规范教学手册，构建实践教学课程体系，保证实践教育的系统化、经常化，推动实践教学规范化。既要避免“蜻蜓点水”“走马观花”的形式主义实践形式，又要避免“毕其功于一役”的突击式活动方式，而是通过开展经常性的思想政治教育活动，使受教育者在反复的实践活动中、在持续的实践锻炼中提升认识、丰富学识，及时将实践中生成的政治意识、道德情感、理论知识，内化于心，外化于行。

（三）善用新媒体新技术，将现实课堂与虚拟课堂相结合

高校思政课要精准把握时代要求、环境变化，不断推进内容形式、话语载体、教学方法等综合创新，打造理论主渠道与网络新阵地统筹平台，推动网上网下互动融合。一是构建具有马克思主义理论特点的网站矩阵，汇集多元化教学资源。遵循全面、系统、动态、互动的原则，坚持涵盖马克思主义知识观点、贯穿马克思主义思想方法、融入马克思主义思维逻辑、体现马克思主义精神气质的建设思路，培育一批导向正确、内容丰富、形式活泼的网络传播平台，推动马克思主义理论成果时代化、数字化，强化马克思主义意识形态的传播力。二是加快推进传统思想政治教育与新媒体技术深度融合，创新日常性话语范式。要适应网络媒体的新情况、新特点，创设一套与新媒体时代相适应、与大学生特征相接轨的话语范式。在坚定的原则意识和阵地意识指引下，使党言党语和网言网语有机结合，实现既有理论深度，又有情感温度，助力网络思想政治教育真正“活”起来、“动”起来，打造网上网下同心圆。三是利用虚拟现实技术打造智慧思政课堂，革新混合式教学方法。例如，将革命故事通过虚拟现实技术制作成三维动态视景和实体行为的交互式仿真系统，让学生佩戴 VR 眼镜体验沉浸式的思政长征教学，感受中国工农红军在长征中的艰苦环境，理解革命先烈爬雪山、过草地的艰险，学习他们不畏牺牲的高尚品质。

四、在统筹推进思政课教师队伍建设上有作为

（一）提高教师“六个核心素养”

新时代党和国家对高校思政课教师队伍的核心素养提出了更高的要求，只有自身素质过硬，使学生形成对“人”的认同，高校思政课教师所传授的理论知识才有“登场”的机会。习近平总书记在学校思政课教师座谈会上对思政课教师队伍提出“政治要强、情怀要深、思维要新、视野要广、自律要严、人格要正”的“六个核心素养”标准，广大思政课教师要主动对标这一期望和要求，自觉做可信、可敬、可靠和乐为、敢为、有为的“金牌师资”。

“六个核心素养”中，“政治强、情怀深”是“为师”的基本要求。高校思政课教师要充分认识并严格遵循“三尺讲台有方圆”的政治要求，正确处理思政课政治性和学理性、价值性和知识性的统一关系，以学术性方式讲政治道理，寓价值引领于知识传授之中，既体现思政课内容的政治高度，又体现思政课内容的理论深度；要心系祖国荣辱，将家国情怀深耕于心，以“修身齐家治国平天下”的精神激励自身。“思维新、视野广”是“为学”的基本要求。高校思政课教师要具备广博的知识视野，具有良好的马克思主义理论素养、较高的科研水平和教学能力，能够科学把握高校思政课建设规律并以强烈的责任感与使命感，积极投入高校思政课改革发展中；要具备宏大的国际视野，在中国与世界、东方与西方互动交往中，自觉体悟社会主义制度的优越性，引导学生正确认识世界和中国发展大势，正确认识中国特色和国际比较，全面客观认识当代中国、看待外部世界；要具备历史视野，在上下五千年、纵横几万里的深入比较中，把握人类社会发展规律，正确认识中国国情和社会主义发展规律，既不妄自尊大，也不妄自菲薄。“自律严、人格正”是“为人”的基本要求。思政课教师要严于律己、以身作则，守住底线、不越红线，做有品格的“大先生”。

（二）健全人才引进与培养体系

近年来，国家大力推动高校思政教师队伍建设，高校思政课教师职业价值获得感大大提升。但不可否认的是，当前仍然存在着思政课教师素质参差不齐，人才引进和职业素养方面有待提升与完善等问题。加强高校思政课建设要注意“选好人，用好人”。高校党委要发挥领导和把关作用，严把教师资格和师德师风关，大胆破除“五唯”的弊端，不拘一格降人才，切实引进热爱思想政治教育、有培养潜质的人才，按照国家要求的师生比不低于1∶350的比例配齐专职思政课教师。与此同时，做好教师入职后的培养培训工作，“加快培养一批立场坚定、功底扎实、经验丰富的马克思主义学者，特别是培养一大批青年马克思主义者”①，在充实、增加教师数量的同时，着力提高高校思政课教师队伍的素质和质量，注重优化结构，以保证让优秀的老师上思政课。在教师培养方面，要充分发挥国家、地方和高校三级相互衔接的高校思政课教师培训培养体系的效用，理论研修、实践研修、教学研修相结合，将国家骨干教师示范培训、省级分批培训和高校全员培训相结合，满足高校思政课教师素质完善、能力提升、健康成长的需要，同时增进不同层次高校思政课教师之间的优势资源共享和线上线下交流帮扶机制，推动教师的协同联合培养，以促进高校思政课教师队伍的理论水平、业务能力和综合素质的持续优化与提升。目前，面向全国高校思政课教师开设的“周末理论大讲堂”，汇聚理论界优质师资，重点开展马克思主义经典著作导读和习近平新时代中国特色社会主义思想研学成为教师培养培训的广受欢迎的品牌。

（三）完善素养考核与奖惩机制

“在思政课教师选用、管理、考核中要严把政治关、师德关、业务关，

---

① 《教育部等八部门关于加快构建高校思想政治工作体系的意见》，2020年4月22日，见 http：//www.moe.gov.cn/srcsite/A12/moe_ 1407/s253/202005/t20200511_ 452697.html。

解决好学风问题”①。一方面，健全考核监督机制。“落实师德第一标准。将师德考核摆在教师考核的首要位置，坚持多主体多元评价，以事实为依据，定性与定量相结合，提高评价的科学性和实效性，全面客观评价教师的师德表现。发挥师德考核对教师行为的约束和提醒作用，及时将考核发现的问题向教师反馈，并采取针对性举措帮助教师提高认识、加强整改。”② 同时，按照教学与科研、数量与质量等衡量标准，通过定期考核、学生评教、专家评议等多种形式监管考核，并将阶段性的考核结果进行公示和反馈，“克服唯文凭、唯论文、唯帽子等弊端，引导思政课教师把主要精力放在教书育人上”③，以督促其不断地明晰自身的职业定位和角色使命，争取更大的进步。需要注意的是，对思政课教师的评价与考核，也应根据实际情况，制定不同课程特点的评估标准和指标体系，根据考核结果不断调整用人政策，建立弹性的调动机制，使擅长课堂教学与学术研究的高校思政课教师都能各自发挥所长，人尽其用。另一方面，加强激励奖惩机制。高校思政课教师本身具有较高的政治自觉和奉献意识，以必要的奖惩机制激发工作动力。建立师德师风、教学、科研并进的评价机制，落实各项政策保障，将思想引领与政策导向高度融合起来，将物质奖励和精神激励有机结合起来，不断在经济待遇、表彰评优、科研经费等方面实施激励。“健全教师荣誉制度，发挥典型示范引领作用”④，以提升职业自豪感和幸福感，增强职业认同感与归属感，激发其立德树人、铸魂育人的积极性、主动性和创造性。

---

① 习近平：《论党的宣传思想工作》，中央文献出版社 2020 年版，第 388 页。

② 《教育部等七部门印发〈关于加强和改进新时代师德师风建设的意见〉的通知》，2019 年 11 月 15 日，见 http：//www.moe.gov.cn/srcsite/A10/s7002/201912/t20191213_ 411946.html。

③ 习近平：《论党的宣传思想工作》，中央文献出版社 2020 年版，第 388 页。

④ 《中共中央国务院印发深化新时代教育评价改革总体方案》，《人民日报》2020 年 10 月 14 日。

第八章

保证高校思想政治工作队伍后继有人、源源不断

打铁还需自身硬，队伍建设是高校思想政治工作持续有效开展的基础和前提，队伍的素质与能力将直接影响工作成效与人才培养质量。党的十八大以来，习近平总书记十分重视高校思想政治工作队伍建设，多次提出要提高队伍思想水平和工作水平，确保思想政治工作队伍后继有人、源源不断，并针对不同队伍提出增强“脚力、眼力、脑力、笔力”、做到“政治要强、情怀要深、思维要新、视野要广、自律要严、人格要正”的殷切希望和明确要求，勉励教师要成为“大先生”，“做学生为学、为事、为人的示范”①，“做精于‘传道授业解惑’的‘经师’和‘人师’的统一者”②。落实立德树人根本任务，必须充分认识高校思想政治工作队伍建设的重要性，以更加有力的政策措施保证队伍建设的科学发展。

---

① 《习近平在清华大学考察时强调　坚持中国特色世界一流大学建设目标方向　为服务国家富强民族复兴人民幸福贡献力量》，《人民日报》2021 年 4 月 20 日。

② 《习近平在中国人民大学考察时强调　坚持党的领导传承红色基因扎根中国大地　走出一条建设中国特色世界一流大学新路》，《人民日报》2022 年 4 月 26 日。

第一节 从“单支队伍”到“四支队伍”整体推进

新中国成立以来，高校思想政治工作队伍经历了从单支队伍摸索前进、两支队伍相互配合、三支队伍统一步调、四支队伍整体推进的过程，形成了以党政干部和共青团干部为核心力量、辅导员和班主任为基础力量、思政课教师和哲学社会科学课教师为骨干力量、心理咨询教师为重点力量的队伍格局。尤其是党的十八大以来，高校思想政治工作着力打造“三全育人”共同体，人员构成日渐丰富，队伍建设更加合理，凸显了全员育人、全程育人、全方位育人的理念逐渐走向成熟和完善，为思想政治工作质量提升提供了强大的组织保证。

一、单支队伍摸索前进

新中国成立初期，高校思想政治工作队伍主要聚焦在思想政治理论课教师队伍，呈现单支队伍摸索前进的特点。思政课教师是高校教师队伍中承担开展马克思主义理论教育的骨干力量，其首要职责是讲好思政课这一关键课程，肩负着价值观塑造的崇高使命。1950 年，教育部发布《关于高等学校政治课教学方针、组织与方法的几项原则》，要求高校应根据具体情况成立由全体政治课教师及学生代表组成的政治课教学委员会（或教学研究指导组）。[①] 这就使政治课教师队伍的管理相对规范化、力量集中化，政治课教师统一在委员会及学校行政领导下，讨论制定教学计划、研究检查授课内

① 参见教育部社会科学司组编：《普通高校思想政治理论课文献选编（1949—2008）》，中国人民大学出版社 2008 年版，第 7 页。

容、开展系统科研工作。这个时期，主要通过开办各类培训班、研究班、讨论会等进行教师培训，提高教师思想政治素质。例如，为培养高校政治理论师资，1952 年秋季，由中央教育部筹划，在中国人民大学创设马克思列宁主义研究班，第一期就招收了研究生 300 人，提高了参训人员的思想政治理论素质。

二、两支队伍相互配合

政治辅导员处于学生思想政治工作第一线，与政治课教师协作开展工作，形成了配合紧密、有效互补的“两支队伍”。1952 年，教育部发布《关于在高等学校有重点试行政治工作制度的指示》，提出在全国高等学校重点试行政治工作制度，在校内设立政治辅导处，配备主任一人和辅导员若干人，其职责主要是掌握全体师生的政治思想状况，配合协助教务处指导马克思列宁主义理论课程教学，指导全体师生的政治理论学习和社会活动。① 这是新中国成立以来，国家对高校辅导员工作的最初探索，启动了高校政治辅导员制度的实践。1953 年，清华大学率先提出并建立了学生政治辅导员制度，即选拔学习成绩优异、思想政治素质较好的高年级学生担任政治辅导员。经中央批准，清华大学在全国率先建立了政治辅导处，其实行的“双肩挑”辅导员制度——一肩挑学习，一肩挑思想政治工作，也为日后兼职辅导员的设立奠定了基础。应当看到，政治辅导员与学生的联系最为密切和频繁，具备了解和研判大学生思想动态变化的能力，在学生日常生活中具有深入影响，是学生日常思想政治教育和管理工作的组织者、实施者和指导者，具有教师和干部的双重身份，是高校思想政治工作队伍建设增加的一支新的专业力量。政治辅导员与政治课教师在工作实践中相互配合、相互协

---

① 参见《中共中央文件选集（一九四九年十月——一九六六年五月）》第 9 册，人民出版社 2013 年版，第 320 页。

助，有力推动了高校思想政治工作的开展。

三、三支队伍统一步调

在前期政治课教师和政治辅导员队伍建设的基础上，党团干部队伍被扩充进高校思想政治工作队伍中。1955 年，时任教育部副部长的刘子载在高等工业学校、综合大学校院长座谈会上的发言中指出："学校行政领导和学校的党、团组织对学生的共产主义道德教育和学生的全面发展都负有重大责任。校长或副校长中应有一人经常负责领导组织这一工作……还应与学校党组织、青年团等保持密切联系，依靠他们并取得他们的支持和配合"，① 并对如何统一认识、统一步调作出了相应要求。同年 12 月，中央发出《关于配备高等学校政治工作干部的指示》，规定各校要在 1956 年 3 月前，配齐或调整党委（或支部）书记及人事处长等政治工作的领导骨干，把党、团组织和人事、保卫等部门充实起来，以增强高等学校的政治工作力量。② 这一规定为加强高校思想政治工作的统一领导、宏观规划和协作推进提供了坚强的政治基础和组织保障。学校党政干部和共青团干部被纳入思想政治工作队伍中来，成为掌握高校思想政治工作主导权的核心力量，全面负责高校思想政治工作的组织、协调和实施，对高校思想政治工作的教育、管理、服务等各方面和各环节工作起着决定、主导和支配的作用。这支队伍的建设状况不仅会影响其他队伍的管理和发展，而且将直接影响高校思想政治工作的水平和质量。正如毛泽东所强调的那样，"政治路线确定之后，干部就是决定的因素。"③

与此同时，为进一步扩充高校思想政治工作队伍规模，1961 年中共中

---

① 教育部社会科学司组编：《普通高校思想政治理论课文献选编（1949—2008）》，中国人民大学出版社 2008 年版，第 26 页。

② 参见《中共中央文件选集（一九四九年十月——一九六六年五月）》第 21 册，人民出版社 2013 年版，第 435—436 页。

③ 《毛泽东选集》第二卷，人民出版社 1991 年版，第 526 页。

央批准了《教育部直属高等学校暂行工作条例（草案）》，该《条例（草案）》提出“在一、二年级设政治辅导员或者班主任，从专职的党政干部、政治理论课教师和其他青年教师中挑选有一定政治工作经验的人担任”。[①]由此，班主任作为对政治辅导员的补充，与政治辅导员配合开展学生日常思想政治工作的制度初步形成。应当看到，班主任普遍以年轻或新聘任的专业教师兼任，但作为班级的教育者和组织者，其工作质量与学生的整体精神面貌和成长发展趋向直接相关，深刻影响着每个学生的全面均衡发展，在大学生日常思想政治教育中发挥着重要作用，是对政治辅导员工作的有效补充。此外，《条例（草案）》还强调“要逐步培养和配备一批专职的政治辅导员”，表明国家已经开始注重队伍的专业化职业化建设。自此，高校思想政治工作队伍更为充实，在今后的很长一段时间，高校思想政治工作都主要依靠党团组织、政治辅导员和班主任、政治课教师进行。

改革开放新时期，为推动高校思想政治工作队伍的科学发展，国家对高校思想政治工作队伍人员构成提出更高要求，提出要建设一支精干有力、专兼结合的思想政治工作队伍。1984 年，中宣部、教育部联合发布的《关于加强高等学校思想政治工作队伍建设的意见》强调，“高等学校的思想政治工作队伍必须实行专职和兼职相结合”，[②] 专职人员由党、政、工、团各系统所必需的专职人员组成，兼职人员由一些教师、高年级大学生、研究生构成。该文件的颁发为改革开放新时期高校思想政治工作队伍建设提供了重要指导。其中，关于高校思想政治工作队伍专职兼职结合的原则，遵循了教育合力规律，发挥专任教师、管理人员的作用，有效扩大了思想政治工作队伍的力量，提高了工作实效。同时，文件关于兼职队伍范围的界定从专任教师，扩展到了高年级大学生、研究生群体，既符合通过同辈群体的相互作用

---

① 《中共中央文件选集（一九四九年十月——一九六六年五月）》第 38 册，人民出版社 2013 年版，第 60 页。

② 《中华人民共和国学校思想政治理论课重要文献选编》上册，人民出版社 2022 年版，第 600 页。

来提高教育效果的规律，也给大学生辅导员队伍建设提出了一个新的发展思路，为其后各个高校普遍实行的“2+3”“1+3”的研究生兼任辅导员工作提供了政策依据，极大缓解了辅导员队伍人员短缺的压力。应该说，这一文件的出台及其落实，既提高了高校思想政治工作队伍建设的整体工作水平，又缓解了长期存在的不同程度的人员短缺问题，高校思想政治工作队伍建设取得显著进展。

党的十六大召开以后，高校思想政治工作队伍建设迎来了规范发展的新阶段，队伍结构更为明晰，职责分工更为具体。2004 年，《中共中央国务院关于进一步加强和改进大学生思想政治教育的意见》（中发〔2004〕16 号）明确了大学生思想政治教育工作三支主体队伍的构成和职责要求。三支主体队伍分别为：学校党政干部和共青团干部、思政课教师和哲学社会科学课教师、辅导员和班主任。其中，“学校党政干部和共青团干部负责学生思想政治教育的组织、协调、实施；思想政治理论和哲学社会科学课教师根据学科和课程的内容、特点，负责对学生进行思想理论教育、思想品德教育和人文素质教育；辅导员、班主任是大学生思想政治教育的骨干力量，辅导员按照党委的部署有针对性地开展思想政治教育活动，班主任负有在思想、学习和生活等方面指导学生的职责。”① 16 号文件发布后，高校思想政治工作队伍建设，特别是辅导员队伍的管理和建设引起了广泛关注和重视，进入一个发展新阶段，其地位、配置、责任、发展等问题的认识不断清晰。最具代表性的举措是 2006 年教育部颁布的《普通高等学校辅导员队伍建设规定》（中华人民共和国教育部令第 24 号），明确了高校辅导员配置的数量要求，“高等学校总体上要按师生比不低于 1∶200 的比例设置本、专科生一线专职辅导员岗位。辅导员的配备应专职为主、专兼结合，每个院（系）的每个年级应当设专职辅导员。每个班级都要配备一名兼职班主任”。文件同时提

① 《中华人民共和国学校思想政治理论课重要文献选编》下册，人民出版社 2022 年版，第 1117 页。

出，“高等学校可以根据实际情况按一定比例配备研究生辅导员，从事研究生思想政治教育工作。研究生专业导师在研究生思想政治教育工作方面要担负相应职责。”① 两年后，为落实16号文件，2008年中宣部、教育部联合印发《关于进一步加强高等学校思想政治理论课教师队伍建设的意见》（教社科〔2008〕5号），明确思政课教师的师生比问题，“各高等学校要根据专任为主、专兼结合的原则，按照学生人数以及实际教学、科研和社会服务的需要，合理核定专任教师编制，配备足够数量和较高质量的思想政治理论课教师。本专科思想政治理论课专任教师要总体上按不低于师生1：400—1：350的比例配备。”② 可以说，16号文件、24号令以及教社科〔2008〕5号文件共同构成了这个时期高校思想政治工作队伍建设的重要依据，为三支队伍在工作实践中各司其职、密切配合，建设一支政治强、业务精、作风正的思想政治工作队伍提供了重要指南。

四、四支队伍整体推进

新时代建设教育强国的新征程对高校思想政治工作队伍提出了更高的要求，以习近平同志为核心的党中央在继承以往经验基础上，大力推进思想政治工作队伍专业化建设。党的十八大以来，“人文关怀”和“心理疏导”一直是加强思想政治教育的关键词。2016年12月，习近平总书记在全国高校思想政治工作会议上提出：“整体推进高校党政干部和共青团干部、思想政治理论课教师和哲学社会科学课教师、辅导员班主任和心理咨询教师等队伍建设”③。在原有三支主体专业队伍基础上，首次明确增加了心理咨询教师队伍，使高校思想政治工作专业力量发展为四支队伍。其实，2005年教育

① 《加强和改进大学生思想政治教育重要文献选编（1978—2014）》，知识产权出版社2015年版，第345页。

② 《中华人民共和国学校思想政治理论课重要文献选编》下册，人民出版社2022年版，第1277—1278页。

③ 《习近平谈治国理政》第二卷，外文出版社2017年版，第380页。

部、卫生部、共青团中央颁布的《关于进一步加强和改进大学生心理健康教育的意见》就已强调加强大学生心理健康教育队伍建设，提出“要坚持少量、精干的原则，配备一定数量专职从事大学生心理健康教育的教师。专职人员原则上要纳入大学生思想政治教育队伍序列……兼职教师开展心理辅导和咨询活动要计算工作量或给予合理报酬。”① 从2005年的原则上纳入思想政治教育队伍序列，到2016年正式作为高校思想政治工作队伍的四支专业力量的一支，这一创新是对新时代高校思想政治工作队伍新要求的回应，也是坚持问题导向，对新时代高校师生现实需求的观照。

心理咨询教师队伍是心理健康教育的主要实施者，是培育理性平和健康心态的新生力量，也是对师生进行人文关怀和心理疏导的关键少数。② 当代社会的复杂多变加剧了多元价值观的碰撞交流，快节奏、高竞争的生活境遇不同程度地引起师生的心理震荡，师生心理层面的困惑比以往任何时期都更加明显。加强心理健康咨询教师队伍的建设，规范发展心理健康教育与咨询服务，积极解决师生的心理困惑，对于促进师生心理健康素质与思想道德素质、科学文化素质协调发展具有重要意义。2018年，教育部党组印发的《高等学校学生心理健康教育指导纲要》指出，“心理健康教育师资队伍原则上应纳入高校思想政治工作队伍管理，要落实好职务（职称）评聘工作。设有教育学、心理学教学机构的高校，可同时纳入相应专业队伍管理。”③ 至此，经过70多年的探索，我国高校思想政治工作队伍建设更加科学合理，形成了四支工作专门力量整体建设的新格局，其中，党政干部和共青团干部是核心力量，辅导员和班主任是基础力量，思政课教师和哲学社会科学课教

① 《加强和改进大学生思想政治教育重要文献选编（1978—2014）》，知识产权出版社2015年版，第282页。

② 参见丁笑生：《关于高校心理健康教育工作队伍建设的思考》，《思想教育研究》2017年第6期。

③ 《中共教育部党组关于印发〈高等学校学生心理健康教育指导纲要〉的通知》，2018年7月4日，见 http：//www. moe. gov. cn/srcsite/A12/moe _ 1407/s3020/201807/t20180713 _ 342992.html。

师是骨干力量，心理咨询教师则是新时代的高校思想政治工作的重点力量，既需要这支队伍重点发挥作用解决问题，也需要重点加强队伍自身建设。与此同时，党和国家对高校思想政治工作队伍的数量和足额配备提出了刚性要求。如 2017 年 9 月，教育部修订《普通高等学校辅导员队伍建设规定》，即 43 号令，明确规定“高等学校应当按总体上师生比不低于 1∶200 的比例设置专职辅导员岗位，按照专兼结合、以专为主的原则，足额配备到位”。① 师生比与 24 号令是一致的，但是“足额配备到位”的要求，是对高校辅导员队伍建设的刚性要求，极大地推动了这支专职队伍发展建设的脚步，从根本上为提高高校思想政治工作的实效提供了保障。2020 年 1 月，教育部发布《新时代高等学校思想政治理论课教师队伍建设规定》，要求“高等学校应当根据全日制在校生总数，严格按照师生比不低于 1∶350 的比例核定专职思政课教师岗位。公办高等学校要在编制内配足，且不得挪作他用。”② 2020 年 4 月，中共中央国务院印发《关于加快构建高校思想政治工作体系的意见》，指出严格落实中央关于高校思想政治工作和党务工作队伍配备的各项指标性要求。各高校要切实履行辅导员选聘工作的主体责任，按照专兼结合、以专为主的原则加强辅导员选配工作，并按师生比不低于 1∶4000 的比例配备专业心理教师，每校至少配备 2 名。这些文件为高校思想政治工作队伍建设提供了重要的政策遵循，大力促进了高校四支思想政治工作队伍的专业化培养、多样化发展和规范化管理。

需要注意的是，根据我党在高校近百年的思想政治工作经验，要想有效开展思想政治工作，不仅要靠专业的政工队伍，也离不开全体教职工的积极参与。2004 年，中共中央国务院 16 号文件就强调，“广大教职员工都负有

---

① 《普通高等学校辅导员队伍建设规定》，2017 年 9 月 21 日，见 http：//www.moe.gov.cn/srcsite/A02/s5911/moe_ 621/201709/t20170929_ 315781.html。

② 《中华人民共和国学校思想政治理论课重要文献选编》下册，人民出版社 2022 年版，第 1574 页。

对大学生进行思想政治教育的重要责任。”① 如今，习近平总书记也专门强调，做好高校思想政治工作，必须加强教师队伍和专门力量建设，凸显了全体教职工在新时代我国高校立德树人过程中的重要性。因此，做好高校思想政治工作，必须充分调动广大教职工的积极性和主动性，充分发挥全体专业课教师、管理工作者、后勤服务人员的育人作用，使他们紧紧围绕立德树人这一根本任务，将教书育人、管理育人、服务育人渗透于高校的每一工作环节、每一工作阶段，从而真正“落实全员育人、全程育人、全方位育人要求，构建完善立德树人工作体系。”②

第二节　高校思想政治工作队伍的角色定位

高校思想政治工作队伍是加强和改进新时代高校思想政治工作的重要组织保障，他们维护高校的意识形态安全，传播先进的思想文化，积极拥护党的领导，帮助学生成长成才，在高校思想政治工作体系中扮演着不可替代的重要角色。

一、高校意识形态安全的守卫者

高校思想政治工作作为党在高校的一项极端重要的工作，是为国家立心、为民族立魂的工作。高校是意识形态工作的前沿阵地，高校思想政治工作队伍正是这一前沿阵地的坚强守卫者，在意识形态领域的斗争中，他们敢于发声、敢于亮剑、敢于交锋，主动防范和解决意识形态领域的威胁和挑

① 《中华人民共和国学校思想政治理论课重要文献选编》下册，人民出版社 2022 年版，第 1117 页。

② 《中华人民共和国学校思想政治理论课重要文献选编》下册，人民出版社 2022 年版，第 1573 页。

战，是整个社会主义意识形态工作中不可或缺的重要力量。

正如习近平总书记在中央党校建校90周年庆祝大会暨2023年春季学期开学典礼上所指出："党校要用好平台优势，积极发声、正确发声，宣传党的主张，有针对性地批驳各种歪理邪说，当好党的创新理论的积极宣讲者、马克思主义在意识形态领域指导地位的坚定维护者、用党的意识形态引导社会思潮的可靠排头兵。"① 高校思想政治工作队伍作为高校意识形态安全的守卫者，也要以此为己任。

一方面要坚持马克思主义，把握意识形态主动权。"在事关大是大非和政治原则问题上，必须增强主动性、掌握主动权、打好主动仗"②。要牢牢把握高校网络意识形态工作主动权，提高分析、研判、预警、化解舆情事件的能力，在面对错误的思想、舆论和行为时，要坚守正道、主动作为，要有鲜明而深刻的判断与认识，用透彻的理论积极回应，主动对话、勇于批判，及时、正确引导舆情走向。另一方面，要主动宣传中国特色社会主义道路、理论、制度和文化优势，强化党对高校意识形态工作的领导。要全面贯彻习近平新时代中国特色社会主义思想，充分发挥社会主义核心价值观凝魂聚力的重要作用，讲好中国故事，传播中国声音，传递中国价值，引领学生更好构筑中国信心、中国精神、中国力量。

二、先进思想文化的传播者

先进思想文化的繁荣兴盛是民族复兴、国家发展的强大动力和智慧源泉，反映了一个国家的思想品格、价值取向、道德规范和精神气质，体现了一个民族基于文化而具有的凝聚力和生命力。历史和现实表明，教育是传承、创新、引领思想文化的基本路径，知识分子是思想理论的生产者、传播

---

① 习近平：《在中央党校建校90周年庆祝大会暨2023年春季学期开学典礼上的讲话》，《求是》2023年第7期。

② 《习近平谈治国理政》第一卷，外文出版社2018年版，第155页。

者和消费者。高等学校是知识分子集中的重要场所，先进的思想文化不断从大学中生产和传播开来，向全社会辐射。作为重要教育主体的高校思想政治工作队伍，自然成为先进思想文化传播的主力军，在社会主义文化强国建设中承担重大使命。

毋庸讳言，“文明特别是思想文化是一个国家、一个民族的灵魂。无论哪一个国家、哪一个民族，如果不珍惜自己的思想文化，丢掉了思想文化这个灵魂，这个国家、这个民族是立不起来的。”① 面对新时代思想文化传承与发展的现实，高校思想政治工作者必须“坚持把马克思主义基本原理同中国具体实际相结合、同中华优秀传统文化相结合，不断推进马克思主义中国化时代化，推动了中华优秀传统文化创造性转化、创新性发展。”② 一方面，以科学思想为引领。高校思想政治工作队伍要旗帜鲜明、广泛深入地宣传马克思主义。这是因为，“在人类思想史上，没有一种思想理论像马克思主义那样对人类产生了如此广泛而深刻的影响”③，我们要勇于回击“过时论”“无用论”“多元论”等反马克思主义思潮，抓好马克思主义理论宣传教育，为高校师生奠定科学思想基础。另一方面，以文化底蕴涵养心灵，滋养德行，引领风尚。高校思想政治工作者要积极传承和弘扬优秀文化，更加注重以文化人、以文育人，并让下一代更好赓续优秀文化。具体来讲，大力弘扬中华优秀传统文化，善于推动中华优秀传统文化在新时代语境下的创造性转化，引领广大青年学生感悟其精华精髓和独特魅力，从而得到滋养、获得底气；大力弘扬革命文化，充分挖掘共产党人的红色基因、优良传统和革命精神，引领青年学生深刻理解革命文化这一党和人民独有的文化财富；大力弘扬社会主义先进文化，扎实开展社会主义核心价值观教育，将社会主义先进文化融入学校管理、教学和服务的每一环节，引领青年学生潜移默化地

---

① 习近平：《在纪念孔子诞辰 2565 周年国际学术研讨会暨国际儒学联合会第五届会员大会开幕会上的讲话》，《人民日报》2014 年 9 月 25 日。

② 习近平：《把中国文明历史研究引向深入　增强历史自觉坚定文化自信》，《求是》2022 年第 14 期。

③ 习近平：《论党的宣传思想工作》，中央文献出版社 2020 年版，第 323 页。

认同和践行社会主义先进文化。

三、党执政的坚定支持者

教育是国之大计、党之大计。“办好我国高等教育，必须坚持党的领导，牢牢掌握党对高校工作的领导权，使高校成为坚持党的领导的坚强阵地。”① 从教育属性来说，高校思想政治工作队伍作为教育主体，只有坚持党的领导，才能办好中国特色社会主义高等教育；从政治属性来说，高校思想政治工作者绝大部分是党员队伍的重要组成部分，肩负着重要政治使命，必须坚持党的领导。坚持党的领导，就要做党执政的坚定支持者。习近平总书记在哲学社会科学工作座谈会和高校思想政治工作会议上明确提出广大知识分子和教师要做党执政的坚定支持者，这都为高校思想政治工作队伍建设提供了目标遵循。

高校思想政治工作队伍要牢记自己的责任担当和教育使命，更要迎难而上，真正成为党执政的坚实依靠力量和强大支持力量。首先，坚持与党同心。要始终同党中央保持高度一致，积极拥护和宣传党的路线、方针和政策，教育引导学生听党话、感党恩、跟党走，自觉做中国特色社会主义的信仰者、研究者、传播者和实践者。其次，坚持与中国特色社会主义教育事业同向。要全面贯彻党的教育方针，办好中国特色社会主义大学，坚持“四为服务”，培养时代新人。再次，坚持与中华民族伟大复兴同行。习近平总书记在党的二十大报告中明确指出：“从现在起，中国共产党的中心任务就是团结带领全国各族人民全面建成社会主义现代化强国、实现第二个百年奋斗目标，以中国式现代化全面推进中华民族伟大复兴。”② 高校思想政治工作者要深刻把握中国式现代化的历史逻辑与本质要求，把握以中国式现代化

① 《习近平谈治国理政》第二卷，外文出版社 2017 年版，第 379 页。
② 《习近平著作选读》第一卷，人民出版社 2023 年版，第 18 页。

全面推进中华民族伟大复兴的重大原则，教育引导学生把自己的理想同祖国的前途、把自己的人生同民族的命运紧密联系在一起，做勇担民族复兴大任的新时代追梦者和圆梦人。

四、学生健康成长的引路人

青年学生承载着伟大的历史使命，他们的成长发展关乎党的事业后继有人，关乎社会的和谐稳定，关乎国家的兴旺发达，关乎民族的伟大复兴。“全党要把青年工作作为战略性工作来抓，用党的科学理论武装青年，用党的初心使命感召青年，做青年朋友的知心人、青年工作的热心人、青年群众的引路人。”① 高校思想政治工作者要始终“围绕学生、关照学生、服务学生，不断提高学生思想水平、政治觉悟、道德品质、文化素养，让学生成为德才兼备、全面发展的人才”②。

人才培养，关键在教师。教师的思想觉悟、政治立场、价值取向及其所外化出来的言传身教具有很强的示范性，直接或间接地影响着青年学生的信仰选择、精神状态和综合素质。基于此，新时代高校思想政治工作者要自觉承担职责使命，做到教书育人、立德树人。一是做学生锤炼品格的引路人。树人者必先立德。高校思想政治工作者首先要以德立身，率先垂范，以“四有”好老师标准严格要求自己，自觉加强师德修养，以高尚的人格和良好的师德师风感召学生，引导学生明大德、守公德、严私德，帮助学生“扣好人生的第一粒扣子”。二是做学生学习知识的引路人。教书者必先强己。高校思想政治工作者要坚持教育者先受教育，树立终身学习理念，不断丰富知识体系，加强自身理论修为，倾心教学，潜心问道，以学识魅力和教学魅力激发学生获取知识、探求真理的动力，帮助学生提升知识素养，拓宽

---

① 《习近平著作选读》第一卷，人民出版社 2023 年版，第 58 页。

② 《习近平谈治国理政》第二卷，外文出版社 2017 年版，第 377 页。

视野格局，引导学生知行合一，在不断实践中长知识、明道理、强本领。三是做学生创新思维的引路人。创新是社会发展的不竭动力，在激烈的国际竞争中，唯创新者进，唯创新者强，唯创新者胜。高校思想政治工作者要为学生搭建广泛的创新平台，引导学生勇于解放思想，增强创新意识，提升创新能力，树立创新自信，从而让学生愿创新、能创新、善创新。四是做学生奉献祖国的引路人。高校思想政治工作者要在厚植青年学生爱国主义情怀上下功夫，引导学生“坚定不移听党话、跟党走，怀抱梦想又脚踏实地，敢想敢为又善作善成，立志做有理想、敢担当、能吃苦、肯奋斗的新时代好青年，让青春在全面建设社会主义现代化国家的火热实践中绽放绚丽之花。”①

第三节　打造值得信赖的新时代高校思想政治工作队伍

工欲善其事必先利其器。要精心培养和组织一支会做思想政治工作的政工队伍，要“拓展选拔视野，抓好教育培训，强化实践锻炼，健全激励机制”②，保证这支队伍后继有人、源源不断。

一、以配齐人员为前提

一支合格队伍的人员配备大体包括从业人员的选配、结构的优化、队伍的科学管理以及相关的制度建设。当前，全国高校思想政治工作队伍数量大幅增加，素质明显优化，截至 2021 年 9 月，全国高校专兼职辅导员共有 21.87 万人，师生比达 1∶171；截至 2021 年 11 月，登记在库的高校思政课

① 《习近平著作选读》第一卷，人民出版社 2023 年版，第 58 页。
② 《习近平谈治国理政》第二卷，外文出版社 2017 年版，第 380 页。

专兼职教师超过 12.7 万人，其中专职教师超过 9.1 万人，综合师生比达到中央要求，且呈现出高学历、年轻化的发展新状态。① 然而，从目前高校思想政治工作队伍的建设情况来看，部分高校仍未严格按照国家政策要求配备相应人员，高校思想政治工作队伍建设还存在不平衡的情况，队伍的整体力量仍然需要不断充实。

队伍建设首先要配齐人员力量。马克思指明，“思想本身根本不能实现什么东西。思想要得到实现，就要有使用实践力量的人。”② 没有人，没有数量充足、结构合理的人，所有的工作规划和设计都可能流于空谈。当前，许多高校思想政治工作队伍仍然是缺编运行，当务之急是要按照党和国家的相关要求来将配齐高校思想政治工作队伍的政策落地落实，在符合教育发展规律和引进人才工作流程的前提下配齐工作人员。例如，在专职力量的配备方面，国家有明确要求。其中，专职思想政治工作人员和党务工作人员不低于全校师生人数的 1%，每个院（系）中至少配备 1 到 2 名专职组织员。校团委领导班子要健全，要配备书记 1 人，至少配备副书记 1 人；基层团总支（分团委）干部要配备得力，至少配备专职团干部 1 人。在思想政治理论课专职教师配备上，国家要求本科院校按师生比 1∶400—1∶350 配备，专科院校按师生比 1∶600—1∶550 配备。专职辅导员岗位设置上，要求按师生比不低于 1∶200 的比例设置专职辅导员岗位。心理健康教育专职教师要按照师生比不低于 1∶4000 配备，每校至少配备 2 名。当然，如果短时间内要所有的高校都达到这个目标确实会存在一定困难，一些高校在数量上搞变通、在准入门槛上打折扣的做法会导致管理和教学工作不能满足学生的期待，降低辅导员队伍和思想政治理论课教师的专业化建设和教育教学质量。所以各高校都要按照自己的实际情况，做好长远规划，定期开展培训，不但要配齐而且要建强高校思想政治工作队伍。

---

① 参见《教育部召开发布会，介绍 5 年来贯彻落实全国高校思政会精神工作成效——格局性变化 历史性成就》，《中国教育报》2021 年 12 月 7 日。

② 《马克思恩格斯文集》第 1 卷，人民出版社 2009 年版，第 320 页。

二、以提升本领为重点

习近平总书记指出："干事创业，既要政治过硬，又要本领高强。……履行好党和人民赋予的新时代职责使命，领导干部必须全面增强各方面本领，努力成为本职工作的行家里手。"① 当前，国际国内新形势、意识形态领域新态势、信息化发展新趋势，都对高校思想政治工作者的综合素质提出了更多、更高、更严的要求，高校思想政治工作者迫切需要提升本领、持续升级、不断扩容。

（一）提高政治修养

旗帜鲜明讲政治是锤炼党性的首要任务。毛泽东指出，"没有正确的政治观点，就等于没有灵魂。"② 习近平总书记在全国思政课教师座谈会上对思政课教师提出"六要"，第一即"政治要强"。高校思想政治工作者的首责和首要角色，是做师生政治思想的引领者，政治过硬是其最基本的职业要求，更是完成职业使命的"生命线"。坚定政治信仰，要增强对马克思主义科学理论赤诚热爱的坚定信念，把准政治方向，坚定"四个意识"，树立"四个自信"，做到"两个维护"，将立德树人的各项具体任务和要求落实、落细、落地。拥有足够的政治定力，忠诚于党的教育事业，批判各种反马克思主义思潮，抨击各种形式的虚无主义错误言论，弘扬主旋律，亮剑发声；能够坚持政治学习，坚定马克思主义的立场、观点和方法，引导广大学生树立正确的世界观、人生观和价值观。

（二）自觉更新迭代知识

高校思想政治工作者需要具有终身学习的自觉，不断实现知识更新迭

---

① 习近平：《在中央党校建校90周年庆祝大会暨2023年春季学期开学典礼上的讲话》，《求是》2023年第7期。

② 《毛泽东文集》第七卷，人民出版社1999年版，第226页。

代，克服“本领恐慌”。在现实工作中，一些高校思想政治工作者有限的生活阅历和育人专业知识，与其担负的为学生“人生导航”的重要职责已经形成了不同程度的落差，这让他们在工作中逐渐感受到“知识危机”和“本领恐慌”。学习是克服“本领恐慌”的至尊法宝。习近平总书记反复告诫我们要加强学习，要自觉向马克思主义经典作家学习，在社会实践中向人民群众学习，如此才能把握规律性、富于创造性，才能增强工作的主动性、科学性和预见性，只有持续的学习，才能“避免陷入少知而迷、不知而盲、无知而乱的困境，才能克服本领不足、本领恐慌、本领落后的问题”①。高校思想政治工作者要居安思危，把学习当成一种习惯、一种责任和一种精神追求，读原著、学原文、悟原理，深入理解习近平新时代中国特色社会主义思想，把握党的最新理论成果的深刻内涵和精神实质；学习马克思主义理论学科知识及其相关的专业知识，把握思想政治工作规律，熟悉思想政治教育方法，不断提升政治理论素质和运用所学知识解决实际问题的能力；学习管理学、心理学、传播学等相关学科理论，提高管理艺术、领导能力、沟通水平，与时俱进解决新时代高校思想政治工作出现的新问题新挑战。自觉提高数字素养，克服“本领恐慌”。习近平总书记强调，“教育数字化是我国开辟教育发展新赛道和塑造教育发展新优势的重要突破口”，② 蓬勃发展的教育数字化正在实现数字技术与教育活动的深度融合。面对这一教育领域的深刻变革，发展数字素养成为高校思想政治工作者进入数字赛道的“必修课”和落实使命任务的“新引擎”。高校思想政治工作者要以积极主动的数字意识，在遵守数字道德规范和法律制度的前提下，提升利用数字技术采集、加工、使用、管理和评价各类型教育数据，发现、分析、解决思想政治教育教学问题，优化、创新和变革思想政治教育活动的综合能力，在教育数字化时代实现高阶应用与综合应用的能力升级，承担道德自律与数据保护的责任担

---

① 《习近平谈治国理政》第一卷，外文出版社 2018 年版，第 404 页。

② 《习近平在中共中央政治局第五次集体学习时强调 加快建设教育强国 为中华民族伟大复兴提供有力支撑》，《人民日报》2023 年 5 月 30 日。

当，推动传统教育优势同信息技术高度融合，从“能教会教”的知识技能型向“乐教善教”的综合创新型转变，创新高校思想政治工作新样态。

（三）提升能力

本领是胜任工作的前提基础。2018 年 8 月 21 日，习近平总书记在全国宣传思想工作会议上提出，“宣传思想干部要不断掌握新知识、熟悉新领域、开拓新视野，增强本领能力，加强调查研究，不断增强脚力、眼力、脑力、笔力，努力打造一支政治过硬、本领高强、求实创新、能打胜仗的宣传思想工作队伍。”① 新时代加强能力建设：

一是提升马克思主义理论教育能力。高校思想政治工作队伍应成为意识形态宣传强有力的组织者和社会主义核心价值观自觉的传播者。积极鼓励有条件的高校思想政治工作者在职攻读马克思主义理论的硕博学位，自觉开展意识形态教育科学研究，夯实理论基础。二是提升应对实践问题的能力，特别是调查研究的能力。习近平总书记多次强调调查研究的重要性，2023 年中共中央办公厅印发了《关于在全党大兴调查研究的工作方案》，对在全党大兴调查研究提出了明确要求，教育部思想政治工作司 2023 年工作要点中也明确提及“大力加强调查研究工作”。高校思想政治工作者作为思想战线与意识形态战线的一线工作者，要聚焦高校思想政治工作面临的新挑战、出现的新问题、面对的新要求，注重运用调查研究方法，全面提高实践工作能力。三是提升舆情管理能力。高校思想政治工作队伍应经常上网看看，潜潜水，聊聊天，发发声，了解师生所思所愿，收集好想法好建议，积极回应师生关切，及时解疑释惑，以此管好导向、管好阵地、管好队伍。四是提升新媒体宣传能力。应充分认识并利用新媒体的优势，推进思政工作与新媒体的融合，要利用好校园广播电视、校报校刊等传统新闻媒体，做到线上线下的有效覆盖，为高校师生提供有高雅格调、有情感温度、有价值深度的新闻报

---

① 《习近平谈治国理政》第三卷，外文出版社 2020 年版，第 315 页。

道；同时，主动提高媒介素养，要充分利用网络、大数据等技术手段，满足不同阶段学生的发展需要，营造健康向上的校园文化氛围。

三、以协同发展为支撑

做好高校思想政治工作不是单纯一条线的工作，而应该是四支队伍齐心协力、同向同行的全方位的育人工作，四支队伍之间的协作配合程度直接影响着高校思想政治工作队伍的整体育人水平。恩格斯提出，“许多人协作，许多力量融合为一个总的力量，用马克思的话来说，就产生‘新力量’，这种力量和它的单个力量的总和有本质的差别。”① 习近平总书记指出，做好立德树人工作要有协同育人的思维和方法，并针对课程思政和思政课程、思政课教师和其他专业课教师、高校思政工作队伍内部四支队伍的协同育人提出了明确要求，倡导他们既要各自守好育人的一段渠，解决好各自职能相辅相成的问题，又要通过协同创新机制打破原有体制机制壁垒和障碍。例如，通过课程协同创新，实现思想政治理论课与其他各类课程的同向同行；通过队伍协同创新，实现党务工作者、行政负责人和思想政治工作者整体推进；通过组织协同创新，实现高校党委、院党组织、基层党支部三级联动，高校、宣传部门、新闻媒体三方联动宣传机制，形成党委统一领导、各部门各方面齐抓共管的工作格局；通过协同育人，实现打造“三全育人共同体”和建构“十大育人体系”；等等。

高等学校应当落实全员、全程、全方位育人要求，加强队伍合力建设，提高协同育人意识，搭建协同育人平台，创新协同育人机制，构建政治性共塑、思想价值共引、成长心理共疏、成才之路共辅、人文关怀共给的“五维协同育人”创新机制，不断提升思想政治工作水平。②

---

① 《马克思恩格斯文集》第 9 卷，人民出版社 2009 年版，第 133—134 页。

② 参见崔海英、曾玉梅：《高校思想政治工作主体协同育人机制创新研究》，《思想政治课研究》2018 年第 4 期。

其一，构建基层党组织和团组织“政治性共塑”机制。即通过创新基层党建带团建的工作方法，提升基层党团组织的政治活力；提升基层党团组织协同育人的政治工作能力；增强大学生的“四个意识”，树立“四个自信”，使大学生无论在思想上还是行动上，都与党中央保持高度一致。

其二，构建思想政治理论课教师和哲学社会科学课教师“思想价值共引”机制。即提升这两类课程教师的亲和力与吸引力，发挥关键课程和哲学社会科学课的课堂教学主渠道作用，着力引导大学生学会用马克思主义的立场、观点、方法来认识、分析和解决身边的问题，并自觉正确认识时代责任与使命担当。

其三，构建辅导员和心理咨询教师“成长心理共疏”机制。即充分利用辅导员与学生日常学习生活接触多、了解全面等特点，让辅导员和心理咨询教师协同合作，通过课内与课外、网上与网下、咨询与疏导、教育与管理相结合等方法，及时有效化解大学生的心理困扰，帮助他们树立正确的世界观、人生观和价值观，养成乐观向上的良好心态。

其四，构建班主任和专业课教师“成才之路共辅”机制。一方面，大学生班主任多为专业课教师兼任，他们以专业学习为载体，更容易与大学生沟通，并获得学生的信任；另一方面，班主任的职业特点也决定了他们能够与其他专业课教师进行更具专业特色的沟通和协作，引导和帮助大学生端正学习态度，提高专业能力，树立远大职业理想，有助于大学生成长成才。

其五，构建行政管理岗位教师和后勤服务岗位教师“人文关怀共给”机制。高校行政管理岗位和后勤服务岗位的教师和职员，都具有管理和服务育人的职能，他们以人为本，人性化、高效率地开展工作，具有“春风化雨润桃李”的作用，于潜移默化中滋养大学生的人文情怀，要充分发挥他们在育人方面的价值意义。

四、以建立健全考核与激励机制为保障

高校思想政治工作队伍的建设，要在考核与激励方面立规矩、下功夫，不断激发队伍建设的内生动力。

一方面，考核是评价的基础。要加大对高校思想政治工作队伍的考核力度，不断完善考核机制。完善考核指标，在年度考核指标中，更加注重德才兼备，严把政治关、师德关、业务关，加入思想政治理论水平、思想政治教育方法创新、思想政治工作成效等条目，并赋予合理的权重。以德、能、勤、绩这四方面作为综合定量考核指标进行评定，“提高评价中的教学和教学研究占比，克服唯文凭、唯论文、唯帽子等弊端，引导思政课教师把主要精力放在教书育人上”①。优化考核方法，要选用操作简便，师生参与面广泛，过程公平、公正、公开的方法，如网络评价法、问卷调查法、座谈法、个人述职法等都是效度值较高的方法。丰富考核手段，思想政治工作队伍的考核可以从同行考核、上级考核、对象考核三方面进行，以此提高考核的全面性与可信度。用好考核结果，要将考核结果与思想政治工作队伍成员的晋职晋级、评优评奖、学习深造等有机结合起来。对于履职不力、思想政治工作薄弱、师生“差评”较多的老师，要追究责任；对于责任心强，工作成绩突出，师生一致“点赞”的老师，应给予相应的奖励和表彰，并提供更多的发展机会。

另一方面，激励是必要保障。建立健全激励机制是激发思想政治工作队伍工作积极性、主动性和创造性，留住人才的重要方法，利于形成浓郁的竞争与合作并存的工作氛围，吸引人才集聚，淘汰资质平庸者。一是加强物质激励。建立健全收入保障机制，是确保队伍稳定发展的必要基础。马克思指

---

① 习近平：《论党的宣传思想工作》，中央文献出版社 2020 年版，第 388 页。

出，"'思想'一旦离开'利益'，就一定会使自己出丑。"① 2000 年以来，国家出台多个文件要求保障高校思想政治工作队伍的收入，要求将辅导员、班主任、思想政治理论课教师的岗位津贴等纳入学校内部分配体系统筹考虑，确保他们的实际收入不低于本校相关专业院系教师的平均水平。2017 年新修订的《普通高等学校辅导员队伍建设规定》中更加明晰了辅导员的发展方向和生活待遇，要求"积极为辅导员的工作和生活创造便利条件，应根据辅导员的工作特点，在岗位津贴、办公条件、通讯经费等方面制定相关政策，为辅导员的工作和生活提供必要保障"。② 2019 年，中共中央办公厅、国务院办公厅印发的《关于深化新时代学校思想政治理论课改革创新的若干意见》要求，"各地要因地制宜设立思政课教师和辅导员岗位津贴，纳入绩效工资管理，相应核增学校绩效工资总量。"③ 二是重视精神激励。为激发高校思想政治工作者的工作积极性，国家先后出台多个文件要求开展对优秀学生思想政治工作人员的表彰奖励，并将其纳入全国以及各省（自治区、直辖市）和高校教师、教育工作者表彰奖励工作中。如 2019 年发布的《关于深化新时代学校思想政治理论课改革创新的若干意见》则专门强调，"增强教师的职业认同感、荣誉感、责任感，把思政课教师和辅导员中的优秀分子纳入各类高层次人才项目……党和国家设立的荣誉称号要注重表彰优秀思政课教师，教育部门要大力推选思政课教师年度影响力人物等先进典型。"④ 政策和机制的生命力在于执行。如何有效将党和国家的政策落实到位，并能够在高校思想政治工作队伍建设过程中落细落小落实，就成为新时代高校思想政治工作队伍建设面临的重要课题。落实这些顶层设计，有关

---

① 《马克思恩格斯文集》第 1 卷，人民出版社 2009 年版，第 286 页。

② 《普通高等学校辅导员队伍建设规定》，2017 年 9 月 21 日，见 http：//www.moe.gov.cn/srcsite/A02/s5911/moe_ 621/201709/t20170929_ 315781.html。

③ 《中华人民共和国学校思想政治理论课重要文献选编》下册，人民出版社 2022 年版，第 1533 页。

④ 《中华人民共和国学校思想政治理论课重要文献选编》下册，人民出版社 2022 年版，第 1533 页。

部门要开展好辅导员年度人物评选等评奖评优项目，将杰出人物聘为国家高层次人才，隆重表彰先进典型代表。高校党委要像关心教学科研骨干的成长一样关心思想政治工作队伍成长，使他们工作有条件、干事有平台、待遇有保障、发展有空间，最大限度调动他们的积极性、主动性、创造性。

第九章

培养党和人民满意的好老师

2016 年 12 月 7 日，习近平总书记在全国高校思想政治工作会议上就加强高校师资队伍建设这个议题，提出要加强师德师风建设，把教育培养和自我修养结合起来，引导广大教师以德立身、以德立学、以德施教。可以说，师德师风建设是高校思想政治工作的一个重大问题，事关先进思想文化的传播，事关党的长期执政建设，事关学生健康成长成才，事关培养党和人民满意的好老师，应予以高度重视。

第一节　师德师风建设是高校思想政治工作的重要组成部分

习近平总书记在全国高校思想政治工作会议上明确指出，“教师是人类灵魂的工程师，承担着神圣使命。传道者自己首先要明道、信道。高校教师要坚持教育者先受教育，努力成为先进思想文化的传播者、党执政的坚定支持者，更好担起学生健康成长指导者和引路人的责任”①，并提出要加强师

① 《习近平谈治国理政》第二卷，外文出版社 2017 年版，第 379 页。

德师风建设，引导广大教师以德立身、立学和施教。“高等学校的师德建设是高校思想政治教育工作的组成部分，是高校教师思想政治教育的重要环节。”① 应当看到，较之于大学生思想政治工作，无论是从国家政策指导层面，还是从实际教育工作操作向度，或是从学术研究发展现状来看，目前高校师德师风建设确实是高校思想政治工作研究的一个短板。因此，加强新时代高校思想政治工作创新研究，要特别重视加强师德师风建设，既要在学理研究上提升马克思主义理论学科研究的自觉意识，又要在学校实际工作中提高对师德师风建设的重视程度。

一、在问题研究上提升学科意识

师德师风建设作为高校思想政治工作的一个重要组成部分，亟待加强马克思主义理论学科研究的自觉意识。师德师风问题研究的学科归属问题时常影响着该问题的研究者，该问题归属于教育学科还是马克思主义理论学科？作为思想政治教育专业的研究论文选题，研究师德师风是否是“种了别人的田”？有学者曾提出，“更耐人寻味的是，学界也根本不再用马克思主义理论去讨论教师议题。这一切都是在教育界悄然发生的。”② 就高校思想政治工作研究对象而言，我们所强调的问题研究主要是从原理或者法则出发进行的科学研究，其研究成果可用著作、期刊、报纸等作为重要参照。以期刊为例，截至 2023 年 4 月，我们在中国知网（CNKI）分别以“高校师德师风建设”和“大学生思想政治工作”作为篇名进行有效检索，经过筛选之后共计检索到高校师德师风建设论文 200 余篇，大学生思想政治工作论文 20000 余篇，从数量对比上可以看出学界对高校师德师风建设研究力度存在明显不足。此外，从期刊质量来讲，高校师德师风建设研究成果绝大多数以

① 王树荫：《高等学校师德建设论》，《思想政治教育研究》2010 年第 5 期。

② 郑新荣：《教师阶层身份、社会功能与专业化——西方马克思主义关于教师的研究》，《教育学报》2005 年第 3 期。

普通省级期刊为主；从研究学者来看，大学生思想政治工作研究工作者既包括大量实务工作者，也包括许多知名专家学者，而高校师德师风研究者多数是教育学科的理论研究者和行政系统的宣传部门工作者；从研究内容上来看，大学生思想政治工作涉及研究内容较为广泛，几乎含涉学理研究范式各个方面，既包含理论层面的探究，也包括实践向度的探讨，内容丰富多样。

二、在学校实际工作中提高重视程度

立足于高校党建和马克思主义理论学科研究的视角，就高校思想政治工作实际状况而言，高校师德师风建设仍处于缺弱状态。有学者提出，“在实际工作中，不少人一谈到高校思想政治教育，就直接将其定位于对学生的教育。其实，教育者的先行教育、自我教育更具根本性和前提性”①，“思政工作不能重生轻师”②。当然，从高校师德师风建设工作所取得的成绩来看，目前高校师德师风建设相关规章制度不断建立健全，高校教师专业成长发展环境渐趋完善，高校党委领导的工作格局基本形成，广大高校教师积极贯彻党的教育方针，为国家发展和民族振兴做出了重大贡献。但是，从高校思想政治工作这一整体视域上来看，高校师德师风建设着实是高校思想政治工作的短板之一，亟待补齐。一些高校把整体工作的重心放在教学科研工作上，重教书、重智育、重科研，轻育人、轻德育、轻教学，教育教学和科学研究工作的质量，直接成为高校发展评判的主要标准和根据，使得“高校教师的思想政治教育工作多数也是处在说得多做得少、说着重要做着次要的状态。”③ 一些高校师德师风建设被当作“软任务”“软指标”，被弱化和虚化。一谈及高校思想政治工作，在一些人的思想认识中习惯性地忽视了高校

① 沈壮海：《加强和改进高校宣传思想工作的主线、基础和重点》，《中国高等教育》2015 年第 6 期。

② 蓝晓霞：《思政工作不能重生轻师》，《光明日报》2016 年 12 月 22 日。

③ 徐振剑：《新形势下加强高校教师思想政治教育工作的思考》，《思想理论教育导刊》2017 年第 8 期。

教师这一群体的思想政治工作，把多数资源都投放在学生思想政治工作之中，在高校教师师德师风建设研究和实施方面的资源投入较少。“加强和改进高校的思想政治工作，要把教师思想政治工作当成重中之重。”① 可见，加强新时代高校思想政治工作创新研究，高校必须统筹学生和教师两大群体并进，要对高校师德师风建设引起足够重视。尽管一些高校在学生工作部和研究生工作部基础之上，积极贯彻《关于加强和改进新形势下高校思想政治工作的意见》，相继成立党委教师工作部，牵头、统筹和负责教师思想政治教育、师德师风建设、教师管理服务工作，一定意义上弥补了师德师风建设工作部门在学校党委结构中的空白，但也要看到，目前这一部门的设置以及工作职责仍处于探索之中，绝大部分学校都不是独立设置，其工作更多的带有教师培训或者组织宣传的特色，还没有形成独立的工作特色，许多高校的党委教师工作部甚至都没有官方网站。可见，配优建强一支有思想、讲政治、懂教育的精明强干的师德师风建设工作队伍，已然成为做好新时代高校思想政治工作的一个重要内容。

三、在思想观念认识上提高价值认知

目前一些教师对高校思想政治工作的认识，仍然存有“重生轻师”“价值否定”“无须教育”“趋同照搬”等不恰当的论调。这些认识偏差既否定高校思想政治工作的重要意义与存在价值，也否认高校师德师风建设的作用空间与潜在效能，这不利于高校思想政治工作科学化发展。因此，我们一方面要驳斥“重生轻师”论。这一观点认为高校思想政治工作的对象是学生并非教师，高校要在政策指导、部门设置、人员编制、经费投入等方面倾向于学生思想政治工作，而对高校教师素质能力期待与要求更多侧重于教学与科研工作。“重生轻师论”是高校典型“一手硬、一手软”的实际表现，它

① 铁铮：《教师思想工作应为重中之重》，《教育家》2017 年第 25 期。

强调重视教师业务能力提升而轻视思想政治素质提高，忽视高校师德师风建设在教师思想政治素质、职业道德能力和职业规范上的重要作用，反映出一些“思政工作者主观思想上的弱化虚化、态度上的不敢碰硬、能力上的恐慌不足”①，致使出现一些高校重生轻师忘了抓、统筹不够不愿抓、机能不足不会抓的现象。从根本上讲，学生和教师都是高校思想政治工作的重要对象，二者要整体推进、协调发展、不能偏废，高校师德师风建设工作抓不紧、做不好，会直接影响青年学生成长成才成人的质量，我们一定要认真学习和贯彻落实习近平总书记提出的加强师德师风建设的要求，将师德师风建设纳入高校党建工作和意识形态工作体制之中，继续做好党委教师工作部日常教育、管理和服务工作。另一方面要批判“无须教育论”。此观点从高校教师的群体特点和价值定位出发，认为高校教师群体是一个具有高学历、高道德、高能力的精英职业团体，他们的思维方式、价值认知及政治立场都已经趋渐稳定和固化成型，不需要再接受系统性、专门性和整体性的思想政治教育。另外，有人认为高校教师群体学科类别多样、年龄层次不一、人生阅历各异，加上日常行动分散，已经无法对其开展集中思想政治工作。不难看出，从人们感到某种缺乏而力求获得满足的心理倾向来说，“无须教育论”的价值拒斥立场更多表现出高校教师对思想政治工作主观认识的“不需要”“不情愿”倾向，其实质是否认了高校师德师风建设的作用空间。应当承认，高校教师思想道德素质会伴随年龄变化、学历提升、阅历丰盈而得到一定程度提高，且这种提升主要是依靠教师自我教育而得以实现，但这种自然的提升过程并不能完全满足当前党和国家对高校教师队伍提出的“四有”好老师、梦之队的“筑梦人”、党执政的坚定支持者、“四个相统一”等素质需要，不能因此就过分夸大年龄、学历、阅历和自我教育能力在高校教师思想政治素质提升中的地位和作用，错误地认为高校教师思想政治素质会紧随学历层次、专业能力、人生阅历的提升而同步提高，认为高校不需要一个

① 蓝晓霞：《思政工作不能重生轻师》，《光明日报》2016 年 12 月 22 日。

体系化、系统化的师德师风建设工作科学统筹和翔实规划。恰恰相反，我们必须不断地加强和改进高校师德师风建设以激发其内在潜力，使高校教师思想观念、政治素质、师德素养等发生积极变化。

第二节 加强新时代师德师风建设的三重逻辑

党的十八大以来，以习近平同志为核心的党中央，承续马克思主义经典作家教师工作思想，深刻总结中国共产党师德师风建设基本经验，立足于实现中华民族伟大复兴对建设教育强国和培养时代新人迫切渴求的政治高度，把加强教师队伍建设作为一项基础性工作来抓，特别强调师德师风建设是教师队伍建设的第一要务，师德师风是评价教师队伍素质的第一标准，并围绕加强师德师风建设提出一系列新思想新观点新举措，为加强新时代高校师德师风建设提供了根本遵循。

一、理论逻辑：承续马克思主义教师工作思想的重要原则

在当代中国，加强高校师德师风建设有着深刻的马克思主义理论源泉滋养。马克思、恩格斯、列宁等经典作家通过对道德本质、职业选择、爱护教师等内容的分析，结合他们对教育事业发展一般规律的发现、思索与理解，创造性提出并深刻阐述了教师工作的一些基本理论和观点，建构了无产阶级教师队伍建设的理论基石。其中所包含的道德理论、职业使命、尊师重教等若干重要原则，成为加强新时代高校师德师风建设的重要理论遵循。

（一）教师从事的是一项崇高光荣的职业

在马克思主义经典作家看来，道德作为意识的理论产物和形式，劳动是其起源的首要条件，伴随劳动的进一步发展，劳动分工与协作不断增强，各

种劳动关系逐步明确，各种社会职业渐序形成，而"'使命、职责、任务、理想'或者是……对于通过分工而分到各种不同行业中去的那些个人的活动方式……只是这些社会关系的表现和征兆"①。就教师队伍建设而言，在职业理想方面，马克思深刻阐释了人们在职业选择中该有的职业理想和人类情怀，特别强调要选择"最能为人类而工作的职业"②。教师作为人类灵魂的工程师，正是为人类而工作的一个职业，"教师大军应该向自己提出巨大的教育任务，而且首先应该成为社会主义教育的主力军。"③ 在教书育人方面，恩格斯在剖析英国教师队伍素质不高问题时指出，一些人"只是为了生活才来当教师，大多数连自己也没有具备最必要的基本知识，缺乏教师所应当具备的道德品质"④。这对教师教书育人的使命职责提出了新的要求。在人才培养方面，列宁明确提出"这就是你们在教育、培养和发动整个青年一代的事业中应当执行的任务。你们应该是千百万共产主义社会建设者的带头人"⑤。这些重要观点都为新时代高校师德师风建设关于"人民教师无上光荣"、教师要教书育人等议题提供了理论依循。

（二）共产主义教师要坚持正确的办学政治方向

从道德的本质属性上来看，恩格斯在《反杜林论》中明确提出"道德始终是阶级的道德；它或者为统治阶级的统治和利益辩护，或者当被压迫阶级变得足够强大时，代表被压迫者对这个统治的反抗和他们的未来利益。"⑥另外，马克思批判了黑格尔把私法和道德诠释为一种权利与人格的抽象，指出"人们想使道德进一步同国家分离，想使道德进一步得到解放！他们这样做证明了什么呢？只是证明：现代国家同道德分离是合乎道德的，道德是

---

① 《马克思恩格斯全集》第3卷，人民出版社1960年版，第491—492页。
② 《马克思恩格斯全集》第1卷，人民出版社1995年版，第459页。
③ 《列宁全集》第34卷，人民出版社1985年版，第392页。
④ 《马克思恩格斯全集》第2卷，人民出版社1957年版，第395页。
⑤ 《列宁全集》第39卷，人民出版社2017年版，第337页。
⑥ 《马克思恩格斯文集》第9卷，人民出版社2009年版，第100页。

非国家的，国家是非道德的。”① 可见，道德具有鲜明的政治性色彩，道德始终是服务于国家需要。从教师师德上讲，列宁在揭露资产阶级所谓学校可以脱离政治而为整个社会服务的撒谎骗人技巧时鲜明提出，“学校的真正的性质和方向并不由地方组织的良好愿望决定，不由学生‘委员会’的决议决定，也不由‘教学大纲’等等决定，而是由教学人员决定的。”② 如果“教师群众接受了资本主义文化遗产，全身沾染了这种文化的缺点，在这种情况下他们不可能是共产主义教师”③，因此，“我们要培养出一支新的教育大军，它应该同党和党的思想保持紧密联系，贯彻党的精神，它应该把工人群众团结在自己的周围，以共产主义的精神教育他们，使他们关心共产党员所做的事情。”④ 这些重要思想都为新时代高校师德师风建设关于教师要“有理想信念”、教师要做“党执政的坚定支持者”、教师要“为党育人、为国育才”、思政课教师“政治要强”等议题提供了理论基础。

（三）机关部门要支持、优待和团结广大教师

实际上，在马克思主义经典作家所处的时代，教师的社会地位、教师的从教环境和教师的生活待遇不尽如人意。例如，马克思批判了当时资产阶级社会对教师的不尊重现象，明确指出“身为农民阶级的专门人才、代言人、教育者和顾问的学校教师受省长任意摆布”，“身为学者阶级中的无产者的学校教师从一个乡镇被赶到另一个乡镇，就像被追猎的野兽一样”⑤。再如，列宁就沙皇俄国对教师的“最放肆、最无耻、最令人厌恶”⑥ 的态度进行了愤慨的批判，对教师身处恶劣生活环境表达了同情，希望机关部门“把我

---

① 《马克思恩格斯全集》第 3 卷，人民出版社 2002 年版，第 135 页。
② 《列宁全集》第 45 卷，人民出版社 2017 年版，第 244—245 页。
③ 《列宁全集》第 39 卷，人民出版社 2017 年版，第 447 页。
④ 《列宁全集》第 39 卷，人民出版社 2017 年版，第 445—446 页。
⑤ 《马克思恩格斯文集》第 2 卷，人民出版社 2009 年版，第 161—162 页。
⑥ 《列宁全集》第 23 卷，人民出版社 2017 年版，第 117 页。

国国民教师的地位提到在资产阶级社会里从来没有、也不可能有的高度”①，给予教师关爱和帮助，优先照顾教师，“我们一切领导机关，无论是共产党、苏维埃政权还是工会，如果不能做到像爱护眼珠那样爱护一切勤恳工作、精通和热爱本行业务的专家（尽管他们在思想上同共产主义完全格格不入），那么社会主义建设事业就不可能取得任何重大的成就。”② 特别值得一提的是，列宁十分重视做好教师的团结工作，使广大教师成为苏维埃制度的支柱。这些重要观点都为新时代高校师德师风建设关于“各级党委和政府要满腔热情关心教师”“让尊师重教蔚然成风”等议题提供了理论支撑。

马克思主义经典作家关于教师队伍建设思想，包含着丰富的师德师风建设的价值意蕴，提出了事关教师队伍建设的方向性、根本性和保障性的基本原则与指导方针，为加强新时代高校师德师风建设奠定了辩证唯物主义的方法论基础。

二、历史逻辑：对中国共产党师德师风建设经验的深刻总结

中国共产党历来重视师德师风建设工作，在领导中国革命、建设和改革的教育实践中，始终坚持以马克思主义为指导，立足社会主义教育事业发展的实际，逐步建立健全师德师风建设长效机制，积累了党领导教师队伍建设的宝贵经验。

从抗战时期到新中国建设时期，毛泽东一直关注师德建设的发展。1937年毛泽东对延安抗日军政大学师生提出要“忠于党的教育事业”，并要求广大教师根据革命斗争的形势和任务传授知识与培养人才。1950年毛泽东在给湖南第一师范大学的题词中，明确了教育者先受教育的基本原则——“要做人民的先生，先做人民的学生”。1958年毛泽东在《工作方法六十条

---

① 《列宁全集》第43卷，人民出版社2017年版，第362页。

② 《列宁全集》第42卷，人民出版社2017年版，第385页。

(草案)》中强调人才培养的“又红又专”规格与标准。1961 年中共中央审议通过《中华人民共和国教育部直属高等学校暂行工作条例(草案)》指出,“高等学校必须继续努力培养又红又专的教师队伍”,“高等学校教师的根本任务,就是认真教好学生,完成教学任务”。总的来看,新中国成立初期,中国共产党为团结、教育和改造教师以适应新中国的需要,通过知识分子的思想改造运动,在学校开设马克思主义理论课,组织参加抗美援朝运动、土地改革运动等政治实践活动,提升了教师思想政治素质和师德水平。

改革开放后,党和国家特别强调要造就一支又红又专的教师队伍。1978 年邓小平在全国教育工作会议上提出人民教师是培养革命后代的园丁,“一个学校能不能为社会主义建设培养合格的人才,培养德智体全面发展、有社会主义觉悟的有文化的劳动者,关键在教师。”① 面对把我国建设成现代化的社会主义强国的使命任务,面临资产阶级自由化思潮的负面影响,邓小平进一步明晰了“必须造就宏大的又红又专的工人阶级知识分子队伍”② 的无产阶级政治的要求,并“希望广大教师努力在政治上、业务上不断提高,沿着又红又专的道路前进。”③ 另外,邓小平还特别倡导全党全社会要尊重教师,“我们要提高人民教师的政治地位和社会地位。不但学生应该尊重教师,整个社会都应该尊重教师”,而且“各级党委和学校的党组织,应该热情地关心和帮助教师思想政治上的进步”④。在此基础上,1994 年江泽民在全国教育工作会议上肯定了教师职业的地位和价值,指出“振兴民族的希望在教育,振兴教育的希望在教师。教师是人类灵魂的工程师。这个职业是崇高而又艰辛的,应该受到全党全社会的尊敬。”⑤ 另外,江泽民在北京师范大学建校一百周年庆祝大会上强调,“广大教师要率先垂范,做先进生产力和先进文化发展的弘扬者、推动者,做青少年学生健康成长的指导者、引

① 《邓小平文选》第二卷,人民出版社 1994 年版,第 108 页。
② 《邓小平文选》第二卷,人民出版社 1994 年版,第 104 页
③ 《邓小平文选》第二卷,人民出版社 1994 年版,第 110 页。
④ 《邓小平文选》第二卷,人民出版社 1994 年版,第 109 页。
⑤ 《江泽民文选》第一卷,人民出版社 2006 年版,第 371 页。

路人，努力成为无愧于党和人民的人类灵魂的工程师”，要始终做到“志存高远、爱国敬业”“为人师表、教书育人”“严谨笃学、与时俱进”①。这一教师角色定位和师德要求，为明晰师德师风建设目标任务提供了重要的价值依循。

跨入 21 世纪，胡锦涛十分重视师德建设的规范化问题。面对日趋激烈的国际竞争、更加尖锐的价值之辨、愈加凸显的人才争夺，胡锦涛明确将“造就一支师德高尚、业务精湛、结构合理、充满活力的高素质专业化教师队伍”②，作为人才培养、教育发展和民族振兴的重要工作，提出广大教师要“不断加强师德修养，把个人理想、本职工作与祖国发展、人民幸福紧密联系在一起，树立高尚的道德情操和精神追求，甘为人梯，乐于奉献，静下心来教书，潜下心来育人，努力做受学生爱戴、让人民满意的教师。”③另外，2011 年教育部印发《高等学校教师职业道德规范》的通知，从“爱国守法、敬业爱生、教书育人、严谨治学、服务社会、为人师表”等方面，概括了教师的职业道德规范，为新时期师德建设的规范化指明了发展方向、提供了实践指导。

新时代以来，以习近平同志为核心的党中央特别重视教育事业优先发展，强调要把加强教师队伍建设作为基础性工作来抓，通过会议讲话、座谈交流、致信勉励等方式，聚焦大中小学教师队伍建设中带有方向性、全局性和重大性的理论与实践问题，提出诸多关涉师德师风建设的新问题新观点新举措。例如，2014 年，习近平总书记在同北京师范大学师生代表座谈时强调，“教师的职业特性决定了教师必须是道德高尚的人群”,④ 2018 年，习近平总书记在北京大学师生座谈会上指出，“教师思想政治状况具有很强的示范性。要坚持教育者先受教育，让教师更好担当起学生健康成长指导者

---

① 《江泽民文选》第三卷，人民出版社 2006 年版，第 501—502 页。

② 《胡锦涛文选》第三卷，人民出版社 2016 年版，第 425—426 页。

③ 胡锦涛：《在全国优秀教师代表座谈会上的讲话》，人民出版社 2007 年版，第 7 页。

④ 习近平：《做党和人民满意的好老师——同北京师范大学师生代表座谈时的讲话》，人民出版社 2014 年版，第 7 页。

和引路人的责任。”① 而且，党和国家愈加高度重视新时代高校师德师风建设工作，并从顶层设计层面颁布了一系列指导性文件，包括《关于建立健全高校师德建设长效机制的意见》《关于全面落实研究生导师立德树人职责的意见》《新时代高校教师职业行为十项准则》《关于加强和改进新时代师德师风建设的意见》《关于加快构建高校思想政治工作体系的意见》《关于高校师德失范行为处理的指导意见》等。这些文件为新时代高校教师职业行为提供了高线指引和底线规范，为做好新时代高校教师思想政治工作、加强师德师风建设提供了重要政策指引和操作指导。

回顾中国共产党师德师风建设历程可以发现，我们党始终把教师队伍建设摆在教育改革发展的突出位置，并聚焦师德师风建设这一重要抓手，着力培养造就了一批政治素质过硬、业务水平精湛和育人水平高超的高素质教师队伍。正如习近平总书记所言，“学校要把德育放在更加重要的位置，全面加强校风、师德建设”②。可以说，加强新时代师德师风建设正是深刻总结中国共产党教师队伍建设经验的一个现实表现。

三、现实逻辑：回应教育事业发展进入新时代的内在要求

党的十九大报告，提出“建设教育强国是中华民族伟大复兴的基础工程，必须把教育事业放在优先位置”，并特别强调要“加强师德师风建设，培养高素质教师队伍”。③ 党的二十大报告也提出“加强师德师风建设，培养高素质教师队伍”。④ 习近平总书记在二十届中央政治局第五次集体学习时也强调，要“加强师德师风建设，引导广大教师坚定理想信念、陶冶道德情操、涵养扎实学识、勤修仁爱之心，树立‘躬耕教坛、强国有我’的

① 习近平：《在北京大学师生座谈会上的讲话》，人民出版社 2018 年版，第 8—9 页。

② 《习近平谈治国理政》第一卷，外文出版社 2018 年版，第 184 页。

③ 《习近平谈治国理政》第三卷，外文出版社 2020 年版，第 35—36 页。

④ 《习近平著作选读》第一卷，人民出版社 2023 年版，第 28 页。

志向和抱负，坚守三尺讲台，潜心教书育人。”① 应当看到，实现中华民族伟大复兴需要堪当民族复兴大任的大国良师相契合，建设教育强国必先建设高素质教师队伍。当然，学校师德师风建设与新时代教育发展和人才培养对高素质教师队伍的需要还不完全适应，甚至师德失范行为时有发生，迫切需要加强师德师风建设。

首先，兴国必先强教，强教迫需强师，强师就要培养造就一支高素质专业化教师队伍。古人云：国将兴，必贵师而重傅。在教育所有的财富中，教师和其他各类人才是最宝贵的财富，在学校所有的资源中，好老师和优秀人才是最急需的资源。毋庸讳言，当今世界正在经历百年未有之大变局，今日中国正在实现中华民族伟大复兴的中国梦，这一重大变局和战略全局“同镜同框”，亦在深刻影响着“教育之变”。习近平总书记也明确指出，“当今世界的综合国力竞争，说到底是人才竞争，人才越来越成为推动经济社会发展的战略性资源，教育的基础性、先导性、全局性地位和作用更加突显。”② 继言之，在科技进步日新月异和国家竞争日趋激烈的时代背景下，教育越来越成为大国战略博弈的前沿阵地，源源不断的人才资源的培养和争夺日益成为焦点。面对大变局和新使命，如何实现民族伟大复兴？如何建设教育强国？成为必须审慎之与明辨之的时代课题。对此，习近平总书记作为马克思主义政治家和战略家，站位于世界百年未有之大变局和中华民族伟大复兴的战略全局，立足于教育是国之大计、党之大计，着眼于教师是立教之本、兴教之源，明确指出“国家繁荣、民族振兴、教育发展，需要我们大力培养造就一支师德高尚、业务精湛、结构合理、充满活力的高素质专业化教师队伍，需要涌现一大批好老师”，“希望广大教师认清肩负的使命和责任，努力为发展具有中国特色、世界水平的现代教育，培养社会主义事业建设者和

① 《习近平在中共中央政治局第五次集体学习时强调 加快建设教育强国 为中华民族伟大复兴提供有力支撑》，《人民日报》2023 年 5 月 30 日。

② 习近平：《做党和人民满意的好老师——同北京师范大学师生代表座谈时的讲话》，人民出版社 2014 年版，第 3 页。

接班人作出更大贡献。”① 可见，时代的使命要求呼唤广大教师要更加努力发挥价值作用，迫切需要加强高校思想政治工作，加强师德师风建设，引领广大高校教师在新时代作出贡献，成为推动新时代伟大梦想实现的重要力量。

其次，教师肩负培养担当民族复兴大任时代新人的教育使命，育新人需要广大教师做堪当民族复兴大任的大国良师。新时代是一个充满美好生活理想而又必须为之付出艰辛奋斗的时代。时代赋予责任，责任体现使命。新时代中国特色社会主义教育要将服务中华民族伟大复兴作为重要使命，坚持“为人民服务，为中国共产党治国理政服务，为巩固和发展中国特色社会主义制度服务，为改革开放和社会主义现代化建设服务”② 的发展方向。习近平总书记强调，教师是教育工作的中坚力量，没有高水平的师资队伍，就很难培养出高水平的创新人才，也很难产生高水平的创新成果。从根本上讲，中华民族伟大复兴需要有理想、有本领、有担当的时代新人，而育新人就需要造就一支宏大的高素质专业化教师队伍，使他们认清责任、紧跟时代、肩负使命、锐意进取，自觉把个人的前途命运同我国社会发展的现实目标和未来方向紧密联系在一起，努力为蓝图任务变成美丽现实贡献更多智慧和力量。他还指出，“教师重要，就在于教师的工作是塑造灵魂、塑造生命、塑造人的工作”③，“今天的学生就是未来实现中华民族伟大复兴中国梦的主力军，广大教师就是打造这支中华民族‘梦之队’的筑梦人。”④ 我们“要从培养社会主义建设者和接班人的高度，考虑大学师资队伍的素质要

---

① 习近平：《做党和人民满意的好老师——同北京师范大学师生代表座谈时的讲话》，人民出版社 2014 年版，第 3—4 页。

② 《习近平谈治国理政》第二卷，外文出版社 2017 年版，第 377 页。

③ 习近平：《做党和人民满意的好老师——同北京师范大学师生代表座谈时的讲话》，人民出版社 2014 年版，第 4 页。

④ 习近平：《做党和人民满意的好老师——同北京师范大学师生代表座谈时的讲话》，人民出版社 2014 年版，第 14 页。

求、人员构成、培训体系等”①。

最后，加强师德师风建设，引导广大教师以德立身、以德立学、以德施教。当前，我国各级各类学校共有专任教师 1884.4 万人，高校教师约占十分之一。我国高校教师思想政治状况总体上积极向上理性，广大教师政治立场坚定，是非观念清晰，能够正确认识重大理论和原则问题，“四个自信”坚定。但是，高校教师思想政治工作依然面临严峻的形势挑战和亟待解决的突出问题。习近平总书记十分关注教师学风问题，指出，“在教师中，有的对党的理论研究不深，只知其然不知其所以然；有的对实践了解不深，运用理论说明和解决实际问题的能力不强；有的对社会上和来自境外的错误观点辨别能力弱，跟风转，甚至在课堂上公开传播。对学风中的不良现象，必须引起高度重视，下大力气加以解决。”② 解决这些问题，广大教师要大力弘扬优良学风，坚持潜心问道和关注社会相统一，坚持学术自由和学术规范相统一，推动形成崇尚精品、严谨治学、注重诚信、讲求责任的优良学风。

第三节　新时代高校要着力培养党和人民满意的好老师

党的十八大以来，以习近平同志为核心的党中央，高度重视教师思想政治素质提升和师德师风建设问题，并提出许多新期待新要求新内容。2014 年 9 月，习近平总书记同北京师范大学师生代表座谈时明确提出，广大教师要“做党和人民满意的好老师”。2016 年 5 月，他在哲学社会科学工作座谈会上的讲话中指出，广大哲学社会科学工作者要做“树立为人民做学问的理想”③。2016 年 12 月，他在全国高校思想政治工作会议上强调，“高校教

① 习近平：《在北京大学师生座谈会上的讲话》，人民出版社 2018 年版，第 8 页。
② 《习近平党校十九讲》，中共中央党校出版社 2014 年版，第 94—95 页。
③ 习近平：《论党的宣传思想工作》，中央文献出版社 2020 年版，第 224 页。

师要坚持教育者先受教育，努力成为先进思想文化的传播者、党执政的坚定支持者，更好担起学生健康成长的指导者和引路人的责任。”① 2023 年 9 月 9 日，他在致全国优秀教师代表的信中指出，“教师群体中涌现出一批教育家和优秀教师，他们具有心有大我、至诚报国的理想信念，言为士则、行为世范的道德情操，启智润心、因材施教的育人智慧，勤学笃行、求是创新的躬耕态度，乐教爱生、甘于奉献的仁爱之心，胸怀天下、以文化人的弘道追求，展现了中国特有的教育家精神。”② 不难看出，“培养党和人民满意的好老师”，是习近平总书记关于高校教师的期待，贯穿高校教师队伍建设的纲脉和统领师德师风建设的内容，是新时代高校思想政治工作的目标定位。在新时代背景下，高校着力培养党和人民满意的好老师，应当引导广大教师自觉铸师魂以夯实高校教师信仰根基，明师道以培育高校教师家国情怀，讲师德以锤炼高校教师道德品质，怀师爱以激发高校教师担当意识，强师技以提升高校教师专业素质，抓重点群体，坚持党的领导，构建教师思想政治工作大格局。

一、坚持思想铸魂，筑牢理想信念之基

理想信念是人们所向往、所追求的并为之奋斗终生的目标。理想信念教育是思想政治工作的核心内容。对高校教师而言，“正确理想信念是教书育人、播种未来的指路明灯。不能想象一个没有正确理想信念的人能够成为好老师。”③ 而要想成为一名好老师，必须树立共产主义远大理想。教师思想政治素质和道德情操对青年学生具有很强影响力和感染力，他们肩负塑造灵魂、塑造生命、塑造新人的时代使命，必须要锻造一支信仰坚定的教师队

① 《习近平谈治国理政》第二卷，外文出版社 2017 年版，第 379 页。

② 《习近平致信全国优秀教师代表强调　大力弘扬教育家精神　为强国建设民族复兴伟业作出新的更大贡献》，《人民日报》2023 年 9 月 10 日。

③ 习近平：《做党和人民满意的好老师——同北京师范大学师生代表座谈时的讲话》，人民出版社 2014 年版，第 5 页。

伍，让有理想的教师讲理想，在讲政治上旗帜鲜明、毫不含糊，始终保持为党和国家育人、育才的初心与立场。从教育规律上讲，教师是培养社会主义建设者和接班人的关键，让有信仰的教师讲信仰，更能回应学生、说服学生和引导学生，这是缘于有信仰的教师不仅是真学、真懂、有道、明道的教师，还是真信、真用、信道、传道的教师，这样的教师更能以透彻的学理分析、彻底的思想理论和真理的强大力量来教育感染学生。因此，要补足部分教师精神上“缺钙”的问题，铸牢教师理想信念根基。习近平总书记强调：教师“要坚定信念，始终同党和人民站在一起，自觉做中国特色社会主义的坚定信仰者和忠实实践者。”① 新时代高校教师思想政治工作，正是要把理想信念教育放在首位，筑牢高校教师对马克思主义的信仰、对共产主义和中国特色社会主义的信念，让有理想信念的教师讲理想信念。

一是教育帮助高校教师正确理解共产主义远大理想的科学内涵。政治上的坚定需要理论上的认同作为基础。共产主义是马克思主义对人类社会发展规律的科学预见和实践指向，它是一步一步实现的，既有长远的奋斗目标，又有阶段性的斗争任务。在高校教师理想信念教育中，务必要从高校教师的实际觉悟程度出发分层次进行教育引导，使他们能够切实感受到共产主义远大理想的感召力和现实力。二是坚持运用习近平新时代中国特色社会主义思想铸魂。习近平新时代中国特色社会主义思想，是马克思主义中国化的最新理论成果。就高校教师思想政治工作而言，在教育系统开展习近平新时代中国特色社会主义思想系统化、常态化学习，是当前高校思想政治工作的重点内容之一。要健全高校教师理论学习制度，重点加强习近平总书记关于教育重要论述和关于师德师风建设重要论述的学习，使广大高校教师学懂弄懂、入脑入心，自觉体会和领悟其重要论述思想精髓与核心要义，用“四个意识”导航、“四个自信”强基、“两个维护”铸魂。要建设一批高校教师思

---

① 《习近平在清华大学考察时强调　坚持中国特色世界一流大学建设目标方向　为服务国家富强民族复兴人民幸福贡献力量》，《人民日报》2021 年 4 月 20 日。

想政治教育和师德师风教育培训基地,[①] 统筹省市党校资源,定期开展高校教师思想政治轮训,使广大高校教师更好掌握马克思主义看家本领,增进对中国特色社会主义的思想、政治、理论和情感认同。三是启发引导高校教师寻找崇高理想和社会现实的最佳结合点。理想和现实密不可分、相互依存。加强高校教师理想信念教育,要帮助高校教师把理想信念和现实统一起来,启发他们找到二者之间的最佳结合点。关于这个结合点,习近平总书记给出了明确回答,我们的教育是“为人民服务,为中国共产党治国理政服务,为巩固和发展中国特色社会主义制度服务,为改革开放和社会主义现代化建设服务”[②] 的,“党和人民需要培养的是社会主义事业建设者和接班人。好老师的理想信念应该以这一要求为基准。”[③] 此后,总书记在全国高校思想政治工作会议上提出了“四为服务”,这一基准无疑成为高校教师实现理想与现实相统一的最佳结合点。因此,高校教师理想信念教育要教育引导广大高校教师立足本职,从我做起,始终同党和人民站在一起,牢固树立“四为服务”意识,自觉做中国特色社会主义的坚定信仰者,不断增强“四个自信”。

二、强化价值引领,培育和弘扬社会主义核心价值观

2019 年 11 月,教育部等七部门印发《关于加强和改进新时代师德师风建设的意见》,明确指出“全面加强教师队伍思想政治工作要坚持价值导

---

① 第一批教育部师德师风建设基地名单是:北京师范大学、东北师范大学、复旦大学、浙江大学、江西省教育厅井冈山教师培训中心、曲阜师范大学、武汉大学、华南师范大学、西南大学、西北师范大学。参见《教育部办公厅关于公布教育部师德师风建设基地名单的通知》,2020 年 1 月 3 日,见 http://www.moe.gov.cn/srcsite/A10/s7002/202001/t20200119_416036.html。

② 《习近平谈治国理政》第二卷,外文出版社 2017 年版,第 377 页。

③ 习近平:《做党和人民满意的好老师——同北京师范大学师生代表座谈时的讲话》,人民出版社 2014 年版,第 5 页。

向，引导教师带头践行社会主义核心价值观。”应当看到，价值引领是从国家社会的期许出发，指向教育和引导高校教师在日常生活、学习和工作中所追求的理想与目标。高校教师思想政治工作价值引领是实现教师价值认同、价值自觉和价值践行的基本路径，这种价值引领在当下就是要培育和弘扬社会主义核心价值观。

社会主义核心价值观是国家振兴、社会进步和人民发展的灵魂。培育和弘扬社会主义核心价值观有助于整合社会意识形态，维护社会系统和社会秩序正常运转，是国家治理体系和治理能力的重要体现。就价值观养成的重要性而言，习近平总书记用穿衣服扣的第一颗扣子为我们做出了生动的论述，“如果第一粒扣子扣错了，剩余的扣子都会扣错。人生的扣子从一开始就要扣好。”① 就高校教师思想政治工作而言，高校教师在培育和弘扬社会主义核心价值观中具有双重性和特殊性。一方面，双重性是因为高校教师不仅要作为普通公民要积极践行社会主义核心价值观，而且高校教师身为教育者，他们培育和弘扬社会主义核心价值观既关涉到个人的思想道德素养，更是教育者先受教育的重要体现，“对教师来说，想把学生培养成什么样的人，自己首先就应该成为什么样的人。”② “要引导和帮助学生扣好人生第一粒扣子，教师自己先要扣好人生每一粒扣子。让学生培育和践行社会主义核心价值观，教师自己首先要做一个社会主义核心价值观的忠实践行者。”③ 另一方面，特殊性是因为高校教师的角色定位决定了他们必然是培育和弘扬社会主义核心价值观的重点对象和重要环节，正所谓“国将兴，必贵师而重傅；贵师而重傅，则法度存”。可见，国家的兴亡跟教师有着至关重要的关联。从这个意义上讲，高校教师作为“三传播”“三塑造”的直接推动者和践行者，能够影响整个社会的精神文明，进而推动建设富强民主文明和谐美丽的

① 《习近平谈治国理政》第一卷，外文出版社 2018 年版，第 172 页。

② 《习近平在中国人民大学考察时强调 坚持党的领导传承红色基因扎根中国大地 走出一条建设中国特色世界一流大学新路》，《人民日报》2022 年 4 月 26 日。

③ 张智：《“传道”是第一位的——学习习近平总书记关于教师责任和使命的重要论述》，《思想理论教育导刊》2016 年第 2 期。

社会主义国家的历史进程。如果离开教师对社会主义核心价值观的认同、理解和宣传，那么这一核心价值观就难以凝聚社会共识，也难以为社会主义现代化建设提供精神支撑。当然，我们也要看到，培育和弘扬社会主义核心价值观并非一蹴而就，需要我们从理论学习入手，实现认知与实践的内在转化，做到内化于心、外化于行。

一是将社会主义核心价值观融入教育教学科学研究全过程。鼓励广大高校教师有目的、有计划、有步骤地从各个不同角度和方面将社会主义核心价值观融入自己的教育教学和科学研究活动中，通过理论上的深入理解和认知，实现认同和践行，做到真学、真研，实现对社会主义核心价值观的真懂真信和真践行。二是充分发挥文化涵濡浸润的育人功能。文化对人的价值影响是潜移默化的，要增强文化自信和价值观自信。培育和弘扬社会主义核心价值观，广大高校教师要认真汲取中华传统文化的思想精华，深入挖掘其传统价值观中的时代价值，使其成为涵养社会主义核心价值观的重要源泉。要弘扬革命文化、社会主义先进文化在高校教师价值铸塑中的引导作用，通过组织高校教师观看当前流行的爱国主义影片激发其家国情怀。要积极培育科技创新文化，让教师紧跟时代潮流，在科技兴国、科技兴教中注入教育教学改革创新的动力之源。要特别重视校园环境建设，可以从高校教师工作环境着手，适当张贴关于社会主义核心价值观的生动活泼的小贴士，在校园广播中适时播放一些身边典型的教师案例，让高校教师能够有所感有所思，营造积极向上的校园文化氛围。三是价值引导和规范督导结合。一方面，高校要教育引导广大教师在教书育人过程中做到信道、明道、有道和传道。其中，信道是根本、明道是前提、有道是基础、传道是首位。要让有信仰的教师讲信仰，要让具有扎实学识的老师上讲台，要让传播社会主义核心价值观正能量的教师进课堂。另一方面，高校要通过制定具体制度和规范来督导教师率先垂范、以身作则。高校要重视在日常教育管理中彰显价值导向，通过政策导向和管理使符合社会主义核心价值观的行为得到鼓励，使违背社会主义核心价值观的行为受到制约。让每一位教师都能自觉地意识到自己肩负立德树人和教书育人的职责使命所在，做到不忘初心、为人师表、以身示范、以德育人，用自己的真才实学、人格魅力和言行举止在传道授业解惑中感染学生、引导学生和启发学生。

三、加强师德师风建设，全面提升教师职业道德水平

习近平总书记明确指出，“师德是深厚的知识修养和文化品位的体现”①，“评价教师队伍素质的第一标准应该是师德师风。师德师风建设应该是每一所学校常抓不懈的工作”②，“好老师要做到学为人师、行为世范。希望你们继续学习弘扬黄大年同志等优秀教师的高尚精神，同全国高校广大教师一道，立德修身，潜心治学，开拓创新，真正把为学、为事、为人统一起来，当好学生成长的引路人，为培养德智体美劳全面发展的社会主义建设者和接班人、全面建设社会主义现代化国家不断作出新贡献。”③ 做好新时代高校思想政治工作，要在师德师风建设这一重要抓手上狠落实、见成效，推动师德建设常态化长效化。

一是在师德教育方面做好“引”字功。如前所述，党的十八大以来，党和国家高度重视师德师风建设，出台了一系列规范高校教师师德师风建设的文件，成为新时代高校师德师风建设的重要遵循。落实这些文件规范和要求，要引导广大教师正确认识追求“崇高师德”和坚持“底线师德”的关系问题，澄清认知偏差。马克思曾明确指出，“光是思想力求成为现实是不够的，现实本身应当力求趋向思想。”④ 就教师崇高师德而言，现实应当趋向这一崇高标准，但现实趋向的崇高师德不是“极端”的师德，也不是

① 习近平：《做党和人民满意的好老师——同北京师范大学师生代表座谈时的讲话》，人民出版社 2014 年版，第 7 页。

② 习近平：《在北京大学师生座谈会上的讲话》，人民出版社 2018 年版，第 9 页。

③ 《习近平回信勉励全国高校黄大年式教师团队代表 真正把为学为事为人统一起来当好学生成长的引路人》，《人民日报》2021 年 9 月 10 日。

④ 《马克思恩格斯文集》第 1 卷，人民出版社 2009 年版，第 13 页。

“调和”的师德，而是源于现实而又引领现实的师德，也就是源于现实而又超越现实作为“理想”的崇高师德。那为什么高校不引导教师去追求底线师德呢？因为“取法乎上，仅得其中；取法乎中，仅得其下”，况且现有底线师德反映的是建立在“以物的依赖性为基础的人的独立性”之上的经济基础，我们只能是倡导教师坚守，而不倡导教师去追求这一底线师德。

二是在师德建设上做好“育”字功。师德师风建设重在弘扬高尚师德，落脚点在育人。从理论上讲清楚了师德教育的重点内容，关键是为了要在实践中具体落实和践行师德要求。基于此，做好师德建设工作，还需要通过一系列的师德实践工程加以落实，达至实践育人的效果。例如，通过影视作品和文学作品形式展现高校教师时代风貌；挖掘身边师德典型以讲好师德故事，用身边人教育身边人；组织教师参加红色实践，了解国情社情民情；完善新老教师传帮带机制，做好师德文化传承；抓住新教师入职、老教师荣休、教师节等时机节点，开展师德师风教育宣传；挖掘校本文化、凝练大学精神，增强教师归属感、荣誉感。

三是在制度规定上做好“严”字功。恩格斯指出，“实际上，每一个阶级，甚至每一个行业，都各有各的道德，并且，只要它能破坏这种道德而不受惩罚，它就加以破坏。”① 毛泽东也指明，“光从思想上解决问题不行，还要解决制度问题。”这是因为“思想问题常常是在一定情况和制度下产生的，制度搞对头了，思想问题也容易解决。”② 因此，我们要进一步建立健全师德建设保障机制，积极推行师德考核负面清单制度，完善诚信承诺和失信惩戒机制，严把师德“红线”要求，落实好师德师风失范“一票否决制”和本科教学工作考评“一票否决制”，从而有效发挥问责惩处的警示作用。例如，2018 年 11 月 8 日，教育部印发《关于高校教师师德失范行为处理的意见》，从主体责任、处理原则、调查机制、问题排查、失责情形等十个方

① 《马克思恩格斯文集》第 4 卷，人民出版社 2009 年版，第 294 页。

② 参见薄一波：《若干重大决策与事件的回顾（修订本）》下卷，人民出版社 1997 年版，第 809 页。

面具体对教师师德失范行为作出了具体的处理办法，具有较强的现实指导意义。

四是在日常工作上做好“监”字功。坚持日常教育监督。教育监督是立足于高校教师思想政治工作的预防约束作用而确立，它是对高校教师思想和行为进行监察督促的一种约束活动，它的工作重点在于时刻提醒、督查督导、从严监管，以让广大高校教师“心有所畏、言有所戒、行有所止”，教育引导广大高校教师不忘教书育人、立德树人的初心，自觉坚守精神家园和人格底线，带头践行社会主义核心价值观，用自己的模范行为影响和带动学生。做好高校教师教育监督工作，重点要根据高校师德建设长效机制贯彻落实专项督查部署工作，各高校要强化指导检查，将教师职业行为准则、“红线”要求落实为严肃查处的行动举措，跟进师德师风诊断自查效果，突出师德第一标准，突出严管高压态势，突出高线目标追求，突出底线行为管控，突出教师获得感提升，按照相关师德师风要求逐项销号落实，及时整改到位。

四、抓住重点群体，不断提高工作实效性

做好新时代高校思想政治工作，要及时调整单点着力、统一发力的工作思路，紧紧抓住高校青年教师这个重点群体。做好高校青年教师思想政治工作，应在提升高校青年教师师德师风建设实效性上下功夫、见实效。其中，拓展工作载体是一个重要突破口。

具体而言，做好高校青年教师师德师风建设，要在多样和体验上找寻新的生长点，因为丰富工作载体形式的多样性、提升工作载体效果的体验性，有助于高校师德师风建设工作价值信息的快速传递、有益认同和自觉内化。高校青年教师普遍反映，现有教师师德师风建设载体存在活动形式不够多样、政治理论学习会议较多、参与式体验感不强等问题，大大削弱了工作的吸引力和凝聚力。应当看到，高校青年教师具有学术敏感度强、自我主体意

识强、个体参与意识强、网络阵地意识强等特点，他们的思想特点决定了师德师风建设工作载体活动不能再拘泥于传统的旧渠道，需要创新工作载体路径，探索工作新方式。在传统的政治理论学习会、民主协商会、座谈会等渠道基础上，要充分利用现代信息技术开展工作活动，通过网络、QQ、微信、微博等信息技术提供的途径拓展理论学习和交流的平台，着力建构“互联网+”的工作新思维，以增强教育工作的多样性、开放性和互动性，增强高校青年教师新体验。不少高校青年教师是从“学校门”到“家门”，有的还在国外长期求学生活，缺少参加社会实践锻炼的机会，缺乏对国情社情民情的了解，对思想政治工作价值信息传递的自我参与感和现实体验感不强。这就迫切需要积极调动青年教师的主体参与意识，不断创新师德师风建设工作载体的实践锻炼活动，让广大高校青年教师能够在“走一走、看一看”的自我体验中提升对教师责任感和使命感的认识和认同。

五、坚持党的领导，建构教师思政工作大格局

习近平总书记指出，“思想政治工作是学校各项工作的生命线，各级党委、各级教育主管部门、学校党组织都必须紧紧抓在手上。”① 做好高校思想政治工作，必须坚持党的全面领导牢牢掌握党对教师思想政治工作的领导权和主导权。

一是从战略高度上认识高校教师思想政治工作重大意义。习近平总书记十分重视教师队伍建设，在不同场合多次对教师工作“三传播”“三塑造”本质以及“教师重要”“教师是关键”作用做出系统阐释，明确提出“各级党委和政府要从战略高度来认识教师工作的极端重要性，把加强教师队伍建设作为基础工作来抓”②。从民族伟大复兴战略高度看，教育兴则国家兴，

---

① 习近平：《论坚持党对一切工作的领导》，中央文献出版社 2019 年版，第 279 页。

② 习近平：《做党和人民满意的好老师——同北京师范大学师生代表座谈时的讲话》，人民出版社 2014 年版，第 13 页。

教师强则教育强。实现民族伟大复兴，迫切需要发挥教师的关键作用；从意识形态安全认识高度来看，学校作为意识形态前沿阵地，能否坚持正确的办学方向？教育事业的改革之路怎么走？从某种意义上讲决定权就掌握在教师手中；从培养时代新人的教育高度看，“培养担当民族复兴大任的时代新人”是新时代教育的重要使命，这一立德树人根本任务实现程度如何？迫切需要培养造就一批“堪当民族复兴大任的大国良师”；从全面从严治党政治高度来看，教师思想政治工作是党领导学校工作的具体体现和重要抓手，所以各高校党委要把加强高校教师队伍建设作为基础性工作来抓，将其纳入学校党建工作和意识形态工作责任制，党政主要负责人要熟悉、关心和研究高校教师思想政治工作，确保广大高校教师成为党执政的坚定支持者。

二是完善高校教师思想政治工作领导体制机制。要压实学校党委的主体责任，着力建构高校党委统一领导、各部门齐抓共管的工作格局，特别是要加强党委教师工作部的设置与建设，在高校成立党委教师工作部，牵头、统筹和负责教师思想政治教育、师德师风建设等方面的工作，进一步完善“大思政”格局。当然，我们也要看到，尽管大批高校相继成立了党委教师工作部来专门负责高校教师思想政治工作，但由于种种缘由，目前一些党委教师工作部“台子搭起来了，戏没唱起来”，职能作用还有待进一步发挥。扎实做好高校党委教师工作部建设，要从顶层设计和制度落实两个方面着手。在顶层设计上，党委教师工作部要加强谋划设计、健全统筹机制，形成由党委统一领导、党委教师工作部牵头、多单位共同参与、教师党支部具体落实的高校教师思想政治工作协调机制。在制度落实上，党委教师工作部要强化组织实施、引导服务的职责使命，充分发挥思想价值引领、师德师风建设和教育管理服务的职能作用，建立高校教师思想动态滚动调查分析研判机制，以多样方式开展教职工思想政治教育活动，积极推进学校师德师风建设，参与评选和宣传学校优秀教师典范，探索新途径新方法，助力高校教师职业生涯发展规划，辅助解决高校教师日常教育教学过程中遇到的实际问题。

三是坚持党建引领以发挥教师党支部和党员教师作用。高校教师党支部是教育、管理、监督和服务高校党员教师的基本单位。《关于加强和改进新时代师德师风建设的意见》明确指出，要“建强教师党支部，使教师党支部成为涵养师德师风的重要平台。建好党员教师队伍，使党员教师成为践行高尚师德的中坚力量。”习近平总书记也特别指出，要增强高校党的基层组织做思想政治工作的能力，大力加强在高校教师中发展党员工作，积极吸收符合条件的高校青年教师特别是学科带头人和学术骨干力量入党，充分展示他们的示范带动作用，把优秀教师团结和凝聚在党的周围，“使每个师生党员都做到在党爱党、在党言党、在党为党。”① 当然，一些高校教师党支部仍然存在一些亟待解决的薄弱环节问题，迫切需要加强高校教师党支部建设，以充分和着力发挥其思想政治价值引领、规范党的组织生活、团结凝聚教师共识、促进学校中心工作等方面的主体作用。破解这一问题，要牢固树立“党的一切工作到支部”的鲜明导向，把高校教师思想政治工作目标和任务落到支部，把从严管理高校党员教师职能落到支部，实现全面从严治党向基层延伸。要加强党员教师党性修养，完善教师党支部政治理论学习制度，每月集中学习培训时间不少于 3 个学时，可以适当将“三会一课”和网络学习时间计入学时，并采取多样灵活的方式系统开展马克思主义理论教育，尤其是要通过融合式讨论、项目式研究等方式，向高校教师重点宣传习近平新时代中国特色社会主义思想，扎实推进这一思想入耳、入脑、入心；要做好高校教师党员心理疏导和人文关怀工作，不断把教师党支部建成党员之家、教师之家，增强教师组织归属感和实际获得感；要选优配强党支部书记，注重选拔“党性强、业务精、有威信、肯奉献”的党员教师担任支部书记，强化党支部书记培养培训，完善党支部书记履职尽责激励保障措施，充分发挥党支部书记模范带头作用。

四是不断增强高校党委服务意识。2011 年 4 月，习近平总书记在听取

① 《习近平谈治国理政》第二卷，外文出版社 2017 年版，第 379 页。

清华大学工作汇报时特别强调，“要不断增强党组织的服务功能，坚持为教学科研服务、为广大党员服务、为师生员工服务”。邓小平在谈到学校思想政治工作时也曾提出：“什么叫领导？领导就是服务。”① 高校党委要在正确认识和科学把握教育和教师地位基础之上，努力提升高校教师的政治地位、社会地位、职业地位，通过完善相关制度保障，营造优良从教环境，为教师办实事做好事解难事，“满腔热情关心教师，让广大教师安心从教、热心从教、舒心从教、静心从教，让广大教师在岗位上有幸福感、事业上有成就感、社会上有荣誉感，让教师成为让人羡慕的职业。”② 让广大高校教师享有应有的社会声望，进而让尊师重教蔚然成风。一方面，思想政治工作从根本上说是做人的工作，是得人心、暖人心、聚人心的工作，而不是失人心、伤人心和散人心的工作。高校教师作为一名普通人在社会生活中总会遇到生存状况和现实需要所带来的问题与苦恼，他们有自己的想法、需要和期盼，需要特别的关心和关爱，尤其是青年教师处于人生的爬坡起步阶段，不论是在工作生活上，还是情感心理上，都面临着巨大压力，甚至严重影响到他们的身心健康。做好高校教师思想政治工作，要坚持关心关爱原则，从高校教师的情感心理着手，做到将心比心、嘘寒问暖，真真切切为教师分忧解难，让思想政治工作驻足到高校教师心坎里，不断提升教师的获得感。

---

① 《邓小平文选》第三卷，人民出版社 1993 年版，第 121 页。

② 《习近平在北京市八一学校考察时强调　全面贯彻落实党的教育方针　努力把我国基础教育越办越好》，《人民日报》2016 年 9 月 10 日。

主要参考文献

一、重要文献

[1]《马克思恩格斯文集》（第 1—10 卷），人民出版社 2009 年版。

[2]《马克思恩格斯全集》（第 1、2、3、6、23 卷），人民出版社 1995、1957、1960、1961、1972 年版。

[3]《列宁选集》（第 1—4 卷），人民出版社 2012 年版。

[4]《列宁全集》（第 12、23、34、35、36、39、42、43、45 卷），人民出版社 2017 年版。

[5]《毛泽东选集》（第 1—4 卷），人民出版社 1991 年版。

[6]《毛泽东文集》（第 1—8 卷），人民出版社 1993、1993、1996、1996、1996、1999、1999、1999 年版。

[7]《邓小平文选》（第 1—3 卷），人民出版社 1994、1994、1993 年版。

[8]《江泽民文选》（第 1—3 卷），人民出版社 2006 年版。

[9]《胡锦涛文选》（第 1—3 卷），人民出版社 2016 年版。

[10]《习近平谈治国理政》（第 1—4 卷），外文出版社 2018、2017、2020、2022 年版。

[11]《习近平著作选读》（第 1—2 卷），人民出版社 2023 年版。

[12] 习近平：《高举中国特色社会主义伟大旗帜　为全面建设社会主义现代化国家而团结奋斗——在中国共产党第二十次全国代表大会上的报告》，人民出版社 2022 年版。

[13] 习近平：《论坚持党对一切工作的领导》，中央文献出版社 2019 年版。

[14] 习近平：《论党的宣传思想工作》，中央文献出版社 2020 年版。

[15] 习近平：《论党的青年工作》，中央文献出版社 2022 年版。

[16]《习近平关于社会主义文化建设论述摘编》，中央文献出版社 2017 年版。

[17]《习近平关于青少年和共青团工作论述摘编》，中央文献出版社 2017 年版。

[18]《习近平关于网络强国论述摘编》，中央文献出版社 2021 年版。
[19]《习近平关于社会主义精神文明建设论述摘编》，中央文献出版社 2022 年版。
[20] 习近平:《做党和人民满意的好老师——同北京师范大学师生代表座谈时的讲话》，人民出版社 2014 年版。
[21] 习近平:《青年要自觉践行社会主义核心价值观——在北京大学师生座谈会上的讲话》，人民出版社 2014 年版。
[22] 习近平:《在哲学社会科学工作座谈会上的讲话》，人民出版社 2016 年版。
[23] 习近平:《在全国党校工作会议上的讲话》，人民出版社 2016 年版。
[24] 习近平:《在北京大学师生座谈会上的讲话》，人民出版社 2018 年版。
[25] 习近平:《思政课是落实立德树人根本任务的关键课程》，人民出版社 2020 年版。
[26]《三中全会以来重要文献选编》（上、下），中央文献出版社 2011 年版。
[27]《十七大以来重要文献选编》（上、中、下），中央文献出版社 2009、2011、2013 年版。
[28]《十八大以来重要文献选编》（上、中、下），中央文献出版社 2014、2016、2018 年版。
[29]《十九大以来重要文献选编》（上、中），中央文献出版社 2020、2021 年版。
[30] 教育部社会科学司组编:《普通高校思想政治理论课文献选编（1949—2008)》，中国人民大学出版社 2008 年版。
[31]《加强和改进大学生思想政治教育重要文献选编（1978—2014)》，知识产权出版社 2015 年版。
[32]《中华人民共和国学校思想政治理论课重要文献选编》（上下册），人民出版社 2022 年版。
[33] 中国共产党中央委员会:《中国共产党普通高等学校基层组织工作条例》，人民出版社 2021 年版。
[34] 中共中央《关于进一步繁荣发展哲学社会科学的意见》（中发〔2004〕3 号）。
[35] 中共中央、国务院《关于进一步加强和改进大学生思想政治教育的意见》（中发〔2004〕16 号）。
[36] 中共中央、国务院《关于加强和改进新形势下高校思想政治工作的意见》（中发〔2016〕31 号）。
[37] 中共中央、国务院《深化新时代教育评价改革总体方案》（中发〔2020〕19 号）。
[38] 中共中央、国务院《关于新时代加强和改进思想政治工作的意见》（中发

〔2021〕15号)。
[39] 中共中央办公厅《关于培育和践行社会主义核心价值观的意见》(中办发〔2013〕24号)。
[40] 中共中央办公厅、国务院办公厅《关于进一步加强和改进新形势下高校宣传思想工作的意见》(中办发〔2014〕59号)。
[41] 中共中央办公厅、国务院办公厅《关于深化新时代学校思想政治理论课改革创新的若干意见》(中办发〔2019〕47号)。
[42] 中共中央办公厅《关于加强新时代马克思主义学院建设的意见》(中办发〔2021〕32号)。
[43] 中共教育部党组《高校思想政治工作质量提升工程实施纲要》(教党〔2017〕62号)。
[44]《普通高等学校辅导员队伍建设规定》(中华人民共和国教育部令第43号)。
[45] 教育部《普通高等学校马克思主义学院建设标准(2019年本)》(教社科函〔2019〕9号)。
[46] 中共教育部党组《"新时代高校思想政治理论课创优行动"工作方案》(教党函〔2019〕90号)。
[47] 教育部等七部门《关于加强和改进新时代师德师风建设的意见》(教师〔2019〕10号)。
[48] 教育部等八部门《关于加快构建高校思想政治工作体系的意见》(教思政〔2020〕1号)。

二、学术专著

[1] 郑永廷:《思想政治教育方法论》,高等教育出版社2022年版。
[2] 沈壮海:《新编思想政治教育学原理》,中国人民大学出版社2022年版。
[3] 冯刚:《高校思想政治教育工作质量评价研究》,人民出版社2021年版。
[4] 权麟春:《新时代高校思想政治教育工作质量评价研究》,中国社会科学出版社2021年版。
[5] 郗厚军:《新时代高校青年教师思想政治工作研究》,社会科学文献出版社2021年版。
[6] 何丽新:《高校思想政治工作体系理论与实践》,厦门大学出版社2021年版。
[7] 曹都国:《"三全育人"视域下高校思想政治工作多元协同的理论与实践探索》,复旦大学出版社2021年版。

[8] 张树辉：《新时代高校思想政治工作创新与实践》，科学出版社2021年版。
[9] 本书编写组编：《习近平总书记教育重要论述讲义》，高等教育出版社2020年版。
[10] 姚彩云：《新时代高校思想政治教育工作研究》，中国财富出版社2020年版。
[11] 边慧敏、李向前：《新时代高校思想政治工作指导手册》，东方出版社2020年版。
[12] 吴玉程：《新时代高校思想政治工作"三全育人"探索》，知识产权出版社2020年版。
[13] 马晓红、杨英华、崔志林：《高校思想政治工作与素质教育研究》，吉林文史出版社2020年版。
[14] 教育部课题组：《深入学习习近平关于教育的重要论述》，人民出版社2019年版。
[15] 刘宏达、万美容：《高校思想政治工作前沿问题研究》，人民出版社2019年版。
[16] 李德芳、杨素稳、李辽宁：《中国共产党思想政治教育史料选辑》，武汉大学出版社2019年版。
[17] 吴满意、景星维、唐登芸：《网络思想政治教育理论前沿问题研究》，四川大学出版社2019年版。
[18] 孙培青等编：《中国教育史》，华东师范大学出版社2019年版。
[19] 李超民：《新时代提升网络思想政治教育话语权研究》，人民出版社2019年版。
[20] 郝文斌：《高校教师思想政治工作实证研究》，人民出版社2019年版。
[21] 谢安国、纪安玲、陈卓：《大学生思想政治工作专题研究》，人民出版社2019年版。
[22] 赵文报：《新时代高校思想政治工作研究》，中国财政经济出版社2019年版。
[23] 唐玉琴、许中美：《高校专业教师与思想政治教育工作者协同育人机制研究》，中国社会科学出版社2019年版。
[24]《思想政治教育学原理》编写组编：《思想政治教育学原理》，高等教育出版社2018年版。
[25]《中国共产党思想政治教育史》编写组编：《中国共产党思想政治教育史》，高等教育出版社2018年版。
[26] 冯刚：《改革开放以来高校思想政治教育发展史》，人民出版社2018年版。
[27] 朱继东：《新时代党的意识形态思想研究》，人民出版社2018年版。
[28] 宁秋娅：《高校青年教师思想政治工作研究》，光明日报出版社2018年版。
[29] 陈宝剑：《立心铸魂：加强和改进高校思想政治工作的理论探索》，人民出版

社 2018 年版。
[30] 卢少华：《新时代高校思想政治工作质量提升研究》，中国政法大学出版社 2018 年版。
[31] 张耀灿：《思想政治教育学科建设研究》，中国人民大学出版社 2017 年版。
[32] 石佩臣：《马克思主义教育思想引论》，高等教育出版社 2017 年版。
[33] 王学俭：《思想政治教育理论与实践问题的研究视角》，中国人民大学出版社 2017 年版。
[34] 王飞雪、文长春：《高校思想政治工作十二讲》，红旗出版社 2017 年版。
[35]《十谈》编写组：《加强和改进新形势下高校思想政治工作十谈》，人民出版社 2017 年版。
[36] 王树荫：《中国共产党思想政治教育史》，中国人民大学出版社 2016 年版。
[37] 程浩、崔福海、孙宁：《中国高校思想政治教育史论》，社会科学文献出版社 2016 年版。
[38] 王炎：《党内思想政治教育制度建设的历史进程与经验探究》，中央编译出版社 2016 年版。
[39] 唐珍名：《高校教师思想政治工作有效性提升研究》，湖南大学出版社 2016 年版。
[40] 李旭炎：《立德树人实践论》，中国文史出版社 2014 年版。
[41] 李向前、王国洪：《高校青年教师思想政治工作读本》，研究出版社 2013 年版。
[42] 康秀云：《十六大以来大学生思想政治教育创新研究》，人民出版社 2013 年版。
[43] 周良书：《中共高校党建史》，北京师范大学出版社 2012 年版。
[44] 龙凯：《思想政治工作原理》，中央编译出版社 2011 年版。
[45] 代玉启：《新时代高校思想政治工作创新专题研究》，吉林大学出版社 2010 年版。
[46] 林樟杰：《高等学校思想政治工作新认知》，上海教育出版社 2009 年版。
[47] 胡柏松主编：《中华人民共和国教育发展史 1949—2009》（下），广西教育出版社 2009 年版。
[48] 沈壮海：《思想政治教育有效性研究》，武汉大学出版社 2008 年版。
[49]《延安大学史》编委会编：《延安大学史》，人民出版社 2008 年版。
[50] 高芸：《高等学校青年教师培养的理论与实践》，中国地质大学出版社 2008 年版。
[51] 杨芷英：《教师职业道德》，高等教育出版社 2007 年版。

[52] 饶定轲：《教师思想政治工作概论》，高等教育出版社 1992 年版。
[53] 曲士培：《中国大学教育史》，山西出版社 1991 年版。
[54] 任纯祥、邓士荣、陆桂云：《高校教师思想政治工作通论》，吉林大学出版社 1990 年版。
[55] [美] 爱德华·W.萨义德：《知识分子论》，单德兴译，生活·读书·新知三联书店 2018 年版。
[56] [美] 约翰·杜威：《民主主义与教育》，陶志琼译，中国轻工业出版社 2016 年版。
[57] [法] 爱弥尔·涂尔干：《职业伦理与公民道德》，渠敬东译，商务印书馆 2015 年版。
[58] [法] 古斯塔夫·勒庞：《乌合之众：大众心理学》，冯克利译，广西师范大学出版社 2015 年版。
[59] [英] 维克托·迈尔-舍恩伯格、肯尼思·库克耶：《大数据时代：生活、工作与思维的大变革》，盛杨燕、周涛译，浙江人民出版社 2013 年版。
[60] [法] 雷蒙·阿隆：《知识分子的鸦片》，吕一民、顾杭译，译林出版社 2012 年版。
[61] [英] 亚当·斯密：《道德情操论》，谢宗林译，中央编译出版社 2011 年版。
[62] [德] 马克斯·韦伯：《学术与政治》，钱永祥译，广西师范大学出版社 2010 年版。
[63] [德] 费希特：《论学者的使命　人的使命》，梁志学、沈真译，商务印书馆 1984 年版。

三、论文

[1] 冯刚：《论新时代高校思想政治工作守正创新》，《上海交通大学学报（哲学社会科学版）》2021 年第 10 期。
[2] 陈锡喜：《擦亮中国大学"最鲜亮底色"的历史底蕴和使命任务》，《上海交通大学学报（哲学社会科学版）》2021 年第 10 期。
[3] 万美容：《优化思想政治工作的管理体制和工作机制》，《中国党政干部论坛》2021 年第 10 期。
[4] 孙其昂：《论思想政治工作对马克思主义的贡献》，《学校党建与思想教育》2021 年第 17 期。
[5] 艾四林：《用习近平新时代中国特色社会主义思想铸魂育人的新举措》，《课

程·教材·教法》2021 年第 10 期。

[6] 白显良:《推动新时代思想政治工作守正创新发展》,《中国党政干部论坛》2021 年第 10 期。

[7] 郑敬斌:《提升思想政治工作科学化、规范化、制度化水平论析》,《思想理论教育》2021 年第 10 期。

[8] 秦在东、祁君:《新时代高校思想政治工作体系建设质量评价的原则、指标体系探赜》,《思想教育研究》2021 年第 8 期。

[9] 刘建军、王慧敏:《论坚持问题导向的思想方法和工作方法》,《理论月刊》2021 年第 7 期。

[10] 王树荫:《中国共产党百年思想政治教育基本经验》,《教学与研究》2021 年第 5 期。

[11] 杜安国:《习近平关于高校思想政治工作重要论述的理论逻辑》,《思想理论教育导刊》2021 年第 5 期。

[12] 靳诺:《立足新发展阶段,推进马克思主义理论学科高质量发展——访中国人民大学党委书记靳诺教授》,《马克思主义研究》2021 年第 4 期。

[13] 王学俭、高洪亮:《新时代思想政治工作的战略定位、逻辑呈现与实践要求》,《思想政治教育研究》2021 年第 4 期。

[14] 沈壮海:《“大思政课”我们要善用之:思考与探索》,《思想政治教育研究》2021 年第 3 期。

[15] 佘双好、汤桢子:《建党百年来中国共产党宣传思想工作概念的生成及其特点》,《西北工业大学学报(社会科学版)》2021 年第 3 期。

[16] 王易:《推动高校思政课建设内涵式发展的思考》,《马克思主义理论教学与研究》2021 年第 1 期。

[17] 冯秀军:《新时代高校思政课教师队伍建设难点及其突破》,《国家教育行政学院学报》2021 年第 1 期。

[18] 吴宏政、王海龙:《新时代思想政治教育的国家治理功能》,《思想理论教育导刊》2020 年第 11 期。

[19] 高国希:《构建课程思政体系的教育哲学审视》,《思想理论教育》2020 年第 10 期。

[20] 付玉联:《高校思想政治工作政策的主要特征与未来展望——基于政策文本(2004—2019 年)的分析》,《重庆理工大学学报(社会科学)》2020 年第 10 期。

[21] 冯刚:《治理视域下高校思想政治工作体系建构的逻辑与路径》,《思想理论教育》2020年第8期。

[22] 周远:《精准思政:新时代高校思想政治工作的新理念与新模式》,《思想理论教育》2020年第8期。

[23] 韩华:《习近平关于思想政治工作重要论述的原创性贡献》,《思想理论教育导刊》2020年第7期。

[24] 黄蓉生:《习近平关于高校思想政治工作重要论述的价值意蕴》,《马克思主义理论学科研究》2020年第5期。

[25] 房广顺、高俊丽:《把思想政治工作贯通高校人才培养体系全过程的对策》,《辽宁师范大学学报(社会科学版)》2020年第1期。

[26] 沈壮海、李佳俊:《论新时代高校思想政治工作体系的构建》,《思想理论教育》2019年第12期。

[27] 李斌雄:《新中国成立70年来党的思想政治教育的历史经验和科学价值》,《学校党建与思想教育》2019年第9期。

[28] 艾四林:《建设高素质思政课教师队伍》,《中国高校社会科学》2019年第3期。

[29] 康秀云:《习近平高校思想政治工作重要论述论纲》,《东北师大学报(哲学社会科学版)》2019年第2期。

[30] 宇文利:《新时代思想政治教育创新之魂》,《思想理论教育》2019年第1期。

[31] 杨晓慧:《高等教育"三全育人":理论意蕴、现实难题与实践路径》,《中国高等教育》2018年第18期。

[32] 郗厚军、康秀云:《习近平总书记关于高校教师思想政治工作论述的理论意涵、主要内容及基本特质》,《思想理论教育》2018年第12期。

[33] 李忠军、李钰阳:《"思想政治工作是学校各项工作的生命线"内涵解析》,《思想理论教育》2018年第12期。

[34] 刘建军:《人民教师要加强自我修养》,《北京德育》2018年第6期。

[35] 张雷声:《改革开放以来思想政治理论课教师队伍建设论析》,《思想理论教育》2018年第10期。

[36] 万金城:《高校党委教师工作部的运作与功能定位》,《思想理论教育》2018年第7期。

[37] 万美容、李芳:《师德建设:新时代振兴教师教育的基础工程》,《思想理论教育》2018年第7期。

[38] 冯刚、曾永平:《"思想政治工作"与"思想政治教育"概念辨析》,《思想理

论教育》2018 年第 1 期。
[39] 陈金龙：《中国共产党思想政治教育史研究的视域拓展》，《思想理论教育》2017 年第 11 期。
[40] 陈宝生：《办好中国特色社会主义高校　切实履行好立德树人根本职责》，《时事报告（党委中心组学习）》2017 年第 1 期。
[41] 杨晓慧、张泽强：《“四个服务”：高校思想政治工作新理念》，《中国青年社会科学》2017 年第 3 期。
[42] 石国亮：《破除高校思想政治工作认识和实践的误区》，《中国青年社会科学》2017 年第 2 期。
[43] 佘双好、于欧：《新历史条件下思想政治工作发展的风向标——学习习近平总书记关于思想政治工作的论述》，《学校党建与思想教育》2017 年第 15 期。
[44] 佘双好：《习近平关于思想政治工作思想形成的过程探析》，《思想政治教育研究》2016 年第 10 期。
[45] 黄蓉生：《党的十八大以来习近平青年论述浅析》，《思想教育研究》2016 年第 8 期。
[46] 佘双好、冯茜：《思想政治教育学科化发展历程及发展趋向》，《思想理论教育导刊》2014 年第 12 期。
[47] 孙其昂：《现代性视域中的高校教师思想政治工作》，《思想理论教育》2013 年第 9 期。
[48] 熊晓梅：《坚持立德树人理念　推进教师思想政治教育工作》，《中国高等教育》2013 年第 8 期。
[49] 卢黎歌、田建军：《六十年来我国研究生思想政治教育的回顾与反思》，《学位与研究生教育》2010 年第 6 期。
[50] 王树荫：《高等学校师德建设论》，《思想政治教育研究》2010 年第 5 期。
[51] 骆郁廷：《新形势下加强和改进高校教师思想政治工作的几点思考》，《武汉大学学报（哲学社会科学版）》1994 年第 2 期。
[52] 本报评论员：《始终坚持社会主义办学方向——二论学习贯彻习近平总书记高校思想政治工作会议讲话》，《人民日报》2016 年 12 月 10 日第 1 版。
[53] 冯正玉：《高质量构建高校思想政治工作体系》，《人民日报》2021 年 12 月 3 日第 5 版。

责任编辑：吴明静
封面设计：胡欣欣

图书在版编目(CIP)数据

新时代高校思想政治工作创新研究／康秀云 著. —北京：人民出版社，
2024.9
(高校思想政治工作研究文库)
ISBN 978-7-01-026425-7

Ⅰ.①新… Ⅱ.①康… Ⅲ.①高等学校-思想政治教育-研究-中国
Ⅳ.①G641

中国国家版本馆 CIP 数据核字(2024)第 059380 号

新时代高校思想政治工作创新研究
XINSHIDAI GAOXIAO SIXIANG ZHENGZHI GONGZUO CHUANGXIN YANJIU

康秀云 著

人民出版社 出版发行
(100706 北京市东城区隆福寺街 99 号)

中煤(北京)印务有限公司印刷 新华书店经销

2024 年 9 月第 1 版 2024 年 9 月北京第 1 次印刷
开本:710 毫米×1000 毫米 1/16 印张:17.25
字数:235 千字

ISBN 978-7-01-026425-7 定价:62.00 元

邮购地址 100706 北京市东城区隆福寺街 99 号
人民东方图书销售中心 电话 (010)65250042 65289539